We belong
Laurie Barron
Patti Kinney

ローリー・バロン
パティー・キニー
山﨑めぐみ・吉田新一郎訳

「居場所」のある学級・学校づくり

生徒が「安心」できる教育環境

新評論

訳者まえがき

自分の居場所について考えた経験はありますか？　何かの節目（進学、新年度、就職など）や新しい環境を経験するときに意識した人が多いのではないでしょうか。意識した経験がないという人がいらっしゃるとすれば、常に「居場所がある」と感じているのかもしれません。その人は、「居心地がよい状態」が保たれているということになります。もし、意識することなく居心地がよい状態が保たれている場合、「居場所ってなんだろう？」と不思議に思うかもしれません。

「居場所がない」と感じた経験のある人は、自らの存在が今いる場所（大きくいうと社会）にポジティブな影響を与えているのかとか、ここにいる意味はあるのか、と考えたかもしれません。それだけに、学校で居場所が感じられるかどうかは生徒にとってとても大切となります。学校に行きたくない、学校にいるだけで疲れてしまう、教室や学校で存在を認めてもらうために自分らしさを消さなくてはならない――これらは、その生徒のよさが発揮できない状態となります。

「居場所」とは、特定のグループや環境に受け入れられ、認められ、仲間になると認識したときに感じる心の感覚であり、その場所を示すものです。居場所がないと、周りに人がいるのに独りぼっちでいるような感覚になります。「私はここにいてもいいの？」と感じている状態では、力は発揮できません。また、「ちょっと居心地が悪いな」と思っているときは、自らの考えを発信しにくいです。

もちろん、環境や状況に関係なく力を発揮するための努力はできますし、実際にしている人もいます。とくに、意識することなく居場所があると感じている人にとっては、それが当たり前かもしれません。また、困難な状況ほど闘志が湧くという人もいます。しかし、すべての人がそうでないことを私たちは知っています。居場所という力が発揮できる環境で、一人ひとりがそれぞれのユニークな力が発揮できるという状態は、本人だけでなくグループや組織、社会にとっても好ましいことです。

学校において、生徒と教職員にとって、「自分はここにいてよい（居場所がある）」と認識し、力が発揮できる状態とはどのような環境でしょうか？　また、そのような環境はどのようにすればつくれるでしょうか？　人はそれぞれ異なるので、安心できる居場所はすべての人に共通しているわけではありません。だからこそ、さまざまな方法でバラエティーに富んだ環境をつくる必要があります。

本書では、主に学級や授業での工夫が紹介されています。学校現場で「居場所づくり」という言葉が使われはじめたのは、一九九二（平成四）年に発表された学校への不適応に関する調査報告書がきっかけです。日本では、不登校という明らかに学校に居場所がない児童生徒の存在を示すものとしてこの言葉が使われはじめました。

そして、二〇〇三（平成一五）年には「今後の不登校への対応の在り方について（報告）」が出されました。そこでは、支援体制などには言及されていますが、本書のメインとなる生徒が居場所を感じる学級・学校づくりについてはとても抽象的な表現となっています。また、「居場所を感じられなくなったときにどのように対応するのか」という対処療法としての印象が強いものとなっていました。

それに対して本書は、生徒が学校で学ぶことを選択している場合には、それが可能となる居場所をつくり、感覚的ではなく、具体的にそれをどのようにつくりあげていくのかについて書かれています。常日頃から「居場所」というキーワードに興味をもたれている方には、是非読んでいただきたい本だと言えます。

訳者として、本書を手に取っていただいた方には、環境や居場所を「空間＋文化」と考えていただけたらと思っています。学校も学級も、特定の空間で生徒と教師がつくりあげる文化によって環境が設定され、生徒と教師はそのなかで居場所を感じる・感じないという体験をします。

生徒から見ると、教師の立場は好むと好まざるとにかかわらず上となります。ご自身が環境（学級・授業・学校）づくりにどれほどの影響力をもっているのか、改めて認識していただければと思います。そのうえで実践してみてください。

本書に掲載されているすべての方法は、生徒が居場所を感じる学級経営と授業づくりを実践するためのものです。生徒のニーズ、クラスのニーズ、教師としてのニーズに合った方法を選んでください。自らの傾向を変えるというのは決して簡単なことではありませんが、本書ではステップ・バイ・ステップのやり方が示されています。

初めて何かをつくるときのように、まずはやり方に沿って実行してみることをおすすめします。そのなかで、自分にとってやりやすい方法、また「やりやすい」とは言えないけれど生徒のニーズに合っているものを発見してください。

ところで、学級や授業のみで居場所づくりに頑張っている教師がいたとしても、すべての関係者（生徒、保護者、教師、管理職）にとって学校全体が居場所を感じる環境になっていなければ、頑張っている教師が疎外感をもつ（居場所を感じない）ことになってしまいます。「教師一人ひとりが変われば学校は変わる」という考え方も否定しませんが、管理職には、是非「みんなが居場所を感じる学校づくり」のために本書を活用していただければと思います。

生徒とのかかわりを通して教師が教室に居場所をつくるように、管理職は学校に携わる人々とのかかわりを通して居場所がつくれます。本書で紹介する考え方と方法を、管理職と教師、ベテラン・若手といった関係も含めた教師同士のかかわり方、学年や教科の横のつながりなど、教職員がチームで取り組んでいる活動や研修において活用していただきたいです。

さらに、保護者と学校の人間関係やコミュニケーションの取り方としても活用していただけます。また、すべての生徒に居場所を感じて欲しいと思うのであれば、「文化をつくる」（校則や行動規範の決定、管理職・教師・生徒の人間関係、コミュニケーションの取り方、何を大切にする、何に価値を置くかなど）プロセスに生徒がかかわったり、その際の影響力を生徒と共有することもできます。学校全体がみんなの居場所を大切にしているからこそ、学級や授業での居場所づくりがよりスムーズになると思います。

「居場所」という考え方は「人が自分であること、他者を認めること、互いの存在を尊重すること」につながります。学校がそのような場所になっているのかについて知りたいと思っている人には、「Human Rights Temperature（人権の温度）」という学校の人権度を測るアンケートをご紹介します。設問のなかには、居場所を問うものがたくさんあります。興味のある人は、掲載したＱＲコードからアクセスしてください。

なお、このリンクは英語表記となっております。私訳ではありますが、日本語訳をご希望の方は訳者の一人である山﨑めぐみ（imhmyamasaki@gmail.com）までご連絡ください。学校が、すべての人にとって居場所が感じられるインクルーシブな場所になることを願っています。

最後になりますが、粗訳の段階で原稿に目を通していただき、大変貴重なコメントをくださった大関健道さん、藤井健人さん、三塚平さん、谷川香里さん、星野晶成さんに感謝いたします。また、武市一幸さんをはじめとする株式会社新評論のみなさん、そして何よりも本書を手に取ってくださった読者のみなさんに心より感謝いたします。本当にありがとうございました。

山﨑めぐみ

二〇二二年一〇月

もくじ

「居場所」のある学級・学校づくり――生徒が「安心」できる教育環境

Laurie Barron and Patti Kinney
WE BELONG
50 Strategies to Create Community and
Revolutionize Classroom Management

This work was originally published by ASCD.
Translated and published by SHINHYORON CO., LTD
with permission from ASCD.
This translated work is based on *We Belong:*
50 Strategies to Create Community and Revolutionize Classroom Management
by Laurie Baron and Patti Kinney

はじめに——居場所と学級経営におけるダイナミックなパートナーシップ

自分の居場所が学校にあるのかないのか、その確認は校舎に入る前からはじまっています。生徒は、スクールバスに乗ったり（日本の通学班）、学校の敷地に足を踏み入れると、すぐに自分の居場所が学校にあるのかどうかに関するシグナルを受け取りはじめます。これらのシグナルは、ほかの生徒、教職員、あるいは家族が発信しています。生徒は、廊下や学校の共同スペース（トイレ、ロッカールーム、体育館、食堂など）を通り抜け、教室に入るたびに自分の居場所に関する認識を蓄積していきます。

自分の居場所がどの程度あるのかという認識は、日々積み重なっていきます。これらの認識は、生徒が感じる学校での心地よさや楽しさ、自分やお互いに対する見方、教室内外での成功体験などに影響を与えます。また、自分自身をどのように見るのかや、教師やクラスメイトへの対応にも影響を与えます。

毎日、居場所についてのシグナル収集は繰り返されています。学校に足を踏み入れた瞬間から下校するまで、生徒の居場所がある（または居場所がない）という経験は、教室での人間関係と強く絡みあい、学校文化の全体と生徒一人ひとりの学習体験に影響を与えます。生徒にとって居場所があるということは、学校生活において極めて重要な要素であり、学級経営における重要な検討事項であると教職員は認識する必要があります。

居場所とは[1]

居場所認識とは、特定のグループや環境に受け入れられ、認められ、仲間になる、という意味です。社会的なつながりをもつことは人間の基本的な欲求であり、それは単なる社会的なかかわり合いを超えたものです。人間であるかぎり、真の思いやりのある、継続的なつながりをもったグループの一員であることを願っています〔参考文献43、96、108〕。

学校における居場所の認識については、「学校という社会環境のなかで、生徒が他者から個人として受け入れられ、認められ、仲間になり、支えられていると感じる度合い」と表現されています〔参考文献64〕。学校には、生徒が認識している居場所を育んだり、または阻害したりする、多様でユニークな人間関係と環境が存在します。つまり学校は、生徒の居場所に対するニーズにこたえるための重要な場なのです[2]。

学年を問わず、「生徒の学校やクラスで感じる居場所に対する認識の高さ」は、社会面、感情面、学業面などにプラスの影響を与えます。その重要性は、中学校・高校においてとくに強くなっていきます〔参考文献28、62、63、134〕。

居場所に関する研究者は、その重要性について次のように述べています。

「居場所があると感じることは、教室や学校内での人とのやり取り以上のものです。居場所とは、ここにいてよいという感覚が継続するほど安定性があり、ポジティブであるうえに安心できる結びつきのことです。言ってみれば、昨日感じた心地よい気分が今日はなくなるのではないかと、毎日心配する必要がない状況です」〔参考文献19〕

なぜ、学校における居場所が大切なのか

居場所の認識というのは感覚や感情かもしれませんが、具体的な形で現れるものです。学校での居場所（あるいは、学校とのつながり）に関連する研究や理論が増えてきており、生徒が居場所を感じることで個人的、社会的、学業的に多くのプラス効果があると結論づけられています

（1）「belonging」の訳としては「居場所」や「帰属意識」が想起されますが、「相互信頼」というのもあることを忘れないようにしたいです。

（2）この意識を日本の学校および教育制度は、どれほど認識して運営されているでしょうか？『一人ひとりを大切にする学校』という本は、このことを学校づくりの焦点にして書かれていますので、ぜひご一読ください。

［参考文献4、74、80、87、93、94、106、127、142］。居場所があることによって、一般的には次のような事柄に肯定的な影響を与えます。

・クラスでの前向きに他者とかかわる行動
・出席率
・自尊心
・自信
・楽観主義
・仲間関係
・教室での活動への取り組み
・学習課題への集中
・学業の達成度
・学校への満足感
・学校や学習に対する態度
・自己管理能力
・問題に対処するためのレジリエンス(3)
・学習の妨げとなる家庭環境の悪影響を回避

居場所を求めることは生徒の基本的な欲求であり、それが感じられない場合は「悲惨な状態」［参考文献19］に発展する場合があります。さらに、そのような状態になると、学級経営にとって困難な状況が起こります。つまり、生徒が混乱・孤立し、拒絶感・卑下する感情をもち、無視され、排除されているという意識をもってしまうと、社会、感情、学業面においてさまざまな困難を抱える可能性が高まるということです［参考文献6、18、19、20、55、88、93、108、115、138］。

もし、学校で居場所を感じられない、あるいは自信をもって居場所があると思えない場合、生徒は次のような経験をするかもしれません。

・不安
・感情的な苦痛
・怒りとフラストレーション
・自分には価値があるという感覚の低下
・自信のなさ
・孤独感
・悲観
・無力感
・危険な行動をとる確率の上昇
・反社会的なつながりをもつ確率の上昇
・行動・言動の問題

・行動的・心理的ストレス
・学習課題に対する集中力の低下
・グループおよびグループ活動への不参加
・自己管理の低下
・学業成績の低下
・学習活動に対する疎外感
・望ましくない欲求・行動が抑えられない
・規則（ルール）や習慣に従えない
・自己破滅的な行動をとりやすい
・人とのかかわりを避ける

（3）　困難な状況や恐怖の感情に直面したときにうまく適応できる力、うまく適応していく過程、適応した結果（立ち直り）を意味します。

居場所があるという感覚はどのようにすれば高まるのか

生徒が教室や学校で居場所があると感じ、その状態が楽しめるように教師は支援できます。また、居場所があるという感覚を高めるための意図的な働きかけや計画によって、クラスや学校の一員であるという感覚が高められます。居場所があることによって与える肯定的な影響（六ページのリストを参照）があるほか、より調和のとれたポジティブな教室環境につながるという具体的な証拠があります［参考文献8、28、139］。

では、教師は具体的にどうすればよいのでしょうか？　すべての生徒が「自分はこのグループの一員なんだ」と感じられる教室にするためには、何を考慮して、どのような行動をとればよいのでしょうか？　私たち教師は、生徒が居場所をもっているという意識を高めるために、学校や教室の状況を知ることからはじめる必要があります［参考文献74、90、91、115］。

真の意味での思いやり、信頼感、仲間であるという感覚を、すべての生徒がもてる安心できる環境――教師やクラスメイトが自分のことを気にかけてくれる、自分のことを尊重してくれる、誰からも、卑下されたり、恥ずかしい思いをさせられたり、排除されることがない。

明確に伝えられ、一貫した公正な行動や学業に対する期待――学びに自らかかわる力、自己管理能力、感情のコントロール、対処能力など、自分に内在する力を見極める。学校生活をより充実したものにするために、他者とかかわる力や学ぶための能力のほか、目標を設定し、管理、達成する力をつける。

個人的に意味のある学習への取り組みと主体的・自立的な参加体験——生徒は、自分の学校での学びを計画、実行、評価することに参加する。生徒には選択肢が与えられ、自分の考え、意見、フィードバックを提供する機会が与えられる。また、他者と協力して課題に取り組み、成果物をつくりあげ、そのプロセスで判断を下し、問題を解決し、危機に対処する方法も学ぶ。(4)

これらの要素には、自己認識、自己管理、社会的認識、人間関係のスキル、責任ある意思決定といった社会的・感情的な学びにおける「主要な能力」が含まれています［参考文献35］。生徒とともにこれらのスキルを身につければ、教師は学びを深める学級環境を創造する担い手として、感情と社会性を育む教育（以下、ＳＥＬと略）(5)が進められます。

（4）　これは、教師一人だけが頑張って行うような教科書をカバーする授業ではなく、生徒が教師の支援のもとで探究学習やプロジェクト学習に取り組むことを意味します。『プロジェクト学習とは』を参照してください。

（5）　(Social and Emotional Learning) 共感をベースに、①自己認識を育てる、②自己管理能力を身につける、③社会認識を高める、④よい人間関係を築く、⑤責任ある意思決定をする、で形成されています。これらのあるなしが、学業面において大きく影響します。詳しくは、『感情と社会性を育む学び（ＳＥＬ）』を参照してください。

学級経営とその影響

教科学習とＳＥＬに最適な環境を提供するために教師が教室環境を整え、運営するための方法や態度を称して「学級経営」と言います。学級がどのように機能しているのか、学級内の人間関係や生徒同士・生徒と教師のやり取り、全員がどのように協力しているのか、生徒がどのように学んでいるのか、といった全体像を表しています。

学級経営は、多くの教師にとって最大の関心事となっています。学級経営は、チャイムが鳴ってから起こるすべての事柄につながっています。教師がつくる教室は、一人ひとりの生徒が居場所を認識できるように育む場所であり、それが育つために必要とされる環境と刺激が必要です。

学級経営と居場所の認識は、常に変化する相互補完の関係にあります。この二つは、互いを育み、高めあっています。どちらか一方が欠けても、それが難しくなります。

学級経営の要素は、クラス内の生徒一人ひとりの居場所認識（または居場所認識がない状態）に直接影響を与えます。その要素には、次のようなものと実践が含まれます。

・座席の配置、時間設定、教室内の環境整備、規則や習慣
・人と人との接し方における約束事
・教室での行動ルールの共有と実践

・「自立した学び手」となるための育成
・教室内での関係構築とコミュニケーションの方法
・問題発生時の適切な対応
・学級生活における生徒の参加と貢献の仕方
・学習計画と指導方法

生徒が居場所をどの程度感じているのか（あるいは、疑っているか）によって、学級経営に影響を与えます。自分の居場所をつくるためのスキルを生徒が学んで実践すれば、学級経営はよりスムーズになります。たとえば、次のようなことです。

・クラスで平等に受け入れられていると感じる生徒は、反抗的な態度をとったり、暴力的になったりすることが少ない。
・居場所があると生徒が感じれば、居場所を模索する必要がないため、不安感が少なくなる。
・クラスに居場所を認識すれば、生徒は学習に集中する。
・共通の目標に向けて協力し、共同作業を通して達成感を味わう経験が多いほど、生徒同士はより仲良くなる。

・尊重されていると感じれば、生徒は才能を発揮する。
・受け入れられていると感じれば、疑うことなく生徒は力を発揮する。
・期待してくれる教師や仲間がいると、自らに自信をもち、学びに関心をもって取り組む。
・関心のある事柄に熱中できると、前向きで協力的な行動をとる。
・信頼されていると感じれば、好意的で協力的な態度をとる。

健康と行動に関する取り組みの一環として、アメリカ疾病予防管理センター（Centers for Disease Control and Prevention＝ＣＤＣ）は、健康、行動、教育に悪影響を及ぼすものから生徒を守るために、生徒一人ひとりの居場所感覚を高める必要があるとしています［参考文献139］。ＣＤＣは、学校で生徒が居場所への認識を高めるための六つの重要な方法を挙げています。その一つとして、「ポジティブな学習環境を育むための効果的な学級管理と指導方法」［参考文献139］があります。また、生徒の居場所があるという感覚を高め、居心地のよい学級を形成するためには、効果的でポジティブな学級経営が重要であるとほかの研究でも支持されています［参考文献3、102、109、150］。

では、より良い学習環境を育む「効果的な学級経営・教育方法」とはどのようなものでしょうか。また、効果的な学級経営とは、具体的にどのようなものでしょうか。それは、あなた（教師）

が「学級経営」という言葉を聞いて思い浮かべるものとは違っているかもしれません。

学校生活を円滑に送るための、行動規範に従って生徒が行動する手順や手続き以外のものを考えてみてください。学校教育におけるＳＥＬの実践や、日々の学校生活における教職員や生徒、生徒同士のかかわりを、一貫性という側面から考えてください〔参考文献17、29、102、124、139〕。それには、次のようなものが挙げられます。

・感情面、社会面、身体面の安全性の優先
・規則や習慣と日常作業・行動の一貫性
・明確なガイドライン
・優れた準備と計画
・肯定的で、尊敬しあい、協力的な人間関係の重視
・教師から生徒への信頼と確信の表示
・相互尊重の実践
・生徒の意見も取り入れた学習体験
・生徒中心の民主的な手続きと学習体験
・生徒の行動に対する、公正で一貫性のある対応

・すべての生徒に対する一貫した態度とかかわり方
・信頼のおける教師
・学習に対する高い価値観
・効果的で適切、かつ魅力的な指導方法
・楽しさと笑いの要素(6)

安心・安全、効果的、整理されている環境や思いやり、そして生徒の意見が取り入れられる学級経営が行われていないと、生徒が居場所を感じられなかったり、深刻な状況になったりします。次のような状況では、生徒が居場所を感じるのは難しいでしょう。

・生徒は不平等感を抱いている。
・自分には価値がないと感じている。
・学級生活が混沌とし、予測不能である。
・学習計画が不十分で、規則や手順が不明確である。
・期待や規則を破ったときの結果（罰）に一貫性がない。
・生徒が学習に参加していない、または学習に対して自分の責任を感じていない。

居場所があると感じると、生徒はより多くのことに参加し、より望ましい行動をとるようになります。生徒が人として自由に成長し、学び、自らの強みを見つけ、ポジティブな人間関係や興味関心をふまえた学習に努力するようになれば、教室での活動はよりスムーズになります。また、教室での活動が意図的によく整理されており、計画され、教室内の文化が思いやりにあふれ、礼儀正しく、高揚感に満ちていれば、すべての生徒が自らの価値を感じるだけでなく、ほかの人の価値にも気づけます。

そうなると、教室で協力関係が高まり、お互いに尊重され、居場所感覚は高まります。効果的で肯定的な学級経営と生徒の居場所に対する認識を高めるスキルを連携すれば、生徒の社会面、感情面、教科学習を最高の状態にもっていけるのです。

（6）　このリストを読まれて、ピンときたり、イメージがつくものはどれくらいありましたか。三分の一以上と答えた人は、かなりいい線をいっています。このリストの多くに納得したり、自分のものにできれば、「効果的な学級経営・教育方法」を自分のものにしたと言えます。それを実現するための情報が本書のなかでたくさん紹介されていますが、それ以外のおすすめの本として、『イン・ザ・ミドル』、『一人ひとりを大切にする学校』、『あなたの授業力はどのくらい？』、『学びの中心はやっぱり生徒だ！（仮題）』、『だから、みんなが羽ばたいて（仮題）』、そして三五六～三五九ページで紹介されている四冊のＳＥＬの関係書があります。

居場所づくりと学級経営を統合する実践

肯定的な学級経営を行うというのは、生徒の心理面・社会面・学習面の成長にとって有益です。しかし、それだけでは、生徒がより良い学校生活を送るために必要な居場所があるという感覚の向上にはつながりません。そのためにも、教師や学校は意図的に次のような行動をとる必要があります。

❶誰もが平等で大切にされる、快適で居心地のよい、お互いに尊重できる環境をつくるために学級経営を行う(7)。

❷居場所が感じられるように、SEL(感情と社会性)のスキルと学習スキルを育てるために効果が証明されている指導方法を教科の枠を超えて実践する(8)。

❸すべての生徒がクラスや学校のイベントや活動に参加し、自らの意見を言うことができ、自分の行いたい学習活動ができるだけのさまざまな選択肢を設定する(9)。

❹すべての生徒が学び、目標を達成できるように、思いやりのある適切なサポートを提供しながら、学業や行動に関する高い基準を設定する。また、生徒が互いに学び、成長する力をもっていると感じることで生徒の帰属意識を高める(10)。

❺同僚や生徒の家族と協力し、学校コミュニティーで真の思いやりと信頼感のある学校環境を育む(11)。

❻すべての生徒に対する居場所の必要性と公平性、そしてすべての生徒に能力をつけられるという信念、態度、行動を、一貫したモデルで示し続ける。

本書の内容と使い方

各章では、生徒の居場所をつくるための方法として、アドバイスや注意点とともに具体的な活動を紹介していきます。それぞれの方法には、「生徒の居場所認識を高められるという条件」と「すべての生徒の学習をサポートして、安心できるという一貫性のある学級経営」の二点が含まれています。

---

(7)『静かな子どもも大切にする』、『挫折ポイント』、『生徒指導をハックする』などの本が参考になります。

(8) 効果が証明された指導法には、協同（協働）学習、ワークショップの学習法、探究学習（PBL／プロジェクト学習）、一人ひとりの生徒をいかす教え方などがあります。この点について詳しく知りたい方は、pro.workshop@gmail.com に問い合わせてください。

(9) このテーマで参考になる本は、『私にも言いたいことがあります！』、『最高の授業』、『学習会話を育む』、『教育のプロがすすめる選択する学び』です。

(10)『イン・ザ・ミドル』、『国語の未来は「本づくり」』、『ピア・フィードバック』などの本が参考になります。

(11) このテーマについては、『一人ひとりを大切にする学校』が参考になります。なお、この本は次の六番目のテーマにも役立ちます。

第1章では、**より良い新年度をスタートさせるために、あなた自身と教室環境の準備についてアドバイス**しています。この章で紹介しているいくつかの方法は、居場所についての理解を深めること、そして教師の態度、行動、信念が、生徒の居場所づくりや学級経営にどのような影響を与えるのかについて考えることが目的となっています。そのほかの方法は、新学期がはじまって数日間や数週間ですべての生徒が居場所をつくれる、または感じるようになるための計画づくりを目的としています。

第2章から第7章では、**教室文化と学習の基本的な考え方**と具体的な方法を紹介しています。それらの方法は、教育現場で役立つ人間関係を構築する（第2章）、安心・安全で充実した経験ができる一貫性のある環境をつくる（第3章と第4章）、SELのスキルを育む（第5章）、すべての生徒の習熟度と能力を高める学習体験をつくる（第6章）、生徒がグループで活動し、成長し、より良く学ぶことをサポートする（第7章）ものです[12]。

本書に掲載されている方法は、すべてより良い学級経営と居場所づくりを実践するためのものです。各章のなかから、あなたのクラス、あなたのニーズ、そして生徒のニーズに合った方法を選んでください。また、紹介する方法は、年間を通して継続的に取り組む必要があることを覚えておいてください。多くの方法は、新しい内容やアレンジを加えて、年間を通して何度も繰り返すことができます。

本書は、主に小学校高学年、中学校、高校の先生と生徒を対象にしていますが、ほとんどの考え方や実践方法は小学校低学年にも使えます。

本書は、幅広い実践経験をもった教師を対象としています。ここで紹介している方法は、これから教師として現場に立つ人にはもちろん、それなりの経験がある教師が生徒の居場所を軸に据えた学級経営をする際、素晴らしいスタートを切るために役立つでしょう。また、ベテラン教師が生徒の居場所があるという感覚を高めるために、学級経営を再考し、微調整する際にも役立ちます。

紹介する方法のなかには、教師としての経験を思い出すことが求められるものもあります。もし、経験がない場合は、数週間の経験を積んでからにするか、同僚に尋ねてみてください。

さらに、本書で紹介する方法（とその背景にある哲学）は、ホームスクーリング、カウンセリング、スポーツチームのトレーニング、生徒会やそのほかのクラブ、さらには校長室など、さまざまな教育現場での活用が可能です。また、教員養成、チームでの活動、学年や教科の授業を改(13)

(12)　日本で学級経営と生徒の居場所に大切なものとして捉えられているのは前半の3章で、第5章以降が取り上げられることはないでしょう。とくに第6章は、教師の指導法こそが鍵であると投げかけています。

(13)　日本でこれを実施している人はまだほとんどいないと思いますので、「オルターナティブ・スクール」と言い換えてもいいでしょう。

善するための活動、教員研修や校内研修などにも役立ちます。立場にかかわらず、あなたのニーズに合ったもの、役立つもの、生徒にもっとも利益のある方法を選んでいただければ幸いです。

本書の内容があなたの日常生活に役立つためには

私たちがすすめる学級経営へのアプローチは、あなた自身の考えや教育観、計画、発言をとおして生徒が居場所を感じられ、より良い学習環境が整えられることを想定したものです。生徒とのつながりをより強くするためにあなたが費やす努力と時間は、生徒の人間関係、精神状態、学びの状態を健全にし、教室の雰囲気や活動に大きな影響を与えます。生徒の居場所づくりや居場所があるという感覚を高めるために必要とされるスキルを身につけるために費やしたあなたの時間（問題が起こったあとで生徒の言い分を聞きだしたり、行いを正したり、罰を与えたりする・訳者補記）は、生徒指導に費やす時間を大幅に削減することになりますし、生徒の学習意欲を高めるきっかけとなります。

著者である私たち二人は、幼稚園児から高校生まで教えてきましたが、あらゆる学年の生徒と長い間接してきたなかで、一つのテーマが繰り返し浮上してきました。その結果、四年前に『中学校――居場所があり、自分になるところ（Middle School: A Place to Belong and Become）』[14]（未邦訳）［参考文献16］を出版しましたが、学校や教室に生徒の居場所があるという重要性に対する情熱は、その本の出版だけでは終わりませんでした。私たちの研究では、学級経営の方法と生徒が経験する居場所を感じるレベルとの間には明らかな関連性があると分かり、その関連性をさらに探究したいと思いました。

本書は、そのような研究結果と、私たち二人が自らの実践において見てきたこと、経験してきたこと、つまり、すべての生徒が居場所をつくる・見つけるためには具体的な経験とスキルが必要である、と伝えるために書かれたものです。そして、これらの経験とスキルは、誰もが平等で、能力があり、価値のある存在として認められ、魅力的で快適な、配慮のある環境のなかで育まれるものだと言えます。

生徒の居場所づくりを中心とした学級経営を教師が試みると、そのために費やす時間に見合うだけの効果が得られます。そして、生徒のＳＥＬ（感情と社会性）の能力を高め、生徒にとって学びやすく、ポジティブな学習環境が整えられます。そのような環境のなかでは、すべての生徒がクラスで必要とされ、大切にされていることを実感し、躍動します。そして、すべての生徒が、「私たちには居場所がある」という強い気持ちを共有することになります。

（14）「自分になるところ」とは、自分を発見し、なりたいものを見いだすところ、という意味のようです。

第1章

教師が信じ、準備をすれば居場所が育つ

居場所がないとき、
自分は透明人間、独りぼっちと感じる
(10年生)(*)

(*) 日本の学年に直すと高校1年生ですが、アメリカの高校は9年生から12年生までの4年間なのでズレが生じてしまいます。中学校も7～8年生の2年間、6～8年生の3年間、さらには小中一貫と教育委員会によってさまざまなので、本書では1～12年生と通しの学年で表記します。

この章では、生徒の居場所があるという感覚が高まる環境や学級経営の計画づくりの情報、振り返りのためのヒント、活動方法を紹介します。また、年度初めに居場所づくりの実践をはじめるための効果的な計画作成に関するヒントも紹介します。

今は、長い夏休み（や学期と学期の間）の休暇期間です。あなたは、授業や生徒指導の計画、生徒のニーズ、事務仕事、年間計画、そしてたくさんの問題などを忘れようとしています。ほとんどの教師がこの時期を楽しみにしています。たとえ休みの間に家族で行うことや、旅行の予定があったり、大学院での授業、研修への参加、短期の仕事など、時にはプレシャーで忙しかったとしてもです。[1]

しかし、休みに入って間もなく、ほとんどの教師が新年度のことを考えはじめます。これには、学級経営や生徒との関係について考えることも含まれています。私たちが知っているある教師は、年度の終わりに「来年度は違うことをしよう宣言」のリストを作成しています。夏休みの間、より良い学級経営でスタートを切るためのアイディアを集めて、それを一年間通して実行したいと思います。

「エジュケーション・ウィーク」誌[2]が実施した生徒の学校での居場所に関する調査［参考文献26］では、五二六人の教師から回答が得られました。八〇パーセント以上が「教室に居場所があると感じることが生徒には重要」と回答しており、そのうち四〇パーセント以上は、「生徒が学校や教室に馴染むための方法を見つけるのが大変だ」と回答していました。教師としての私たち著者の経験と、アメリカ全土における教師との交流からも、生徒の居場所に関する教師のニーズについては同様の結論に達しています。

教師は、学びと学校生活において生徒が心身ともに健康でいるためには居場所が重要であると考えていますが、それを実現するための方法を必ずしも知っているわけではありません。

居場所の重要性を理解するだけでは十分ではありません。居場所づくりを中心とした学級経営を実践するためには、居場所づくりを促す方法を生徒が学校に来る前に準備しておく必要があります。そのためにも、居場所を理解し、それがどのように育まれるのか（あるいは、損なわれるのか）を知るところからはじめなければなりません。

さらに、生徒によっては居場所の感じ方が異なるため、さまざまな学級経営の要素を探る必要があります。

（１）海外では、休職せずに大学院に通うことができますし、休暇中に副業を行っても大丈夫です。
（２）幼稚園から高校までの、教師のための情報を提供する雑誌です。https://www.edweek.org/about/

方法1 居場所について振り返る

居場所をテーマにして、それを学級経営につなげるための効果的な第一歩は、「自分にとっての居場所とは何かを考える」ことです。

居場所とはどのようなものなのかについての教師の捉え方は、教師自身の経験、自分の子どもや生徒、同僚など、他人がかかわっている場面を目撃したり聞いたりしたことに影響されます。あなた自身の居場所にまつわる経験は、居場所に対するあなたの態度を形成し、あなたが生徒の居場所をつくるために使うアプローチの指針となります。

ここでは、いくつかのヒントを紹介します。

❶自らの経験に基づいて、自分が理解している居場所を説明または定義しましょう。

❷あなたが居場所を感じる、または感じたことのある場所や状況をいくつか挙げてみましょう。

❸その場所や状況において、居場所があることをどのように「伝え」ますか？　居場所があるという感覚を掘り下げて説明してください。

❹あなたにとって、居場所が「ある」と感じる、または「ない」と感じた場所や状況をいくつか挙げてください。

❺小学校、中学校、高校のときを思い出してください。学校や教室で居場所を感じる（または感じない）要因にはどのようなものがありましたか？

❻あなたのクラスの生徒が、居場所がないと感じたときに発信するシグナルで、あなたが注意して見ている、または見たことのある兆候をいくつか挙げてください。

❼生徒（あるいは自分の子ども）が居場所をもてずに苦しんでいる様子を見たとき、あなた自身がどのように感じたのかについて説明してください。

❽生徒が居場所を感じられるようにするために、あなたが行ったこれまでの経験（成功例、失敗例）について説明してください。

❾あなた自身の生い立ち、慣習や文化的背景、人生経験が、生徒のそれらとどのように**似ているのか**について説明してください。

❿あなた自身の生い立ち、慣習や文化、人生経験が、生徒のそれらと**異なる点**について述べてください。

これらの質問に答えながら、あるいは答えたあとに、回答内容が自分の授業や学級経営にどのような影響を及ぼすのかについて考えてみてください。これについては、学年会議やチーム会議、教科会議、職員会議などでも同僚と話し合えるでしょう。

方法2 あなたの「居場所IQ」を高める

居場所についての理解を深める準備はできましたか？　ここでは、本書の「はじめに」を読み返す際に役立つ質問を紹介します。これらの質問は、本文をパラパラとめくりながらページをハイライトしたり、メモをとったりする際に役立ててください。

❶「はじめに」の冒頭部分（三〜四ページの四つの段落）を確認します。印象に残った言葉、フレーズ、アイディアを選んで（または記録して）ください。その理由も書き留めておきましょう。

❷四ページの「居場所とは」に書かれている居場所と、学校での居場所の定義に注目してください。声に出して読んでください。次に、このセクションの最後にある引用文、つまり居場所に関する理論研究者が書いた最後の二文に注目してください。これらの文章を声に出して読んでみましょう。何が心に残りましたか？　あなた自身の実践から、どのような経験が思い浮かびますか？

❸五ページの「なぜ、学校における居場所が大切なのか」において、研究で検証された居場所に関する利点のリストを確認しましょう。生徒を見て、当てはまるものを選んでください。

また、見たことのある、生徒が居場所を感じているときの特徴やその効果は何ですか？

❹七ページの「学校で居場所を感じられない（あるいは、自信をもって居場所があると思えない）」場合のリストを見て、あなたが見たことのある生徒の様子を選んでください。ほかにも、「居場所がないと感じているとき」に見た生徒の様子があるのなら、それらを列挙してください。

❺「居場所があるという感覚はどのようにすれば高まるのか」（八ページ）のなかで、あなたがすでに取り組んでいるものをチェックしてください。難しいと思う取り組み、あまり考えたことのない取り組み、もっと知りたいと思う取り組み、能力をつけたいと思う取り組みを選んでください。

❻一〇ページからはじまる「学級経営とその影響」を見てください。そのページの後半と次ページの五行目までを注意深く読み返してください。自分の言葉で、学級経営と居場所づくりの相互関係について簡潔にまとめてください。

❼「学級経営とその影響」で、あなたが心を動かされた学級経営に関する考え方やメッセージを取り上げてください。あなたは、どれが一番魅力的だと思いますか？(3)

（3）　あなたは、一一～一四ページの二つのリストに納得しますか？　加えたい／削除したい項目はありますか？

❽一六ページからはじまる「居場所づくりと学級経営を統合する実践」では、冒頭の段落にあるトピックセンテンスや主題をハイライトしてください。

❾「居場所づくりと学級経営を統合する実践」で、居場所があるという感覚を高めるための行動（六つ）をそれぞれ読み返してみてください。それぞれの行動のあとで、「これを一貫して、今まで以上に実行することは約束できるか？」と自問してください。各行動に、実践するためのアイディアや目標を少なくとも一つずつ書き入れてください。

方法3 居場所づくりで成功した実践をたたえる

おそらく、あなたが現在使っている方法や活動の多くは、生徒が居場所を認識し、感じることに役立っているでしょう。ただ、それが居場所づくりのための取り組みであると気づいていないかもしれません。

たとえば、著者の一人であるキニーが教師をしていたころ、一日がはじまるときに五〜七分間の「言いたいことが言える時間」を設けていました。

前夜に起こった出来事を話したり、「昨日、下校してから起こったことが何かありましたか？」と生徒に質問を投げかけたりしていました。教室に家族のような雰囲気が生まれ、恥ずかしがり

表1－1　ブレインストーミング：居場所づくりのためにすでに行っている実践

あなたがモデルとして示している態度、信念、行動	あなたの生徒とのかかわり方	あなたが示している生徒への期待
感情的なスキルを意図的に磨くための活動	社会的な（人間関係の）スキルを意図的に磨くための活動	学習者としての自信をつけることを意識した活動
お互いの強みや価値を見つけることを促す活動	生徒が自分の考えを表明する機会を提供する活動	生徒に合った学び方を選べる機会を提供する活動

屋の生徒が自ら進んで話をしてくれたときなどは心が温まりました。

前ページの**表1－1**は、ブレインストーミングのワークシートです。今やっていることを見直し、自分の取り組みの範囲や行動が、どのようなことを目的としているものであるのかについて考えるきっかけとなります。あなたのクラスにおいて、生徒の居場所感覚を高めるために行っていることは何ですか？　あなたは、どのようなことを行っていますか？　目的別にリストアップして、記録してください。居場所づくりのための取り組みを確認し、それらを向上・応用するための方法を見つけましょう。

方法4　居場所づくりに有効な学級経営の実践を点検する

本書において大前提となっているのは、生徒が自分の居場所を感じられるかどうかには教師の学級経営が大きく影響しているということです。一見、些細なことであっても、学級経営の手順や手続きによっては生徒が居場所を強く感じたり、妨げたりもするという意味です。

居場所について考えている今、あなた自身の学級経営の取り組みを点検して、生徒が居場所をより感じられるようになるための目標を設定するよい機会となります。**表1－2**に掲げた手続きを参考にしてみてください。

表１－２　振り返り：あなたが実践している学級経営は、生徒が居場所をより感じられるようなものになっていますか？

パート１　生徒が居場所を認識し、感じることを考えながら、あなたの学級経営を見直してみてください。

A.あなたの学級経営の手順や手続きを八つ挙げてください。

（教室設定、スケジュール設定、物の配置、クラス内での規則と手順、生徒との関係性、生徒への期待とそれを満たさなかったときの対応、問題や対立の解消法、問題行動に対するあなたの対応、授業スタイルなど）

B.上に挙げた一つ一つを丁寧に振り返ってください。「これは生徒が居場所を感じる際に必要なものか？」、答えが「はい」ならキープします。答えが「いいえ」で、場合によっては生徒が居場所を感じられない可能性があるならば改善してください。

生徒は、一人ひとり違うという事実を忘れないでください。一人の生徒にとって居場所を感じられる働きかけであっても、ほかの生徒にとってはそうでないかもしれません。たとえば、何か達成した事柄をほかの生徒の前でたたえることが居場所を感じる要因となる生徒もいれば、ほかの生徒にとっては「恥ずかしい（居場所を感じられない）」と感じる場合もあります。

パート２　改善する必要があるものを探しましょう。

新しい取り組みや改善した取り組みを、下の表または似たような形式で記録してください。

パート１のＢで「いいえ」が付いたもののなかから四つを選んでください。一つずつ、すぐに改善したい目標を書いてください。それぞれの目的が何を示しているのか分類名をつけてください。（【分類例】関係性、好ましくないことに対する対応、コミュニケーション、規則や手順など）

新しく取り組むのか、それとも改善する形で実践するのかなども踏まえながら具体的な目標を一つずつ記入してください。できたか、できなかったのかが判断できる目標が好ましいです。「この目標が達成されたのかどうか、どのように判断できるのか？」について考えてみてください。

これらの目標の達成に向けて、定期的に確認作業を行いましょう。新学期がはじまったら、達成できた目標を確認していきましょう。あるいは、次の取り組みを考えたり、取り組みの改善を考えたりしてもよいと思います。このような作業を、できれば同僚と一緒に行ってみましょう。

分類	目標	確認する時期

方法5 学校での居場所づくりに生徒の家族も含める

生徒は、家族[4]や地域の人が学校やクラスで歓迎され、何の不安もなく参加できると認識すると、自らの居場所に関する感覚が飛躍的に高まります。家族が学校にかかわることを教師が歓迎し、意見を求めれば、生徒の健全な成長とより良い学校経営を支えるための関係が築けます。また、それは、ポジティブで効果的な学級経営の基盤ともなります。

家族や地域とのつながりを築くために効果的となる第一ステップは、開かれたコミュニケーションをとることです。学校が家族と、いつ、どのようにコミュニケーションをとるのか、また家族が学校と、いつ、どのように連絡をとるのか、何より、家族や地域があなたとコミュニケーションがとりやすくなるための方法について考えましょう。

とくに、文化的にも社会経済的にも多様な生徒がいる場合は、画一的なコミュニケーション方法では対応できないでしょう。メールが有効な人もいれば、電話が有効な人もいますし、直接会って話をするというのがよい人もいるでしょう。

それぞれの家庭がどのようなコミュニケーション方法を好むのか、連絡をとるのに最適な時間帯はいつか、通訳が必要かなどを確認して、すぐにでも効果的なコミュニケーションをはじめましょう。ここでは、それに関するいくつかの方法を紹介します。

手紙の交換——教師から家庭へ

新年度がはじまる前から、あるいははじまって数日内に、保護者が学校での居場所が感じられる準備をしましょう。たとえば、すべての保護者に手紙を書いて、郵送またはEメールで送ります。中高生を教えている場合も同じです。手紙には、次のことを記載してください。

- 名前を名乗ります。「こんにちは。私は〇〇〇と申します。もうすぐ、〇〇〇（生徒の名前）の（学年または教科）の担当になります」
- 生徒とその家族を学校として歓迎するほか、自分のクラスに入ることをいかに喜んでいるのかを表現します。
- 自分の仕事に対する情熱を伝えます。そして、学校がはじまってから起こる事柄（生徒が勉強したり、学んだり、達成する）や、今年度の目標を紹介します。
- 質問やコメントがあれば、「連絡してください」とお願いします。保護者からの連絡方法としては、Eメール、テキストメッセージ、電話、学校へのメモの送付など、さまざまな方法

（4）以下、「Family」の訳は、「家族」、「家庭」、「保護者」のいずれかにします。

を用意しておきます。また、教師から保護者に連絡をとる場合のことを想定して、どのような方法が一番よいのか、一日のうち連絡がつく時間帯はいつなのかを教えてもらいます。

手紙の内容は、明るく、温かく、誰でも受け入れる教師である、と感じられるものにします。また、手紙の内容にまちがいがないように、友人や同僚に校正してもらいましょう。伝わりやすく、理解しやすい言葉で書き、必要に応じて家族が普段使っている言語に翻訳しましょう（学校がはじまる前に書く場合は、スクールカウンセラーや以前かかわっていた教師に家族の言語環境などを教えてもらうとよいでしょう）(5)。

手紙の下書きをしたあと、数日置いてから読み返すと効果的です。書きながら、また読みながら、「このような内容で、対象となる生徒の家族が学校や教師とつながっていると思えるか？」と自問してください(6)。

手紙の交換——家庭から教師へ

保護者への手紙（または、フォローアップのメールやテキストメッセージ）のなかで、「お子さんについて教えてください」とお願いします。「二〇〇〇字程度でお子さんについて教えてください」といった内容で依頼してみましょう。

ローリー（著者）の娘エマが一一年生のときです。学校がはじまった日にエマは、数学Ⅱ（微分積分）の教師から「保護者への宿題」というものを持ち帰ってきました。その宿題は、母親から見てエマが抱えるかもしれない問題やエマの長所と短所、過去の学校での経験のほか、クラスや教師、自分の子どもに対する期待など、エマに関することをローリーに教えてほしいという内容になっていました。

ローリーは、この「宿題」に対して、当初予定していたよりも多くの時間をかけました。エマについて書くことが楽しく、教師がこのような機会を与えてくれたことを心から喜んだわけです。この宿題は、ローリーが「やる」、「やらない」にかかわらずエマの成績には関係ありませんので、心配することなく取り組みました。

また教師は、ローリーに対して個別のフォローをし、ローリーが書いた多くのことを取り上げてくれました。これが理由で、ローリーは学校に対して一気に親近感を覚え、すすんで教師とコミュニケーションをとるようになりました（この感覚は、子どもが大きくなるにつれて私たちが失いがちなものです）。

（5）アメリカには、常駐のスクーカウンセラーが各学校にいます。
（6）小学校、中学校、高校の教師たちがこの目的で書いた手紙の実例が、『成績だけが評価じゃない』の第1章で見られます。

生徒数が多い場合、一人ひとりに関する「二〇〇〇字程度」の文章を読むというのは大変でしょう。そんなときは、お子さんの長所や興味、ニーズについて、教師に知っておいてほしいことなどを短いメモやメールで回答してもらうようにお願いしてみてはいかがですか。クラスの状況や生徒の年齢層に合わせて設定してください。

もし、英語以外の言語を話している家族には、本人が使いやすい言語で書いてもらうようにしましょう。それを翻訳するのは大変ですが、あなたのクラスがすべての生徒（家族も）を受け入れ、教室が居場所であるというメッセージを伝えるだけの価値が十分にあると思います。[7]

とはいえ、注意していただきたいことがあります。家庭と教師との手紙交換に参加していない生徒を、無意識に困らせたり、槍玉に挙げることがないように気をつけてください。

方法6　初日から居場所を感じられる雰囲気をつくる

かつて新任教師には、「クリスマスまで笑顔を見せてはいけない」といった注意が先輩教師からされていました。これは、「庇《ひさし》を貸して母屋を取られる」という古い諺に基づいたもので、生徒には厳しく接し、馴れ馴れしくならないように、というメッセージです。

この言葉に暗示されているのは、学校における適切な行動様式を生徒たちが身につければ、冬休みまでには生徒の周りで微笑んだり、時にはジョークを飛ばしたりするといった、人間らしい教師になれるかもしれないということです。

私たち著者は、このアドバイスの意味が理解できませんでした。新学期の初めから、教室が生徒にとって安心安全で、それぞれの生徒がお互いに尊敬され、大切にされていると感じられる場所であることを全員の生徒に伝えることが自然である、と感じていました。

誤解のないように言っておきますが、「親しみやすい」とは「いい加減」という意味ではありませんし、「協働」とは「カオス」という意味でもありません。私たちの教室では、生徒の自由は尊重されており、規則で生徒を縛ったり、ましてや恐怖で従わせることもありません。

新年度の初日は、居場所があると生徒たちが感じられるクラスをつくるための第一ステップです。クラスで何が起こるのか、何が期待できるのか、何を大切にするのか、生徒とどのように接するのか、あなたが生徒に対してどのような考えをもっていたり、感じたりしているのか、クラス内の人間関係はどのようになるのかなど、クラスのことを生徒に知ってもらうよいチャンスです。

これらのメッセージは、ポジティブで、希望に満ち、敬意を払ったものであれば学級経営が円

（7）最近では無料の翻訳アプリも性能が上がり、翻訳可能な言語も増えています。

滑になりますし、居場所が感じられる空間づくりにもつながります。初日の目標は、学年やクラス数に関係なくすべての生徒が次のように感じるか、少なくとも思いはじめたような雰囲気で下校することです。

- ここでは安心安全な状態で過ごせそうだ。
- 真剣に学び、お互いを大切にし、仲良くしていけそうだ。ここでは、誰もが平等に扱われる。
- 学習は活発で、創造的なものになりそうだ。自分で学習するだけでなく、みんなで力を合わせられそうだ。
- ここでは、しっかり学べそうだ。
- お互いの意見が受け入れてもらえそうだ。自分の考えや興味、経験は大切にされるようだ。
- ここには、自分の居場所がありそうな感じだ。
- この教室に戻ってきたいと思えるようなところだ。

初日のチェックリスト

このような高い目標を達成するためにはどうすればよいのでしょうか。達成するためには、これらの言葉の真意や可能性を生徒が理解できるように、「一日目」や「最初の授業」において具体的な行動で示しましょう。

表1－3　初日のチェックリスト

初日の目標

- 入り口で生徒を出迎える。
- 一人ひとりの名前を知っている、または知ろうとしている努力を示す。
- 一人ひとりを大切にしていて、自分のクラスの生徒になってくれて嬉しいという感情を表現する。
- 教師という職業が好きであると分かるように表現する。
- 自分自身のこと（個人的なことを含めて）について生徒に話す。
- 教師が生徒一人ひとりのことを知るとともに、生徒もお互いのことが知れるようにする。
- クラスや授業でのルーティーンを一つ決める。
- 生徒は、ペアか小グループで問題を解決する。
- アート作品を一緒に作成する。
- 生徒にとって能動的で、自分たちと関連があり、意味のある学びの成功体験を積みあげる。
- 授業のなかで選択肢を提供する。
- 学校やクラスが安心できる場所であると伝える。
- 授業や初日の最後を、生徒の印象に残るものにする。

表1－3のチェックリストには、居場所があるという生徒の感覚を育み、興味をかき立てて積極的な参加を促すような雰囲気、人間関係、取り組みをはじめとして、具体的で観察可能な行動や体験が書かれています。チェックリストで選んだ体験は、さまざまな活動やレッスン、ミニ・レッスンなどにおいて生徒が経験できるように提供します。

初日の計画

次ページに記した**表1－4**のワークシートは、学校生活を楽しもうとする期待感や学びに関する項目を踏まえて、居場所づくりの精神を意識した、過ごしやすい学校生活を計画する際に役立ちます。

表１－４　初日の計画ワークシート

使い方：初日の計画を練る際に参考になる方法、声かけのアイディア、活動
どのように生徒を出迎えるか。
生徒の名前の覚え方。
私自身のことについて、何をどのように生徒と共有するか。
生徒が互いを知るために何ができるか。
生徒が「自分には価値がある」および「教室は安心安全な場所だ」ということを、どうすれば感じられるか。
クラスにおけるルーティーンを何にするか。
小グループでの学び。
学びの活動 　読みもの 　創るもの 　楽しいもの 　生徒が自分の声を発する機会 　生徒が選択できる機会 　全員が満足する学びの機会 　クラスにある何かを引用する・使う機会 　授業・活動の詳細
授業を、インパクトのある終わり方にするためにどうするか。

チェックリストから選んだ目標の一部または全部は一つの授業や活動で取り上げられますし、主な活動とそのほかのちょっとした交流においてそれらの追求も可能です。

学習やクラスでの活動のなかに、より多くの経験を取り入れるためには、二〜三回の授業やそれ以上の日数をかけて計画を進めてください。

方法７　自分を大切にする

教師は、忙しさとともに高い質が求められる職業です。もし、あなたが私たちの知っている多くの教師と同じなら、生徒のことを一番に考える、という傾向をもっているでしょう。たとえば、生徒とつながる、生徒が夢中で取り組み、かつ効果的な授業を計画する、どのようなニーズにもこたえるなどといったことです。

同時に、このような取り組み方に関してはマイナスとなる経験もあるでしょう。たとえば、忍耐力が低下したり、意図した以上にきつい発言をしたり、自分ではどうしようもないと感じたり、疲れや燃え尽き症候群といった事柄が挙げられます。

多くのことを引き受けてしまい、すべてをうまくこなそうとするなかで、教師は自分自身のニーズに対しては無頓着になってしまいます。適切な食事、十分な運動、満足のいく睡眠時間、家族や友人との充実した時間がとれていない人はいませんか？　それとは逆に、好きなことができており、リラックスやリフレッシュができ、自分に対するエネルギー補給はできていますか？

自分自身の感情と身体の健康のために、きちんと意識して選択しましょう。そうすれば、自分自身が最高の状態でいられますし、心身ともに健康な状態を保つとはどういうことなのかについての手本を生徒に示せます。慌ただしい学校生活がはじまる前に、ひと息ついて（深呼吸して）、自分を大切にするための計画を立ててみましょう。学校のある日や仕事以外の時間において、自分にとってポジティブなことや習慣をスケジュールに入れておきましょう。

以下では、同僚から集めたりして、私たちが使ったアイディアを紹介していきます。

学校のなかでは……

・深呼吸を忘れないでください。時には、今やっている事柄について考えるのをやめて、一旦立ち止まり、ゆっくりと深呼吸をしてみてください。どうしようもない感情や疲れから解放されます（この方法を生徒に教えてもいいでしょう）。
・ナッツやチーズ、グラノーラバーなどのタンパク質を摂りましょう。
・水をコップ一杯飲みましょう。
・ストレスボールを使いましょう。

・お礼の手紙を読んでみましょう（ポジティブなメモを集めておいて、必要なときに取り出すとよいでしょう）。
・ポジティブな言葉を読んでみましょう（好きな言葉を集めたフォルダーをつくっておくとよいでしょう(8)）。
・軽い運動をしましょう。廊下を早歩きで移動しましょう。六〇秒間、左右に飛び跳ねてみましょう。自分の部屋を障害物コースのようにして、一〇回ほど歩いてみましょう。
・短い休憩時間があれば、少しでも外に出てください。徒歩でいいのですが、新鮮な空気や太陽の光を浴びると、それだけで効果が得られます。
・生徒の保護者に電話やメールで連絡したり、ポジティブなお知らせを書いたハガキを送ってみましょう（きついと思う日には、このような方法が効果的です）。
・授業の合間に好きな音楽を聴きましょう。もちろん、歌うのも効果的です。
・数分間、目を閉じてください（眠ってしまったときのために、アラームをセットしておきましょう！）。

（8）　これを集める効果的な方法として、「大切な友だち」があります。やり方は下のＱＲコードで見られます。⑤の愛のこもったメッセージを集めておけばいいのです。

学校の外では……

・**動く**——走る、歩く、スキー、ダンス、自転車、ハイキング、ゴルフ、ヨガ、ウェイト・リフティングなど、好きな活動をやってみましょう。家族や友人と一緒にやれば、健康的で質の高い時間がもてます。

・**リラックスする**——楽しい本を読む、「何もしない」時間をつくる、好きなテレビ番組を見る、熱いお風呂に入る、シャワーを長めに浴びる、親友と話す、景色のよい場所にドライブに出掛ける、いつもより早く寝る、音楽を聴く、マッサージを受ける、一人で過ごす、瞑想する、などです。

・**趣味に没頭する**——読書、楽器演奏、お菓子づくり、料理、裁縫、編み物、日曜大工、手芸、園芸、絵画、アップサイクル[9]、写真撮影、ポッドキャストやブッククラブに参加します。

・**ボランティアをする**——動物保護シェルター、炊きだしやフードバンク、国立公園、地元の病院、図書館、博物館、赤十字社などでボランティア活動を行いましょう。老人ホームを訪問して入居者に話しかけたり、音楽を演奏したりします。そのほか、ハビタット・フォー・ヒューマニティー[10]のプロジェクトに参加してもよいでしょう。

私たちは、作家ノスト[11]の言葉をとても気に入っています。

「自分のことを大切にすることは、自己優先を意味するのではなく、自分も大切にすることを意味する」［参考文献81］

気分をよくし、精神をリフレッシュさせ、頑張って一日を過ごせるようなスケジュールを組みましょう。たしかに、自分のために時間をとることになりますが、それについては罪悪感をもたないでください。あなたの心の健康は、このような時間をとれば保たれるのです。教師であるあなた自身が心身ともに健康であれば、生徒や家族はあなたに感謝するでしょうし、あなた自身も自らに感謝するはずです[12]。

（9）これは、リサイクルの進化版とも言えるアイディアです。廃物や使わなくなったモノを、新しい素材やより良い製品につくり替えて価値を高めます。

（10）（Habitat for humanity）世界七〇か国において、住居の建築をはじめとして、水や衛生といった住環境改善に取り組んでいる団体です。

（11）（L. R. Knost）作家以外にも、フェミニスト、子どもの権利を中心とした社会運動家でもあります。インスタグラムへのリンクは以下を参照してください。https://www.instagram.com/p/B5sguJ0HkuB/?utm_source=ig_embed&ig_rid=e402dd11-8da5-457f-819f-e3fdec54fe66

（12）「方法7」を扱っている本が『教師の生き方、今こそチェック』です。是非、参考にしてください。

第2章

居場所は信頼関係で育まれる

歓迎され、かかわりあうなかで
居場所を感じる
（5年生）

この章では、安心安全で意味のある関係を生徒と築くことからはじまる、教師の行動や態度（単に、担当教師とその生徒という関係ではなく）に注目します。紹介する方法は、あなたや生徒がお互いを知り、クラスのまとまりと誇りを保ち、生徒全員が平等で価値ある存在であり、クラスに貢献しているという感覚の確立に役立ちます。

また、クラスメイトとよい関係を育み、ユーモアを交えて関係を強化し、個人の状況に気を配り、生徒の家族と絆を深める方法も紹介します。これらの方法は、尊敬、優しさ、受容、インクルージョン[1]といった価値について具体的な形で表現します。そして、それらの価値が私たちの行動に反映されれば、クラスでのかかわり方の基盤となります。これらは、生徒がより居場所を実感するとともに問題行動の減少にも役立ちます。

人間関係は、クラスや授業にとって一番大切なものです。新年度がはじまると、三〇人から一三〇人の生徒との新しい関係がはじまります。また、あなたも生徒も、学校以外においてたくさんの関係を築いています。さらに、生徒の保護者や家族との関係も増えていきます。これらすべてのつながり（および断絶）が、あなたのクラスで起こる出来事に影響を与えます。

教師が生徒と築く人間関係は、生徒の行動や学級経営に大きな影響を与えます。この関係性は、生徒が学校やクラスに居場所を感じることを高めたり（または阻害したり）、学級経営の成功（ないし失敗）を左右したりします。一人ないしそれ以上の教師から生徒がサポートを受けられる状態は、学校で居場所を感じるかどうかを予測するうえにおいて大切となります［参考文献４］。と同時に、生徒が教師とどのような関係を築いているかによって学級経営の方法が変化します［参考文献113］。

思いやりと信頼関係が学習には不可欠である、という結論を支持する広範な研究結果が出ています［参考文献２、12、24、32、39、49、65、68、82、83、95、105、128］。たとえば、以下のような強い影響が挙げられます。

・生徒の、学びの質と量が向上する。
・教室での生徒の問題行動が減る。
・生徒同士のかかわり方にポジティブな影響がある。
・学習面や行動面で、教師の介入が必要な場合の基盤が形成される。
・生徒の自尊心と自分を調整する力（自分の状態を評価して、必要なところを修正・改善する力、さらなる目標設定＋計画を立てて遂行する力）が高まる。

（１）インクルージョンとは、組織（本書の場合は学校）に所属している全員が公平に参加でき、所属している組織の役に立つさまざまなことに参加、実践、学習できる機会があるという状態です。

・生徒の意欲的な取り組みのレベルが高まる。
・生徒のやる気と主体性が高まる。
・生徒の安心感が高まる。
・生徒の協同性が高まる。
・いじめに対する抑止力となる。

ある研究者は、生徒と教師との強い関係は、貧困が原因で学習に困難を抱えている生徒にとってはとくに有益である、と主張しています［参考文献103］。彼らの研究によれば、低所得家庭において教師と強い関係を築いている生徒は、そのような関係を築けていない生徒に比べると感情と人間性の面で学校での適応力が高く（つまり、ＳＥＬの能力が高く）、学業面でも大きなプラスの影響が見られるとのことです。

この考え方は、あまり気にかけられていないほかの生徒にも当てはまる、と私たちは考えています。外見が日本人っぽくない生徒(2)、身体的・認知的障害のある生徒、ＬＧＢＴＱの生徒、最近移住してきた生徒、精神的な問題を抱えている生徒なども、信頼できる教師との強い関係からよい影響を受けます。

生徒同士の関係は、日常的にすべてのクラスで、すべての生徒に大きな影響を与えます。教師と生徒との関係と同じく、生徒同士の関係は学校生活の充実度と学びの主要な要因となります。これは全学年の全生徒に当てはまりますが、とくに中学校・高校教育においては影響力が高くなっていきます［参考文献89、134］。

ポジティブまたは満足度の高い生徒同士の関係は、学び、仲間や地域との好ましい行動、取り組みのレベル、自信、自己管理、学校での満足感と楽しみ、学校やクラスでの居場所といった感覚に対してプラスに影響します［参考文献67、89、118、119、145］。これに対して、何らかの理由で特定の生徒を排除、拒絶、卑下、いじめ、差別するような扱い、あるいは無視をすると、時には取り返しのつかない否定的な影響を与えてしまいます。

このような教師と生徒との関係は、学校での満足感や学びを妨げる大きな障害となり、自信喪失、不安、学業成績の低下、反社会的な行動などを引き起こす場合もあります［参考文献49、67、77、89、119、145］。

私たち教師が生徒との間で信頼関係を築いていく過程は、生徒一人ひとりが学校で居場所を感じられるようにするための取り組みとなるわけですが、実はほんの「はじまり」でしかありません。この関係は、年度を通して生徒のことを知ろうとする教師の姿勢、日常的にかかわろうとす

（2）この文章は、日本の状況に合わせて翻訳しました。

る行動、生徒をよく見て話をよく聴く、そして時間をかけた相互尊重で培うことができます。このような関係構築のプロセスがあれば、生徒がクラスで自分の居場所をより強く感じ、ポジティブな行動へと自然につながっていきます。

学級経営においては、生徒と築く信頼関係は「貯金」のような役割を果たします。生徒との良好なコミュニケーションや一人ひとりに対する理解は、後々困難な状況になったときに役立ちます。そのような状況に陥ったときに、貯金してきた信頼関係をもとにした問題解決が可能となるのです。

方法8　関係性の「約束」を通して生徒の居場所をつくる

あなたは、一年を通じて生徒とかかわり、日々、生徒についてさらに知るようになるでしょう。しかし、新年度がはじまった数日から数週間の間に生徒は、あなたがどのように自分を見ているのか、自分のことを気にかけているのか、自分とどのようにかかわってくれるのかなど、生徒なりのイメージを構築してしまいます。教師が生徒と新しい関係を築くチャンスは一度しかないのです。(3)

あなたが教える内容を考える場合と同じくらい、教室での人間関係の構築方法や育み方についてじっくり考えましょう。初日の始業ベルが鳴ったときに準備ができていれば、新しい人間関係に直面してもそれほど怖くありません。人間関係はクラスの中心であり、学級経営の中心でもあります。

思いやりと信頼に満ちた教師と生徒との関係とは、どのようなものでしょうか？　**表２－１**は、生徒との信頼関係構築のためにできる「二五の約束」です。すべての「約束」は、日々生徒が確認できる行動です。これらをよく吟味し、定期的に見直すなど、自分自身との約束として扱ってください。

あなたがすでに実践している行動はどれか、どうすればより一貫した行動がとれるのかについて考えてみてください。また、どの約束が生徒との時間をより良いものにするのかを考えて、目標とスケジュールをふまえて計画を立てましょう。これらの行動は、生徒との強い関係性を築くきっかけとなるだけでなく、生徒がクラスにおける居場所を見つける可能性を高めるほか、安心して過ごせるようにもなります。また、これらの行動は、すべて優れた学級経営の特性でもあります。

（３）　もちろん、あとで修正することは可能ですが、それには多くの時間と努力が必要になります！　それほど第一印象のインパクトは大きいのです。そういえば、これはあらゆる人間関係に言えますね。

表２－１　生徒と交わす25の約束

使い方

これから紹介する「約束」をすべて「私は～～」ではじめてください。そして、約束が果たせているかどうか、自分自身に確認するように声を出して読みあげてください。すでに日常行っているものを選んでください。行っていないもののなかで、これから日常的に行いたいものを選んでください。毎月、この25の約束を見返し、同様のことを行ってください。

1．計画された（でも、臨機応変に対応できる）、予測可能な、安心安全な環境をつくる。
2．生徒の意見を受け入れ、辛抱強く、笑顔で、常に励まし、温かい声かけをする。
3．すべての生徒に対して、常に尊敬の念をもって接する。
4．一人ひとりの生徒にとって、常に「公正」が必ずしも「平等」とは同じでないことを理解したうえで、「公正」であり続ける(*)。
5．すべての生徒は等しく尊い、というメッセージを伝える。偏見をもったり、えこひいきをしない。
6．信頼される存在であるために、話した内容を守り、生徒に言っていることは自分でも行動する。
7．嘲笑、軽蔑、差別、排除、あらゆるいじめから生徒を守る。
8．学級運営の進め方と教師から期待することを示し、一貫して実行する。
9．教える教科や内容に対する情熱を生徒に示し、楽しんで教えている姿を見せる。
10．お互いに敬意をもってかかわることを期待していると示し、敬意をもったかかわりとは何かを明確に伝え、それに沿った態度、行動を期待している、と示す。
11．学習に対する高い期待を示し、達成できるようにサポートする。個々の学習のつまずきを乗り越えられるようにサポートする。すべての生徒に、「達成できると信じている」と伝える。
12．クラス全体、また生徒個人を常に知ろうとする。
13．一人ひとりの資質、能力、興味関心を尊重する。
14．生徒にストレスをかけず、恥ずかしいと思わせないようなコミュニケーションをとる。
15．生徒の問題行動は一対一で対処し、ほかの生徒がいる前では罰を与えない。

16. 日々、生徒一人ひとりとポジティブにかかわる。
17. 生徒の意見、考え、フィードバックを求め、それらを実行に移す。
18. 笑ったり、ユーモアを大切にしたりすることを通して、生徒と一緒にいることが楽しいと伝える。
19. すべての生徒のために存在している。
20. 大きな声を出す、脅す、生徒を操る、辱める、笑いものにする、レッテルを貼る、偏見の目で見る、蔑《さげす》んだりしない。
21. 言葉と同じように、表情や態度でも生徒に対して温かく脅かさない形で接する。
22. 一人ひとりの生徒の、熱心で見える形の代弁者になる。
23. すべての生徒の居場所をつくろうとしている様子が分かるようにする。
24. 生徒に対して正直で、率直で、人間味がある存在でいる。
25. 学びを楽しいものにする。

(＊)公正については、QR コードを参照してください。

方法9　関係性を築く方法を生徒から学ぶ

教師と生徒との信頼関係を築くための最良の方法は、研究や本、同僚からではなく、生徒自身から得られます。

生徒に尋ねてみましょう。そして、彼らが求めてくる事柄に沿ってやってみて、うまくいかなければ再び尋ねてみましょう。

ステップ1　生徒へのアンケート

生徒自身のことや生徒があなたに求める事柄を知るために、どのような形で協力してもらいますか？　その一つとして、生徒が教師と生徒との関係について考える時間をとって、いくつかの質問に答えてもらうという方法があります。

表2-2は、学年やクラスの実態に合わせてアレンジできるアンケートの項目です。学年に合った質問を選び、言葉を選んでください。生徒の意見が充分に聞けるだけの質問数を用意し、そこから選んでもらうというのもよいでしょう。たとえば、「必ずすべての質問に答えなくてもよい」と説明したり、生徒自身が質問を書いたりして回答できるようにします。

このようなアンケートは、新年度がはじまってから数週間後に実施するのがよいでしょう。生徒に関してある程度知ったうえでアンケート項目の調整ができるからです。

ほとんどの生徒は、無記名での回答を好むでしょう。逆に、「名前を書く」という選択肢を提供してもよいかもしれません。状況によっては二人一組でアンケートに答えるようにして、回答前に二人でアイディアを出しあってもよいでしょう。

アンケートを、どのようにして生徒に切りだしますか？　生徒に伝えたいのは、教師と生徒の関係を構築するのに必要なことを生徒から学びたい、というメッセージです。また、個人情報の守秘義務についても強調しておきましょう。あなたが生徒の情報を秘密にすると約束しているように、生徒もほかの生徒や教師の名前を出してはいけないことを説明してください（ただし、あなた自身の習慣や経験を例として取り上げることは可能です）。

次のような形ではじめてみたらいかがですか。

表2－2　教師－生徒の関係性に関するアンケート

アンケートの質問で答えられるものは、なるべくたくさん答えてください。ただし、氏名を記入したり、ほかの生徒や教師の名前も記入しないでください。

パート1

1. 先生があなたのことを大切に思っていると感じるのは、どのようなときですか？
2. 先生があなたのことを好きまたは嫌いと思っていると感じるのは、どのようなときですか？
3. 先生を信頼するうえで、必要なことは何ですか？
4. 先生を信頼できないと思うのはどんなときですか？
5. 生徒とよい関係を築くために、先生がとった行動で一番よかったものは何ですか？
6. 先生に対してポジティブな感情を抱くには、何が必要ですか？
7. 先生に対して気まずさを感じるのはどんなときですか？
8. 先生に、必ずしてほしいことは何ですか？
9. 先生に、絶対にしてほしくないことは何ですか？

パート2

1. あなたが勉強か何かで困っていることに、先生（たち）は気づくと思いますか？
2. 学校で何か嫌なことがあったとき、先生（たち）は気づくと思いますか？
3. 先生が自分のことを気にかけてくれていると感じるのはどのようなときですか？
4. 自分が勉強で困っているときに、絶対に分かるようになるまでサポートしてくれると感じるのはどんなときですか？

パート3

あなたと同学年の生徒が何を必要としているのかについて先生にアドバイスをするとしたら、優先順位の高いものを一つか二つ挙げてください。

学校がはじまってから数週間が経ちましたので、みなさんは何人かの先生とかかわったり、つながったりしたと思います。先生がどのようにかかわるかによって、みなさんが学校生活に安心感を抱き、居心地がよく、そしてサポートされていると感じる度合いが変わってきます。

また、このようなかかわり方はみなさんの勉強にも影響を与えます。生徒の立場から先生を信頼し、安心できる関係を築くために、先生は何をしているのか、何をしてきたのか、何ができるのかについて考えてみてください。

みなさんからの回答は、私がみなさんとより良い関係を築くためのヒントになります。すべての質問に答えなくてもよいですが、「パート１」では少なくとも三つの質問に、「パート２」では二つの質問に答えてほしいです。なお、「パート３」の質問にはぜひ答えてください。

生徒たちに尋ねてみると、驚くほどたくさんのことが分かります。小学生でも貴重な意見を言ってくれるものです。

ステップ2　学んだことを使う

生徒からアドバイスをもらったら、それらから「やることリスト」をつくります。具体的な目標を立てましょう。生徒から何を学んだのか、そして自分が取り組もうとしている事柄を生徒に伝えましょう。リストと目標を生徒と共有すれば、あなたが生徒たちの声に耳を傾け、意見を真剣に受け止めている様子が分かります。

このような活動をするだけで、生徒との関係がよくなります。あなたが生徒を大切にし、本当に生徒の意見を求めていて、生徒の経験や考えを尊重していることが伝えられます。生徒の反応に対するあなたの行動よって、生徒からの信頼を深めるほか、さらに強い関係性が築けるようになるでしょう。

ステップ3　プロセスの繰り返し

一年間を通して、生徒たちから学び続けてください。生徒がアンケート調査に慣れてきたら、あなた自身の行動についてより具体的に質問をしてみましょう。たとえば、本書の著者である私たちは、次のような短いバージョンを使っています。

❶何を続けるとよいですか？
❷何をやめたほうがよいですか？
❸何からはじめるべきですか？
❹私はあなたのことを好きだと思いますか？
❺ほかに知っておくべきことや、伝えたい事柄はありますか？

生徒にアンケートをつくってもらってもいいでしょう。たとえば、質問に対して数字や程度（いつも、しばしば、何度か、あまり、まったく）で回答するものなどです。彼らが選んだ質問の内容やその回答結果は、継続的な関係構築のための貴重なデータとなります。

方法10 生徒を知る

生徒についてよく知る——これ以上に価値のあるアドバイスはありません。生徒について知れば、自分が教えている年齢層の発達特性を専門的に理解することになるほか、最近の表現やトレンド、習慣、ファッションなどについても分かります。

さらに重要なのは、生徒一人ひとりについて知ることです。生徒にはどのような背景があるのか？　家族はどのような言語を話しているのか？　家族の歴史や文化はどうなのか？　どんな才能があるのか？　どこで苦労しているのか？　このような質問に答えられるようになると、生徒との関係を築く努力が強化され、教え方を強化するためにさらなる情報収集を行うといった注意喚起の面で役立ちます。このような「知る」プロセスは、より積極的な学級経営と、健全で満足のいく学級のなかでの教師と生徒、および生徒同士における関係づくりの基礎となります。

多くの学級経営のアプローチは、残念なことにすべての生徒が教師との関係を必要としているという前提に基づいています。次に示すのは、パティー（著者）が教師になってすぐに痛感した教訓です。

彼女のクラスにジョンという生徒がいました。ジョンは、「どのようにして学級をまとめていこうか」とか「どのように授業をすすめればよいのだろうか」と教師が考えてしまうような生徒で、彼が課題に取り組むためには、パティーが常に目をかけて指示を出す必要がありました。ある日、これまでのような補助を必要とせず、与えられた課題を彼がすべてこなしたので、パティーはクラスの前で彼を褒めたたえました。しかし、ジョンが再び一人で課題をやりきるまでには長い時間がかかりました。

もう一人の生徒、デイヴィッドは無口で内気な性格でした。ある日、彼が苦労して書いた説明文をパティーが読んでみると、とても生き生きとしており、説得力があることに気づきました。感動したパティーは、デイヴィッドが書いたものをクラスで紹介しました。しかし、それ以来、デイヴィッドはこのような文章をあまり書かなくなりました。

パティーは、よくできたときにはみんなの前で褒めるのがよいだろうと思っていました。しかし、この二人にとっては、そうではなかったのです。

生徒の好きなものや嫌いなもの、希望、悩み、何かを選べる状況のときの選び方（選択）、学校での経験などを知るための方法をいくつか紹介します。これらを新年度の早い段階ではじめましょう。日常的に行うもの、時々行うものなど、必要に応じて使い分けてください。

毎朝の挨拶

生徒の名前は、できるだけ早く覚えましょう。毎日、生徒が教室に入ってくるときには、それぞれの名前を呼んで挨拶をしましょう。毎日行うこのような小さなやり取りによって、素晴らしい関係が築けます。たとえば、次のような事柄が実現します。

・挨拶という行動から、「これは私たちのクラスで、私たちは仲間です」という共通理解を示せます。
・挨拶は、一人ひとりの生徒を大切にしているというあなたの態度を表し、生徒との関係づくりに役立ちます。
・挨拶を通して生徒の雰囲気や心の状態がすぐに読み取れ、誰がこの教室に居場所を感じているのか、感じていないのかについて知ることができます。
・誰が熱心なのか、疲れているのか、やる気が起きないのか、ストレスを抱えているのか、などが分かります。

いかがですか、うまくいかない日々に一筋の光を灯してみませんか？　生徒の肩を叩いたり、笑顔を見せたり、優しい声かけをすれば、（知らず知らずのうちに）問題行動をとる可能性が小さくなります。また、熱心で前向きな気持ちを生徒が感じ取ったとしたら、その気持ちの継続も可能となります。

休み時間の間、自分の机で取り組んでいる作業を続けたり、同僚と話をしたり、次の授業の準備をしたくなるという気持ちを抑えましょう。一日または授業がはじまる前に、これらの作業や準備が終わるように最善を尽くしてください。

授業や一日の終わりも、同じように行います。生徒が教室を出るときには見送り、励ましのひと言、別れのひと言、あるいは生徒によってはジョークを言って送りだしましょう。元気がないことを誰にも気づかれないまま帰ってしまったり、元気がない様子に気づいていても励まされることがないまま帰ってしまう生徒がいないようにしましょう。

「未完成の文章」

「未完成の文章」は、アイディアを出したり、記憶を思い起こしたり、意見を考えたりといった行為を促すだけでなく、生徒に自覚を促す場合においてもよい方法です。生徒が自分についてどのように考えているのか、得意なジャンルは何か、興味や関心がある活動は何なのかが分かるようなトピックを選んだり、自らをどのように見ているのか、学校での経験や態度について分かるようなテーマを選びます。ここでは、生徒が完成できる文章のアイディアを紹介します。

・得意なこと、もしくはもっと得意になりたいことは○○○です。
・私が人に好かれるのは、○○○だからです。
・私は、先生が○○○をしてくれるときが好きです。
・私は、先生が○○○をしているときは好きじゃありません。
・私の学校での最高の経験は○○○です。
・学校で一番嫌な思いをしたのは○○○です。
・私は、○○○ができるようになるために学びたいです。
・今年、学校で（またはこのクラスで）○○○が起こってほしいです。
・今年は、学校で○○○が起こらないでほしいです。
・私は、○○○（教科名）が好きまたは嫌いです。その理由は、○○○だからです。
・自分がこのクラスで力を出せるように、○○○をしてほしいです。
・私にとっては大切なことで、先生に知っておいてほしいのは○○○です。
・私の一番よいところは○○○です。
・私が苦労しているのは○○○です。

・私が心配しているのは〇〇〇です。
・私がもっとも幸せなのは、〇〇〇のときです。
・〇〇〇のとき、私は最高の気分になります。

この活動のやり方にはさまざまなものがありますが、いくつかのアイディアを紹介しましょう。

・未完成の文章を黒板に貼るか、生徒の端末に送り、生徒に三つ～五つの文章を選んで完成してもらう。
・「出口チケット」として使う。授業の最後の三～五分で、生徒にA４判の用紙を四分の一か八分の一に切った紙をわたし、名前と未完成の文章一つを完成してもらい、教室を退出するときに提出してもらう。
・未完成の文章が書かれたプリントを生徒にわたし、これから数日間で文章を完成してもらうことを伝えたうえで、未完成の文章を選んでその一部分を完成させるように伝え、教室を出る前に回収する。翌日、紙を返却し、さらにいくつかの文章を完成してもらう。
・あなたへの手紙か電子メールを書くための材料として用意した文章を生徒に使ってもらう。「学校でのモチベーション」、「自分に合った学習方法、先生から学びたいこと」、「怒りを感じること」、「安心できること」、「そのほか知ってほしいこと」を教えてほしいと伝える（電子メールを使用する場合は学校の方針に従ってください。ほとんどの学校では、教師が生徒とコミュニケーションをとるためのメールアドレスが用意されているはずですので、個人メールは使わないようにしましょう）。

このように、一度にたくさんの質問をして生徒を圧倒するのではなく、生徒が質問を選べるようにする必要があります。年長の生徒であっても、選ぶ質問の数を限定すればより深い回答が得られます（「方法9」の生徒へのアンケートと同じです）。生徒から回収するプリントや書面による生徒とのコミュニケーションは、守秘義務のあるファイルとして保管してください。時間をかけて読み直し、学んだ内容を生徒との関係構築に役立ててください。

一対一のミーティング

生徒との関係を構築するもう一つの方法は、一対一で顔を見て話すことです。可能であれば、生徒と対面で話してください。直接会うことができない場合、またはオンラインのほうがよい場合は、Google Meet や Zoom などを利用します。もちろん、電話で話すというのもよいでしょう（繰り返しになりますが、オンラインを通じて生徒と話す場合は、学校の方針に従って、家族の承認を得てからにしてください）。

二〇二〇年の春に新型コロナウイルス感染症が流行し、アメリカ中の学校が、何の予告も準備もなく、さらにガイドラインもなく遠隔学習に移行しました。著者の一人であるローリーは、正直なところ、生徒と教師、教師間の関係を維持するためにどのようなアドバイスをすればよいのか分かりませんでした。また、世界的なパンデミックのなかで、教員委員会全体を統率する心構えもできていませんでした。

そんななか、ある小学校の教師との会話が心に残りました。その教師は、「小学校の教師は毎日何時間も同じ教室内で生徒と過ごしているので、強い関係を築くために絶好の機会に恵まれていると思っていましたが、遠隔学習がはじまると、自分は生徒についてあまり知っていなかったことに気づいた」と言っていました。

この教師は、従来の対面式の教室では経験できなかったオンラインでの時間を生徒たちと過ごしたことで多くを学びました。たとえば、飼っているペットのこと、趣味、兄弟・姉妹、好きなゲームや食べ物、不安や希望、心配事や夢などを知ったのです。

彼女は、コロナ禍という今までにない難しい状況において、生徒との一対一の会話を経験したわけです。このような経験から、対面授業が再開されてからも、オンラインを使っての個別面談は必ず続けようと決心しました。いうまでもなく、今までに経験したことがない生徒との関係が築けたからです。

方法11 生徒にあなたを知ってもらいましょう

パティー（著者）が教師をしていたころ、スーパーで生徒によく会っていたのですが、学校外で教師に出くわすことに生徒は驚いていました。また、校長がパティーの教室に給料をわたしに来たとき、五年生の生徒が口をあんぐり開けて、「これで給料がもらえるの？」と驚いていた様子も覚えています。

校長時代には、パティーは中学校の合唱団でピアノ伴奏者を務めていました。六年生（二三ページ参照）の生徒が、「昨日のコンサートでピアノを弾いていたキニーさんと先生は同じ人ですか？」と尋ねてきたことがあります。彼女が「そうですよ」と答えると、生徒は大きな目をして、思わず驚嘆の声を上げていました。

一方、ローリー（著者）が校長を務めていたとき、六年生の数学を担当している教師は生徒と心を通わせる方法を習得していました。彼は、生徒が不愉快にならない程度の冗談を交わしていました。また、教師と生徒との境界線[4]を越えないレベルで自分について話していました。一例を挙げると、ナポレオン・ダイナマイトのTシャツ「Vote for Pedro（ペドロに一票を）」をよく着ていました。

実際のところ、彼はナポレオン・ダイナマイトの大ファンではありませんでしたが、生徒が大ファンであり、彼らが数学を学んでいる様子がともて好きだったのです。ふざけたTシャツを着たり、野球部の大会に顔を出したりして生徒とのつながりを築いたことが、生徒との関係、学級経営、そしてその後の数学の成績に大きな影響を与えました。

どの年代の生徒も（思春期の生徒も）、教師について知り、学校以外での教師の生活や感情をもった生身の人間であることを知ると、とても嬉しくなるものです。あなたの興味関心、学校外での人間関係、夢中になっている事柄、そして笑いのつぼを生徒と共有しましょう。仕事以外の側面を知ってもらえれば、あなたに対する安心感と信頼感が高まります。

年度初めに、生徒と同じ年齢だったころに撮影した自分の写真で「思い出ボード」のようなものをつくって教室に置き、当時の出来事について話してみましょう。どのような服を着ていたか、何が好きだったか、どんな音楽が好きだったか、何が流行っていたのか、そのころに世界で何が起こっていたのか、当時抱いていた希望や夢、恐れ、失敗などを話してみてください。

(4)　二〇〇四年のアメリカ映画です。日本では劇場公開はされませんでしたが、『ナポレオン・ダイナマイト』（邦題）でDVD化されました。田舎の高校生ナポレオン・ダイナマイトが主人公の友情物語で、学校コメディー映画です。転校生のメキシコ人ペドロと仲よくなり、ナポレオンはペドロを生徒会長に当選させようと奔走するという物語です。

・あなたはどのような生徒でしたか。
・あなたが今教えている教科について、そのころはどのように思っていましたか。
・当時の先生とどのようなポジティブな経験を共有し、それがあなたにどのような影響を与えましたか。
・あなたが行った事柄で、馬鹿だったなあと、今考えると笑えるようなことを話してください。

今起こっている出来事や楽しいことについても話せます。たとえば次のようなことです。

・新しい車を買おうと思っています。生徒からアドバイスをもらいましょう。
・新しいペットを飼いはじめたのであれば、写真を持ってきて、そのペットとの日常を共有しましょう。
・おすすめの映画、レストラン、テレビ番組、ビデオゲームなどを生徒に尋ねてみましょう。
・成功（または失敗）した料理を、写真を見せながら共有してみましょう。
・生徒の年齢に合った冗談を言ってみましょう。

生徒について知り、生徒に自分のことを知ってもらうときには、本当の自分でいるように努めてください。どの年代の生徒も、嘘なのか本当なのかについては簡単に見分けられます。だから、本当に生徒を知りたいと思っていなければなりません。生徒に会える毎日を心から喜んでいなければなりません。

あなた自身について話すときは、その内容は真実でなければなりません。生徒と一緒に笑うとき、本当の笑いでなければなりません。教師という大人が生徒に伝えるもっとも大切なメッセージは、「自分である」ことと「自分を大切にする」ことです。つまり、自分を偽ってはいけないのです。(5)

方法12　生徒同士が知りあえるようにサポートする

著者の一人であるローリーは、一二年生の大学の単位が取得できる英語の授業において、文学作品について話し合ったときの様子を今でもよく覚えています。

ビルという生徒が、「去年の英語の授業でも、この本について話し合ったことがある」と叫びました。すると、クラスメイトのメラニーが、「私たちも話し合ったわ！　とても面白い本だった」と付け加えました。ビルがメラニーを見て、「そういえば、同じ英語のクラスだったね。ぼ

(5)　ここで紹介された実物やバリエーションは、『静かな子どもも大切にする』（とくに第5章）で見れます。

くは君のすぐ後ろに座っていたよ」と話を続けました。

この会話からローリーは、「二人の生徒は同じクラスだったのに、お互いの存在に気づかないといったケースがあるのだろうか？」と不思議に思いました。ビルはメラニーのことを覚えていたのに、メラニーには気づかれていなかったという事実を知ったことで、ビルがクラスでの居場所についてどのように感じていたのか、またそのことが何らかの影響が与えたのではないか、と今でも考えています。

生徒が居場所を感じ、クラスが一体となって機能するためには、全員がお互いに知っておく必要があります。顔見知りというレベルではなく、本当に知っているというレベルです。すべての生徒が「継続的で、ポジティブで、居心地のよい安定した、これからも続くと信じられるつながり」［参考文献19］が必要です。

一年生のとき、メラニーはビルと顔見知りだったかもしれません。でも、明らかにそこにつながりはありませんでした。生徒の居場所をつくるためには、本当のつながりの基礎となるかかわりが必要です。

年度初めの貴重な数週間で、生徒同士がお互いについて学べる活動を計画しましょう（高校生であっても、このような活動は必要です）。指導時間を奪ってしまうことになるかもしれませんが、この活動を通して人間関係の「貯金ができる」（五四ページ参照）のです。それによって、将来的により良い学びの環境がつくられ、互いに尊重するといった心が培われます。

生徒同士が受け入れ、理解しあうようになると、ちょっとしたいざこざは起こらなくなります。時間をとられたと思っても、結果的には有効な時間となるのです。

互いに質問しあう活動を通して、生徒同士がお互いを知り、学ぶような活動を考えてください。すべての生徒にとって楽しく、快適な活動となるような選択肢を設けてください。「方法10」（六三ページ参照）では、注目をされたり人前で褒められたりすると居心地が悪くなるという生徒の例を紹介しました。あなたにとっては単純なアイスブレイキングでも、自分はまだこのクラスの一員ではないと感じている生徒にとっては、緊張したり、恐怖心を抱いてしまう場合があるのです。そのことをふまえて、いくつかの活動を見てみましょう。

生徒相互の自己紹介

生徒にペアになってもらい、「お互いにとって大事だと思っていることを紹介しあうように」と伝えます。一組から二組、三組とグループになったときには、ペアの相手から学んだ二つの大切なことを、新たにグループとなったメンバーに紹介するように伝えます。お互いについて学んだあと三つのグループが合体し、お互いに他己紹介する時間をとります。

すべての他己紹介が終わったら、元のペアに戻るように言います。さらに、新しいことを一つか二つ学び、先ほどのプロセスを繰り返します。ただし、今度は、先ほどとは違う二組のペアとグループを構成します。

この活動が終わったときには、すべての生徒がクラス全員に紹介されたことになります。もし、一日中同じクラスで過ごすのであれば、すべての生徒がクラスメイト全員に「自己紹介する」までこの活動が続けられます。逆に、少しの時間しか一緒にいないのであれば、次の日に続きをすればよいでしょう。その場合、元のペアのままとします。そうすれば、お互いについてもっと知ることができます。

アイスブレイキング

アイスブレイキングは、生徒の楽しいという気持ちを沸き立たせ（動きを伴うことも特徴！）、お互いの興味、特徴、個性などが垣間見られる活動です。**表2－3**は、試す価値のあるいくつかの活動リストです。

このような活動は時間的に短いこともあって、ほとんどの生徒がお互いに何を学んだのかをすぐに忘れてしまいます。あなたの目標は、生徒間の継続したつながりです。アイスブレイキングで垣間《かいま》見た生徒に関する情報を上手に使ってください。そして、週の終わり（または、何らかの区切り）に、箱や紙袋からカードを生徒に引いてもらってください。カードには生徒の名前が書

表２－３　生徒同士の学び合いを支援するアクティビティー

アクティビティー	やり方
サイン・ビンゴ	縦３マス、横３マス、合計９マスのビンゴカードをつくります。真ん中を「フリースポット」とします。他のスペースには短い説明を書きます（例：犬を飼っている、犬や猫以外のペットを飼っている、靴紐がほどけない、きょうだいのなかで一番年上、10秒で３人の歌手名が言える、同じ学校にきょうだいがいる）。与えられた時間内に、できるだけ多くの説明にあてはまるものにサインをもらうというものです。
質問サークル	生徒を二つのグループに分け、生徒同士が向かいあうように内円と外円をつくります。生徒に向かいあった相手と話し合うための質問をします（例：「絶対に行きたくない場所は？」）。話が終わったら、内円（または外円）を右（または左）に○人分移動するように伝え、別の「知り合いになるための」質問をするように指示します。年度後半には、授業内容の復習をするのにも効果な活動です。質問をし、一定の時間を与え、生徒が話し合って答えに合意します。
ビーチボール質問	大きなビーチボールに「あなたを知るための」短い質問をたくさん書きます。生徒たちに大きな輪になってもらい、ボールでキャッチボールをします。ボールをキャッチした人は、左手の親指の下にある質問に答えなければなりません。答えたあと、その人はボールを持ったことのない人に投げます。これを繰り返します（この活動は、語彙の意味、スペル、算数の計算など、あらゆる内容の復習に何度でも使えます）。
創造的な整列	生徒に五十音順に並ぶように伝え、どれだけ早く整列できるかを測ります。そのほか、背の高い人から低い人、誕生日（１月から12月）順に並ぶなど整列する時間を測ります。整列するとき、黙って行うように指示したり、手だけを使って伝えるように指示したりすると、より難しいものになります。

かれています。カードに記載されている名前の生徒について覚えていることを話してもらったり、書いてもらったりしてください。

とくに年度初めの活動として適しているものですが、一年を通して活用できます。生徒同士のよい関係づくり、その必要性は年間を通して尽きることはありません。このような活動を通して、お互いについて学び続けましょう。

表2-3にも示しましたが、授業内容に関連させる形で取り入れてもかまいません。そうすると生徒の学力向上にもつながります。毎日、生徒がクラスメイトについて知れる、互いを頼る、協同して何かに取り組むなど、意義のあるかかわり方を確保してください。

方法13 クラスの一体感をつくる

クラスのシンボルマークをつくったり、サービス（校内・校外での社会貢献）プロジェクトをしたり、クラス文化をつくりあげたりなど、何かを一緒にすれば、グループとしての一体感が体験できるほか、醸成も可能となります。

プロジェクトに全員が参加すれば、一人ひとりが前よりも自分の居場所を感じられるようになります。これから提案するなかから、一つでもよいので、タイミングを見計らって取り組んでみてください。しかし、一回やったからといってそのまま終わりにはしないでください。アイスブレイキングもそうですが、ほかの活動を使って、一年を通して「自分たちのクラス」と呼べるものをつくりあげてください。

一つのプロジェクトや活動が終わったときには、クラスの一体感をつくりだすにあたってどのような影響があったのかについて振り返る時間を設けてください。

クラスで行うサービス・プロジェクト

学校または地域に役立つようなプロジェクトを全員で考えてみてください。

- ・校庭や食堂の掃除をする。または、地域のどこかを清掃する。
- ・学校の廊下、外観、校庭をきれいに飾る。または、地域の特定の場所をきれいに飾る。
- ・地域の団体に食料品やおもちゃを集めて届ける。または、シェルター（家庭内暴力やホームレスのための一時的な収容施設）に服などの寄付をする。
- ・教室のドアを飾ったり、異学年の教室を一緒に飾ったりする。
- ・ペットボトルや缶を集めてリサイクルセンターに持っていく。または、非営利団体に寄付をする。

クラスで作品を創造する

これから紹介する活動は、作品を一緒につくりあげるという作業を通してアイディアの出しあいを促すものです。

ジグソー・アート——何もデザインされていない大きなジグソーパズルを、生徒たちがデザインします。一人ひとりが、ジグソーパズルの一ピースをデザインします。ジグソーパズルのデザインは、教科内容やテーマ（たとえば、地理、数学を解く、科学的問いかけ、体育での安全確保など）、クラスで決めた大切な考え方、何かのプロセスを示したものにします。

全員でジグソーパズルを完成させながら学んだり、学びの振り返りをします。学校への帰属意識を育てるために、クラスでスクール・マスコットのジグソーパズルをつくるというのもいいですし、クラス独自のエンブレムを学校の外壁などにデザインをしてもいいでしょう。(6)

クラスでつくる詩——クラス全員で詩をつくりましょう。一人が、一行もしくは二行を（韻を踏んでいるかどうかは別にして）書きます。次のようにフレーズをそろえてもよいでしょう。

・私は○○○を望む。
・私は○○○を夢見ていた。

・もし〜〜〜を発明してなかったら、〇〇〇。
・もし可能なら、〇〇〇を変えたい。
・親しい友人の〇〇〇。
・もし学校が〇〇〇であれば、より良い場所だ。
・もし〇〇〇であれば、より多くの生徒が居場所を感じる。
・□□□にとって大切なことは〇〇〇。

このようなフレーズがそろった文章をいくつかつくって（一〇ほどの文章でよいと思います）、どの文章を詩に取り入れるのかについてクラスで話し合って決めます。すべて同じフレーズでそろえてもよいですし、違うフレーズを混ぜてもよいでしょう。

大きな壁画――学校のモットー（校訓）を推進するために、生徒をやる気にさせる行動、目標、態度を表現したものを、廊下や昇降口の壁などに描く図柄を考えてください。壁画のデザインをどのように行うか、また壁画をつくりあげていく具体的なプロセスについては、生徒全員がかか

（6）　アメリカの学校には幼稚園から大学まで、「ゆるキャラ」のようなマスコットがあります。学校のホームページには必ず登場しています。学校から支給されるファイルやノート、購入できるTシャツやスウェットシャツなどにスクール・マスコットがプリントされています。

われる方法を模索してください。

この活動の目標は、すべての生徒がそれぞれの長所を活かして壁画を描くことです。ある生徒はデザインが得意かもしれませんが、実際に描くのは苦手かもしれません。ある生徒は、ヴィジュアルで表現するよりも言葉で表現するほうが得意かもしれません。別の生徒は、クライメイトの長所を見極めて担当部署を決めたり、たくさん出たアイディアを整理するのが得意かもしれません。さらには、必要な道具を調達したり、作業中に食べるおやつの調達が得意な生徒もいます。すべての生徒に対する得意な役割を見つけてください。そして、壁画のお披露目会も計画してください。

クラスの「シンボル」

クラスの方針、価値観、一体感を表現する何かを想像して、クラスだけのシンボルをつくりましょう。メンバー全員の相互依存性や価値を認めあうものにします。もし、学校内にアドバイザリー(7)のような学年縦割りのチームがあれば、チームビルディングとしても使える活動となります。

次に挙げるもののなかから選んで、いくつかつくってみましょう。

・クラス憲章
・クラスの伝統

・クラスのロゴ
・クラスの旗
・クラスメイトだけの特別な握手の方法
・クラスのエンブレム
・クラスの歌
・クラスの名前

方法14　関係づくりの処方箋を考える

ほとんどの人が病院に行き、医師から処方箋をもらったという経験があるでしょう。それと同じようなものです。時には、生徒同士の関係を修復するために処方箋が必要になる場合があります。関係修復によく効く処方箋にするためには、生徒自身が、一対一またはグループでそのための処方箋を書きましょう。

（7）アメリカでは、ホームルームが機能しなくなったのを受けて、四〇年ぐらい前からアドバイザリーが普及しています。それは、異なる学年の生徒一五名ぐらいと大人のアドバイザー（教師だけではなく、管理職や職員）で編成されたグループです。詳しくは、『一人ひとりを大切にする学校』（とくに第3章）を参照してください。

自分たちに共通した関係性についてすべての生徒が振り返り、考えることを通してお互いが尊重しあうポジティブな仲間関係を創造します。生徒同士やグループ間のいざこざは、学級経営に大きな影響を与えます。それは、そのまま生徒の学業成績にも影響してきます。

これは、クラス全体の関係修復のために使いますが、二人の間やグループ間において何かが起きたときにも使えます。[8] 教師であれば、関係を修復する方法を共有すればクラスの雰囲気にどのような影響を与えるのかについて分かっているはずです。次のようにしてはいかがでしょうか。

❶クラスで仲間関係について話し合いをもちます。話し合いを、次のような質問からはじめてみてください。

・より良い状態や関係を築くために、自身またはグループでとれる問題解決に必要な行動は何ですか?

・問題を解決したり、状況改善が必要なとき、クラスメイトとの接し方（行動、態度）はどのようにしますか?

・みんなが納得のいく親しみやすい関係をもったクラスにするには、どうしたらよい（何が必要）でしょうか?

❷クラス全員または当事者同士で、「何が問題なのか」について話し合ってみましょう。もし、特定の状況でこの方法を使うのであれば、その状況での問題が何なのかを明らかにする質問

からはじめましょう。

❸（次ページの**表２－４**では、ちょっと冗談も入れた処方箋を示していますが）生徒自身が処方箋を書くように促しましょう。それには、状況によっては可能となる解決のための具体的な行動案も書きましょう。

❹生徒同士で処方箋を共有します。そして、協力してどのように実践に移すかを計画します。年長の生徒は、つくった処方箋がどの程度守られているのかを調べてデータ化し、図表にして掲示するというのもよいでしょう。年少の生徒の場合は、みんなの処方箋を集めて「より健全な学級生活」というメニューをつくってもよいでしょう（もし、この処方箋をつくる活動を、特定の生徒や特定の状況にかぎって行う場合は、関係のある生徒だけで共有することになります）。

❺処方された「薬」が効いているかどうかを確認する「再診」も計画してください。集めたデータを分析してください。いくつかの「薬」がある場合は、効果の違いを確認しましょう。どの処方箋がより効果的でしょうか？　また、ほかのどんな状況になった場合、異なる処方

（８）この関係修復のアプローチは、クラスや学校内で生徒が育ちあうコミュニティーをつくるのにとても効果的です。詳しくは、一三五～一三八ページ、および『生徒指導をハックする』を参照してください。

表２－４　「仲間関係の処方箋」ワークシート

使い方：クラスにおける関係性の問題や、それに関する生徒のニーズを明らかにしてください。その状況やニーズに対して、どのように解決するのかという処方箋を考えてください。一人または複数の生徒がどのような行動をとればよいのかが明らかになる処方箋を書いてください。どの程度するのか、頻度や期間はどうするのかについても含めます。（学年に合わせてつくりましょう）

＿＿＿＿＿クラスのための　関係を構築するための処方箋

日付け

対応が必要な状況や関係性：

具体的な対応：

どの程度必要？：

頻度は？：

期間は？：

期待される結果または「副作用」：

篓が必要となるでしょうか？　クラスの人間関係の健康状態を改善するために、クラスで話し合いをもちましょう。

方法15　ユーモアを真剣に使う

パティー（著者）が校長だったとき、教師のなかにユーモアセンスにあふれ、教師仲間とよく談笑する教師がいました。でも、この教師がクラスでユーモアを使って生徒と話しているところを見たことはありません。その理由を尋ねると、「ユーモアを使って生徒とかかわると、生徒が教師との関係を勘違いしないかと心配している」と言っていました。

パティーは、いい意味でリラックスして、彼のもっている素晴らしい才能を生徒と共有するようにとすすめました。その結果、この教師のクラスの雰囲気はさらによくなりましたが、彼が心配していた生徒との関係においては、悪影響が現れることはありませんでした。

クラスで教師が使うユーモアは、生徒を笑わせるだけではありません。生徒が居場所を見つけたり、クラスとしての一体感を高めたり、ポジティブなエネルギーを生みだしたりします。ユーモアは問題発生の可能性を低下させ、クラス内の関係を強化し、授業により取り組むようになるほか、生徒が受けるストレスを軽減します。

ここで気をつけなければならないことは、人をバカにしたり、侮辱したりする場合にユーモアを使ってしまうと、団結心を弱め、居場所が感じられなくなるという側面です。教師が生徒個人をターゲットにしたり、クラスのコントロールを目的として、生徒が分かっていないことや容姿、そして考えをバカにする形でユーモアを使うと、学級経営に大きなマイナス効果をもたらしてしまいます。

では、適切なユーモアの使い方とは何でしょうか。決して容易なことではありません。次のガイドラインを参考にして、クラス内で正しいユーモアの使い方を心掛けてください。

ユーモアを内容と結びつける

教える内容に関連づけてユーモアを使うことは、いうまでもなく適切な使い方です。学んでいる内容を、面白い話やマンガ、なぞなぞや駄洒落《だじゃれ》を用いて生徒を笑わせたり、クスっとさせるのです。ユーモアは内容に注目する度合いや興味を高めますので、授業に生徒を惹《ひ》きつけるよい方法となります。授業において、日常的にユーモアを取り入れる方法を示しておきます。

- 一日のなかでジョークの時間をもつ。
- 面白い短い物語や詩を読む。
- なぞなぞの時間をもつ。

・黒板に、生徒ができるパズルを貼る。
・面白いセリフや引用を紹介する。
・点数には関係しないユーモアのある質問をテストに入れる。
・授業内容に関係するジョークを生徒に書いてもらう（共有する前に教師が目を通す）。
・面白い服を着たり、授業内容に登場する人物の格好をして学校に来る。

頑張りすぎない

面白くないのに、一生懸命面白いことをしようとしている人を見るほど痛々しいことはありません。ユーモアがあなたの得意分野でなければ、ほかの人のユーモアを「今日の言葉」として引用すればよいだけです。マンガやコミック、ビデオの一場面でもよいと思います。

私たちの友達で、生まれながらユーモアセンスのあるジャック・バークマイヤー（Jack Berckemeyer）という元教師は、現在、人気のある教員研修の講師を務めています。生徒とユーモアで関係を築く方法や、学級経営に生徒がかかわれる要素を組み込むといった方法を紹介しています。

自著のなかで彼は、生徒の注意を引くために、架空の生徒を厳しく叱ったり、ホワイトボードに向かって「どうしたらよいか！」と大声で助言を求めるといった例を挙げています［参考文献

21」。私たちにとっては自然な形でやれるような行動ではありませんが、彼やほかの教師にとっては上手くいく方法のようです。

ユーモアを上手に使えるように試してみるというのはよい行いですが、無理をしすぎたり、自分に合わない方法は使わないようにしてください。

ポジティブな経験にする

他人を自分の思うように動かそうとしたり、バカにしたり、騙《だま》したり、傷つけるようなユーモアはクラス内にあってはいけませんし、そのようなユーモアはさまざまな差別を助長することにもなります。

皮肉を交えたユーモアを適切に使いこなせる教師は、早々いるものではありません。クラスのなかにそのような皮肉が理解できる生徒がいたとしても、多くの生徒は「真面目に」受けてしまうので逆効果になります。正直に言って、クラスで皮肉を言う必要はないので使わないほうがよいでしょう。

よく考える

著者の一人であるローリーが経験したことですが、一〇年生の世界文学と世界史をティーム・

ティーチングしたときにユーモアの力を体感し、それを使うことの必要性を学びました。「テルモピュライの戦い(9)」について教えているときでした。

一緒に教えていたスティーブが、「重要人物が登場する劇をやろう」と言いだしました。スティーブは、勝者であるクセルクセスを演じました。生徒たちは、有名な「私たちの矢は太陽を遮る」という場面を演じることを楽しみました。この場面には、ローリーが戦争に負けるシーンもありました。

翌日、ローリーと何人かの生徒が「トロイの復讐」という場面を考えていたときです。突然、ポールという生徒が小さいプレッツェル（焼き菓子パン）が入った大きな袋を持ってスティーブに駆け寄りました。そして、プレッツェルの袋を持ちあげて、照明に向かってまき散らしました。塩味の「矢（プレッツェル）」が雨のように降り注ぎました。楽しい活動としてはじめたものですが、数えきれないくらいの小さなプレッツェルが教室にばら撒《ま》かれた形で劇は終了しました。いうまでもなく、教師が三〇分かけて掃除するはめになってしまいました。ユーモアのつもりではじめたことですが、「行きすぎであった」とローリーは心から謝《あやま》りました。

（9）紀元前四八〇年、ギリシアのテルモピュライにおいて、スパルタを中心とするギリシア軍とペルシアの遠征軍の間で行われた戦闘です。

何が言いたいかというと、ユーモアを使うと、思いもよらない出来事が起こり得るということです。常に、先を読むという努力を怠らないようにしましょう。

方法16 生徒をよく観察する

常に、あなたと生徒が居場所をつくることを考えれば、感覚が研ぎ澄まされていきます。でも、授業内容を終わらせることや、生徒が課題に集中できるようにサポートしたり、個々の生徒のニーズに合わせようと教え方を工夫したり、不足の事態に対処していると、目の前の事柄に集中してしまって、生徒の居場所をつくるという感覚が鈍ってしまうものです。

気づかれないように生徒を観察しましょう。生徒同士がどのようにかかわり、協力して作業をしている様子を観察すれば、生徒のことが分かります。また、生徒を観察していると、学級経営上において問題となるかもしれない事柄が察知できるようになり、トラブルを防ぐことも可能になります(10)。

こっそり観察

生徒がお互いのことをどのように言っているのか、またお互いにどのような話をしているのかをよく聞きましょう。教室の隅、廊下、校庭、食堂やお手洗いで、どのような会話が交わされているのかを聞くのです。そして、あなたやほかの生徒が近づいたときに止めてしまうような会話にはとくに注意してください。

生徒一人ひとりに対しては、仲間はずれになっていないか、居心地が悪いと思っていないか、不安になっていないかなど、行動や感情から読みとれるサインを見逃さないでください。ボディーランゲージ（言葉に表れないサイン）を読みとり、困っていないか、怒りの感情をもっていないか、やる気を失っていないかなどについても観察してください。

こっそり観察することから何か気づいたことがあれば、個人的にその生徒と話してみましょう。起きていることをきちんと把握するのです。生徒が何か困ったことを抱えていると思えば、メモをとって、解決に向けての行動を考えましょう。気づいたという事実が、生徒へのサポートを可能にします。

（10）教師が生徒をよく観察するためには、従来のように教師が一人頑張る授業ではなく、生徒たちが頑張る授業に転換する必要があります。そうすれば、教師の観察役であった生徒たちを、今度は教師が観察できるようになります。具体的には、プロジェクト学習やワークショップといった授業形式です。二五二ページからのコラムを参照してください。

静かな承認

　生徒がよい行動をとった瞬間を見落としてはいけません。クラスメイトをサポートしたり、励ましたり、親切にしたり、クラスで話し合った責任ある行動や態度、他者を尊重する行動や態度、協力する行動や態度があったときに気づけるよう、普段から意識してください。

　このような行動や態度に気づいたら、本人に伝え、承認するようにしましょう。具体的に、あなたが気づいた様子を説明し、その行動や態度がもたらしたポジティブな結果を伝えるのです（たとえば、「〇〇さんに分数の割り算が分かるようになるまで教えてくれてありがとう」）。そうすれば、生徒の行動が責任のあるものであった、またはほかの生徒へのサポートにつながったと具体的に示せます。

　伝えるときは、くれぐれも「教師のためにやってくれてありがとう」というメッセージにならないようにしてください。**ポジティブな行動とは、自らまたは他者の心身の健康のためにとるものであり、責任感を伴うものです**。決して、あなた（教師）のためにとる行動ではありません。もちろん、生徒があなた個人のためにとった行動であれば、「ありがとう。あなたの言葉（または行動）に感謝します」と伝えてください。

文章による承認

　学校や教師によっては、観察した結果を生徒の家族と共有する場合もあります。称賛したいことや、目撃した出来事を電子メールで伝えたり、ハガキを送ったりします。ある学校では、切手が貼られているハガキが常に事務所に置かれており、誰もがポジティブな文面が送れるようにしています。ほとんどの場合、文章による称賛は、生徒にとっても生徒の家族にとってもポジティブな体験となります。

　ローリー（著者）が現在働いている教育委員会では、毎月の職員会議の際にハガキを配るようにしています。それぞれの教師が二人の生徒を選び、その月に頑張っていた内容と関連させた形でハガキを書いています。事務職員が生徒の住所を書き、切手を貼ってポストに投函しています。ハガキを書くときの例を紹介しましょう。

九月(11)　**「ようこそ」**――転校してきた、または夏休みに何か変化があった生徒を二人選んでください。あなたのクラスで歓迎しており、その生徒が新しく加わるという事実がいかに嬉しいことかを伝えます。

(11)　アメリカの新年度は一般的に九月です。

一一月「優しさ発見」――クラスメイトやほかの生徒に優しくしていた生徒を二人選んでください。選んだ生徒たちの優しさや仲間をつくる態度がいかに大切であるとか、対象生徒の毎日の努力にあなたが気づいていることを伝えてください。感謝を伝える絶好の時期となります。

二月「頑張ったで賞」――態度、成績、出席などに顕著な成長が見られた生徒を二人選んでください。その生徒たちの成長を誇りに思っている、と伝えましょう。

私たちが挙げているこれらの方法は、すべて生徒一人ひとりに向けて行うことを推奨したものです。クラス全体や人前で行うものではありません。いくら私たちによい意図があったとしても、人前で褒められることは居心地のよいものではありません。また、褒められていない生徒にとっても居心地のよい環境とは言えません。あとで困ることになるかもしれませんし、あなたがつくろうとしている生徒の居場所にとっては逆効果になる場合があります。

方法17 生徒の家族とのつながりを強める

年度が進むにつれて、学期初めにつながった家族（三四ページの「方法5」を参照）との関係を忘れないでください。あなたが築いた生徒やその家族とのつながりは、生徒が学校で居場所を感じることや学級経営に影響を与え続けます。もちろん、このような関係は教師や生徒の家族によい影響を与えます。そして、親しい関係が築けておれば、お願いしたり、激励したり、何か問題があった場合でも連絡がとりやすいものです。

年度初めのコミュニケーションでは、「何かあれば窓口になる」と伝えましょう。問題が起こったとき、あなたが公正に対処しており、子どもの代弁をしていると、家族はあなたを信頼するでしょう。年間を通して生徒の家族との信頼関係を維持する方法を紹介します。

年度初めの二週間――最低一回は、クラス全体に電子メールか手紙(12)を出しましょう。クラスでの出来事、学んでいる内容や達成したことを家族に伝えましょう。さらに、生徒の学びが定着できるようなアイディアを伝えましょう。このような全体へのお知らせは、生徒の家族と個別にとっていたコミュニケーションに基づくものである必要があります。

三～四週間目に効果的――最低一回は、生徒一人ひとりに電子メールかハガキを使って家族とコミュニケーションをとりましょう。生徒が創作したもの、達成したこと、学んだ内容や学んでいる様子を伝えます。または、あなたが感じている生徒のよいところや、クラスに貢献してくれて

(12)　日本の学級だよりのようなものです。

いる様子を伝えましょう。家族にも知ってほしいと生徒が思っていることを伝えるのです。

年度を通して――コミュニケーションをとり続けましょう。固定したクラスを担当しているのであれば、これはやりやすいでしょう。ある小学校の先生は、毎週または隔週に個別メッセージを送っているそうです。もし、担当する生徒数が多いのであれば、月に一〜二回くらいは家族とコミュニケーションをとるようにしましょう。

保護者が学校を訪れるとき――このような機会をフル活用してください。廊下で保護者を見かけたときには「こんにちは」と声をかけたり、保護者の子どもについてちょっとした話をしたり、保護者をクラス見学に誘ったりすれば家族とのつながりが強まります。

もし、生徒のポートフォリオや生徒が取り組んでいるものを収めたフォルダーが教室に置いてあるのなら、保護者にそれらの作品を見せることができます。このようなシンプルなコミュニケーションで、「あなたのお子さんを大切にしています」というメッセージが送れます。

生徒主導の三者面談

伝統的な形では、生徒が家で待っている状態で保護者が担任教師と面談をしています。教師になりたてのころ、私たちも保護者と面談をしていました。しかし、いつも何か足りないと感じていました。生徒です。もし、あなたの学校で生徒主導の三者面談を行ったことがないのなら、是非試してみてください。

生徒主導の三者面談でのコミュニケーションには大きな影響力があります。生徒のために、家族と協働して大切な話し合いの場をつくっているというメッセージが送れます。生徒自身が成功体験やチャレンジしている事実を保護者と共有できれば、自らの行動（ポジティブやネガティブ）に責任をもち、以後の行動に対しても責任をもつという意識が強くなります。

三者面談では、生徒自身が何をしたのか（または、しなかったのか）を中心にして話すため、（ポジティブの意味でも、ネガティブの意味でも）責任転嫁が起こりにくくなります。生徒の心身および学業面をサポートするための面談は、生徒だけでなく生徒の家族とのつながりを強くします[13]［参考文献79］。

課外活動を通したコミュニケーション

自身の学校体験によい思い出がない保護者、勤務時間の関係で学校にかかわることが難しい保

(13)　生徒主導の三者面談について詳しく知りたい方は、『増補版「考える力」はこうしてつける』の一六八～一七〇ページを参照してください。そして、著者二人も強調していたように、是非試してみてください！　これ以上の評価の方法はありません。

護者、言語や文化の違いからコミュニケーションがとりづらいといった保護者もいるでしょう。正式な形でコミュニケーションをとることが難しい保護者でも、課外活動（たとえば、スポーツやパフォーマンスの部活など）であれば何らかのかかわりがもてるものです。

ということで、生徒の保護者とつながることを目的として、生徒が行っている課外活動のイベントに参加してみましょう。私たちが行った家族との会話のなかで「ベスト」と言えるものは、スポーツなどの試合後や、合唱やバンド、吹奏楽などのコンサート後に交わしたものです。

課外活動をしている生徒を知ろうとしたり、それを見に来ている保護者と会話をするといった努力は、教室を超えて生徒を大切にしているという意思表示につながります。このような行為によって、あなたが築こうとしている生徒と教師の関係はより強固なものになるはずです。

第3章

居場所は安心・安全な環境にある

もし、私が学校にいるほとんどの時間を怖いと感じているとしたら、どのようにして居場所を見つければいいのでしょうか？

（7年生）

本章では、先生方に生徒が安心できる状況を考えてもらいたいと思い、生徒の安心感を高める方法を紹介していきます。そして、学級経営の実践事例について、居場所づくりの観点から考えてほしいと思っています。

また、校則の見直しや安心・安全にかかわる実践について話し合うなど、生徒にも安心・安全にかかわる問題点を考えてもらいます。生徒同士の話し合いで出された問題点について、心理面や感情面で安心感が得られるようにするためにはどうすればよいのか、学校生活における生徒の安全にかかわる行動やそのほかの問題にどのように挑んでいけばよいのかなどについて、話し合いを通して具体的な実践に移していきたいと思います。

多くの生徒が、毎日、感情面や身体面で安心して学校生活が送れるかと心配しながら登校しています。アメリカにいる約三分の一の生徒は、いじめられたり、恐怖心を抱いたりしているという調査もあります〔参考文献34、116、141〕。

生徒は、過去や現在進行形のトラウマや家庭環境の問題、そして自分自身のアイデンティティーや社会一般にはびこっている不安な情勢などに悩まされています。これらすべてが、学校において不安を感じる原因となります。

学校には秩序がないと感じていたり、安心できる場所ではないと感じている生徒は、自らの力をフルに発揮することができません。そのような生徒は、感情面で大きな負担を感じたり、孤独やうつ症状を経験したり、自分に自信がなくなり、成績にも悪影響が表れてしまいます［参考文献64、66、86］。疎外感を感じている生徒は、居場所を見つけづらいものです。さらに、居場所がないと感じてしまうと安心感も低下してしまいます［参考文献42］。

学業や感情、社会性において生徒自身が力を発揮するためには、学校生活は安心・安全である、と感じる必要があります。学校が安全かどうかという生徒の印象は、さまざまな点から判断されます。整理整頓された学校環境、身体的な暴力や仲間はずれ、精神的ないじめのない（または少ない）環境、明確で一貫した行動規範や予測可能なルーティーン、考え方の違いを建設的に話し合える環境、そして生徒を守り、大切にするといった大人の存在などです。

これらを実現するために、教師をはじめとする学校関係者は、生徒が直面する困難を理解し、あらゆる差別から生徒を守り、学校における安全と正義を守る校則や手続きを広めるといった努力をしなければなりません。

方法18　学校での安全対策の見直し

とてもシンプルなことです。感情的、身体的に安全とは言えない学校では、生徒は居場所を見つけられませんし、問題行動が起こる可能性が高くなります。

学校には、教職員と生徒の身体的な安全を守るためのマニュアルがあります。火災訓練や地震などの自然災害発生時、そして不法侵入に対する訓練が定期的に行われています。新型コロナウイルスが流行したことがきっかけとなり、感染症が発生したときにとる行動などもマニュアルに加えられたのではないでしょうか。

教師や管理職は、食堂や廊下、教室や実験室、技術室や家庭科室、体育館や更衣室、お手洗いやその他の場所における安全確保のために、清掃や整理整頓をするほか、危険物などのチェックを普段からされていることでしょう。すべての危険要因の排除はできないでしょうが、生徒の安全性を確保する大人として、安全確保のために努力している姿を見せることはできます。

このような明らかな努力以外にも、生徒の恐れていることや不安を感じた経験、トラウマになった原因を知るように努める必要があります。そのためにも、経験を共有しやすく、生徒自身が問題の解決に向けて話し合い、解決が約束できるような環境を整えていかなければなりません。また、教職員は生徒の安全を確保するために「どんなことでもする！」と、生徒に絶えず伝える必要があります。

生徒は（教師も）、テレビのニュースで見るような校内暴力を心配する傾向がありますが、日常においては、見た目や使う言葉の違い、人種や障がいなどの理由でいじめられることを心配しています。つまり、噂話の対象になったり、からかわれたり、屈辱的な扱いを受けたり、無視されるといったことを気にしているわけです。多くの生徒が、「学校は怖いところだ」と感じているのです。

これらは大人が見ている教室で起こっているわけですが、いじめのほとんどは大人が見ていないところで起こっています。校庭などの屋外や廊下、食堂、更衣室、お手洗いなどです。生徒によっては、登校の最中（徒歩で登校しているときやスクールバスの中）でも何かが起こるのではないかと心配している子どもがいるのです［参考文献15］。

生徒が感じる安心感は、あなたや生徒が経験するすべての事柄にかかわってきます。安心感は、あなたと生徒の関係、生徒同士の関係、学級経営、学級文化、授業内の活動、そしてあなたが生徒の居場所づくりのために行うすべての事柄にかかわっています。ただ、残念なことに、教職員の態度や雰囲気、表情、学校や教室で何をどのように行うのかについての手順や手続き、行動や不干渉、そして発言が、生徒にとっては安心できない環境をつくってしまう場合があります。逆に捉えると、あなたがとる意図的な行動そのものが、学校生活における安心・安全に大きな影響を与えるということです。

より良い学級経営と学級文化をつくりあげるためには、学校全体を安全な環境にしようとする手順や態度、行動などについてルールを決める必要があります。以下では、生徒の安心感と居場所を確保するために、身の安全や心理面における安心感をどのように高めていけばよいのかに関する具体的な方法を紹介していきます。

学校の安全管理リスト

学校がはじまる初日から生徒の安全性を保障することは、より良い学校生活を送るために欠かせません。一年を通して、安全性が確保されているかどうかを見直す必要があります。一人でまたは同僚と、安全管理のリストを掲げた**表3-1**を使うなどして点検してください。

学校や教室での安全を確保する項目は十分でしょうか？　課題のある安全項目はありますか？　週に一度、安全管理のリストを使って学校環境をチェックしてください。また、定期的にそのリストをチェックするだけでなく、安全な学校生活を送れる環境になっているのかについて、日ごろからアンテナを張りめぐらしてください。もし必要とされるようであれば、新しい項目をリストに加えてください。

安心・安全確保のアンテナを張る

教師であるあなた自身の自己認識からはじめましょう。出版されている本［参考文献97］などを参考にして、生徒の多様性に関連した偏見を自分がもっていないかと自問し、それらの偏見に

表３－１　学校における安心・安全チェックリスト

「はい」または「いいえ」で該当するほうに○をしてください。

1. 安心・安全は、その場所をどのように「感じるか」からはじまります。		
内容	**はい**	**いいえ**
学校内や教室は、整理整頓され、きれいに清掃されていますか？		
教室内の机などの配置は、移動や学びやすさが配慮されていますか？		
座席配置は、ほかの生徒と衝突したり、あなたが居心地が悪いと感じないように配慮されていますか？		
いじめやその他差別や意地悪な行為に関する規則はありますか？　また、その規則が破られたとき、対応はできていますか？		
学校に保健計画はありますか？　その計画はスムーズに実施されていますか？		
生徒は、学校のいじめが起きそうな場所には指導者がいることを知っていますか？		
指導者は、（一貫性をもって効果的に）生徒の安心・安全が脅かされるとき、いじめをしている生徒を指導していますか？		
生徒の安全性に対する不安は、真剣に受け止められていますか？		
生徒が困ったとき、安心して相談できる場所はありますか？		
家族が学校を訪問したいと思ったときや、学校運営にかかわりたいと思ったとき、温かく迎え入れていますか？		
メモ／対応：		
2. 効果的でポジティブな学級経営は生徒の安心・安全確保の要です。		
内容	**はい**	**いいえ**
相互に尊敬しあうことが優先順位の一番目となっていますか？		
ルーティーン、スケジュール、ガイドライン、制限、期待、決まりなどを破ったときにどうなるのかについて、明確に決めていますか？　生徒はこれらのことをあらかじめ理解していますか？　また、それらは守られていますか？		

次ページに続く。

期待されていることと、それをしなかったときにどうなるのかについて一貫性がありますか？		
生徒同士で会話をするとき、ポジティブな形で行うことが奨励されていますか？　また、生徒はそのためにはどうすればよいか、何ができるかについて学んでいますか？		
スケジュール、期待、課題に変更があるとき、生徒は事前に知らされていますか？		
不適切な行動があったとき、当該生徒に対して個人的な指導をしていますか？		
メモ／対応：		

3．不安な感情に対応するために、SEL のスキル（9ページの注5参照）を身につける

内容	はい	いいえ
安心して個人的に助けを求めたり、問題があったときに相談する方法が生徒にありますか？		
自分には何が必要かを発信したり、自分の感情や行動をコントロールする方法を生徒は学んでいますか？		
生徒は、SEL のスキルを養う方法を教わっていますか？		
からかいやいじめの対象になったり、目撃したとき、どのような対処ができるかについて生徒は学んでいますか？		
暴力沙汰にならないような方法を生徒は学んでいますか？		
生徒は、さまざまな状況をコントロールできるという経験を頻繁にしていますか？		
メモ／対応：		

4．信頼できる大人との関係性が生徒の安心感をつくりだす

内容	はい	いいえ
学校の教職員は、生徒から声がかけやすく、生徒を大切にしていて、親切ですか？		
教職員は、「お願いします」や「ありがとう」という言葉を使っていますか？		

次ページに続く。

教師は、自分の仕事に自信をもち、楽しんでいる姿を生徒に見せていますか？		
教師は、約束を守る、お願いされたことは最後までするなど、誠実で信頼できる人ですか？		
教師は、非常事態、過渡期、または騒然としている状況でも冷静ですか？		
教師は、生徒に対して肯定的な反応や励ましの言葉をかけていますか？		
教師は、教室や学校内で何が起きているかを把握していますか？		
からかわれたり、ひどい（屈辱的な）ことを言われたり、邪魔をされたり、いじめられたり、意図的に無視をされたりしたとき、教師を常に守ってくれる存在だと生徒は感じていますか？		
教師は、性別、人種、民族、宗教、外見、障がい、成績、性的志向、政治的な意見、社会的・経済的な地位、学校への家族の関与度などが原因で差別的な扱いを受けた場合、進んで生徒を守っていますか？		
教師は、生徒一人ひとりのニーズをよく理解し、それを踏まえた指導をするといった形で学びの成功体験を積ませていますか？		
教師は、生徒に対する自分の先入観を定期的にチェックし、自分が気づいていないことを発見していますか？		
教師は、無意識のバイアス（偏見）から来る行動を振り返り、改善するとともに、新たなバイアス（偏見）を生まないように努力していますか？		
教師は、生徒の発言に関する守秘義務を守っていますか？		
教師は、生徒が安心して質問でき、学びに貢献できるようにしていますか？		
教師は、ユーモアを適切に使い、決して皮肉にならないような配慮をしていますか？		
教師は、生徒の家族とオープンで、互いに認めあうコミュニケーションをとっていますか？		
メモ／対応：		

表3－2　できるだけ避けたい行動リスト

教師が不適切な態度や行動を避ければ、生徒が不快で危険と感じるような体験が防げます。

- ・生徒がどんな人物なのか、なぜそのような行動をとるのかについて決めつけない。
- ・生徒の行動や兄弟・姉妹・家族の過去の出来事から、人物像を判断しない。
- ・たとえ、勉強が苦手な生徒、やる気のない生徒と思っていたとしても、それを表情に見せない。
- ・いかなる生徒に対しても、ステレオタイプで決めつけたり、嘲笑したり、いじめたり、仲間はずれにしたり、見捨てたりは決してしない。
- ・バカにしたり、好きではない感情、恨《うら》みや嫌悪感を、いかなる生徒にも見せてはいけない。
- ・生徒の質問を無視したり、軽視しない。
- ・生徒がいる状態で、そこにいない生徒、生徒の家族、教師のことを話さない。
- ・怒鳴ったり、脅したり、汚い言葉を使ったり、憤慨したりしない。
- ・生徒同士を比べない。
- ・生徒や学校関係者の噂話をしない。
- ・SNSに、学校、生徒、同僚、保護者に関するものを掲載しない。

ついてよく考えるとよいでしょう[1]［参考文献97、110、125］。

また、家族からのサポートや学校へのかかわりに関する程度をどのように測るのか、そして、そのような家族からのサポートや学校へのかかわりが見られないとき、該当生徒と家族に対して、自分の態度や行動がどのように影響するのかについて考えてください［参考文献30］。

あなたの信念や偏見をよく振り返ったあと、自らの行動をよく観察してください。教師であるあなたは生徒にとってのロールモデルです。生徒は、あなたの言動によって発せられるメッセージに気づきます。**表３－１**に掲載したような、安心・安全を確保するための行動をあなたは普段からとっていますか？　生徒に優しく接し、受け入れ、生徒を信じていると分かるような行動をとっていますか？　一方、**表３－２**は「できるだけ避けたい行動」のリストです。

生徒は安心・安全な環境づくりをあなたに委ねています。だからこそ、気を配らなければならないのです。生徒一人ひとりをよく見て、それぞれの話や思いをよく聞いてください。独りでいる生徒はいませんか？　グループに何か変わったことはありませんか？　一人ひとりの生徒はどうですか？　生徒が感じている安心感を雰囲気から読み取ってください。

生徒の振る舞いや行動に大きな変化はありませんか？　生徒からの危険信号や不愉快そうにしているサインを見逃さないでください。生徒がかかわりをもってほしいと感じていると察して、問題が大事になる前に行動を起こしましょう。

（1）　次に挙げる本を参考にしてください。『多文化社会で多様性を考えるワークブック』、『誰も正常ではない』、『ステレオタイプの科学』、『他者の靴を履く　アナーキック・エンパシーのすすめ』

方法19 生徒にも安全な環境づくりにかかわってもらう

教師仲間であるジョン・ノリ先生は、体験談を通して「生徒の話を聴こう」という強いメッセージを私たちに投げかけてくれました。

二〇〇二年、ワシントンDCで連続無差別狙撃事件(2)が起きていたとき、私(ジョン)は校長として勤めた前任校において、当時の校長と歓談していました。

狙撃犯が私たちの街にもいた可能性があるということで、生徒たちはこの無差別狙撃事件にショックを受けていました。当時の校長は八年生を集めて、教師や校長、副校長が生徒の安全確保のために行っていることのなかで、何が有効で、何がまちがっているのかと尋ねました。生徒がすべてを言い尽くしたあと、校長が教師へのメモを書き、「教室に戻ったらわたすように」と言いました。そのときです。「窓は?!」と、ある生徒が窓を指さしながら叫んだのです。「なんで思いつかなかったんだろう!?」と思わず校長が声を上げ、「どうやって覆うといいか?」と生徒に尋ねました。すると、生徒がつくった芸術作品について批評をしていた女子生徒から提案があり、窓を生徒の絵で覆うことにしました(二〇〇二年七月の会話から)。

生徒の感情面、身体面の安心・安全（心の安全も含めて。以下、「安全」と表現します）を脅かす原因は、ほかの生徒に起因すると言われています［参考文献140］。それが理由で、学校での安全確保は大人だけではできないことが分かります。

生徒は、自分だけでなく、ほかの生徒の安全確保に関する方法を学ぶ必要があります。それには、話し合いや安全確保のための計画や行動、そして学年に応じた訓練が含まれます。前掲した「方法18」では、学校の安全チェックリストを生徒と共有すること、学校環境における安全性を確保するために何が必要かという話し合いに生徒を含めること、と提案しました。ここでも、生徒が安全を確保するプロセスにおいてどのような役割が果たせるのかについて、生徒とともに考えていきましょう。

つまり、生徒自身に、安全な環境とそうでない環境に自分たちがどのようにかかわっているのかについて理解してもらうのです。安全な環境がいかに自分たちの学校生活に影響を与えているのか、どのようにすれば積極的な姿勢で安全な環境がつくれるのか、また身体面における安全だけでなく、感情面や仲間関係における安心についても考える必要がある、と理解してもらいましょう。

（2）　三週間にわたったベルトウェイ襲撃事件では、一〇人が死亡し、三人が負傷しました。

学校の方針をつくることに加え、生徒自身は安全な環境をつくるためにとれる行動が認識できます。実際にどのような行動がとれるのか、ステップを追って考えてもらいましょう。安全な環境をつくるためのステップは数日にわたる可能性がありますし、ひょっとしたら、ほかのクラスにまで及ぶかもしれません。

このような活動は学級単位で行うのが好ましいのですが、生徒の代表でつくられた安全委員会でもよいですし、安全委員会という大げさなものではなく、生徒の有志でつくられたグループでもかまいません。もちろん、生徒会や生徒自治会でもよいでしょう。あなたが担当している学年、教科、環境に合わせて決めてください。

ステップ1　課題を生徒に提示する

二人一組になってもらいます。半分のペアには「学校での安全性を損なうことを助長する生徒の態度・行動」というリスト、もう半分のペアには「学校での安全性を維持するための生徒の態度・行動」のリストをつくってもらいます。「安全性」には、感情面、人間関係、身体面があることを生徒に理解してもらってください。

ブレインストーミングでアイディアを出したあと、クラス全体に戻ります。ペアで出しあったたくさんのアイディアを見ながら話し合い、八〜一〇個の項目をクラスとして選んでもらいます。

ステップ2　選んだリストをもとにクラスで合意形成を図る

　クラス全員で選んだリストを、今度は六人のグループで話し合います。まず、安全ではない環境を引き起こす行動についてのリストからはじめます。そのような行動をとったら、どのようなこと（罰など）が起こるのかについて話し合います。

　リストのなかからどれを選ぶのか、グループ内で合意形成を図ります。選び方は、頻繁に見られる行動を基準にしたり、もっとも悪影響を与えるものを基準にしたりとまちまちになると思いますが、一番「成功しやすい」ものを選ぶはずです。

　グループ内で合意形成ができたら、クラス全体で共有したあと、クラスとして一〇個を選びます。そして、同じプロセスで安全な学校環境をつくる行動についても選んでください。

ステップ3　次に何をするか決める

「クラスとして選んだアイディアから、次に自分たちはどうするのか？　まずは個人として、次にクラス全体として何ができるのか？」について生徒に考えてもらいます。個人的に行動でき、安全性が向上できるものを二つ書いてもらいましょう。個人的なアイディアが出たらグループをつくって共有し、グループとしてのリストをつくってもらってください。

さらに、各グループから出てきたアイディアをクラス全体で整理します。個人的に行動できるアイディアをクラスとして五～一〇個の行動リストにします。この行動リストは、自分のクラスのみで取り組んでもいいですし、学校全体を巻き込む形で取り組んでもよいでしょう。

ステップ4 合意した内容を守る

生徒自身が決めたことを「誓約書」や「約束事」（表3－3を参照）といった形で書いてもらってください。これらの合意は、グループで安全を守るために必要な行動として考えられますが、生徒一人ひとりが責任をもって行動に移す必要があります。

「誓約書」は、自分またはほかの生徒の安全を守るために、「生徒が○○をする」または「生徒は○○をしない」という文章で書かれる必要があります。生徒同士でどのように助けあえるのか、教師がどのようにサポートできるのか、どうすれば合意した内容が守れるのかについても話し合いましょう。そして、その誓約書を見返したり、自分たちの行動を振り返ったりするプロセスと、それぞれを行う時期についても書き加えてください。

自分たちで決めた行動をどの程度守れたのかについて話し合ったり、もし守れなかった場合にはどうするのかについて一年を通して話し合います。必要となれば、誓約内容を増やしたり、変えたりする場合もあると、生徒とともに考えながら実行します。

表３－３　生徒の安全を守るためにとる行動用のワークシート

私＿＿＿＿＿＿＿＿＿＿＿（氏名）は、＿＿＿＿＿＿＿＿＿＿＿＿＿＿
（グループ、クラス、学校名）の一員として、学校での自分の安全を守るために次の行動をとります。

私は、＿＿＿＿＿＿＿＿＿＿＿＿＿＿＿＿＿＿＿＿＿＿＿＿＿＿します。

私は、＿＿＿＿＿＿＿＿＿＿＿＿＿＿＿＿＿＿＿＿＿＿＿＿＿＿します。

私は、＿＿＿＿＿＿＿＿＿＿＿＿＿＿＿＿＿＿＿＿＿＿＿＿＿＿します。

私＿＿＿＿＿＿＿＿＿＿＿（氏名）は、＿＿＿＿＿＿＿＿＿＿＿＿＿＿
（グループ、クラス、学校名）の一員として、ほかの生徒が学校で何かに脅かされたり、助けが必要なときに次のような行動をとります。

私は、＿＿＿＿＿＿＿＿＿＿＿＿＿＿＿＿＿＿＿＿＿＿＿＿＿＿します。

私は、＿＿＿＿＿＿＿＿＿＿＿＿＿＿＿＿＿＿＿＿＿＿＿＿＿＿します。

私は、＿＿＿＿＿＿＿＿＿＿＿＿＿＿＿＿＿＿＿＿＿＿＿＿＿＿します。

この約束を見返し、自分の行動を＿＿月＿＿日に振り返ります。

日付＿＿＿＿＿＿＿＿＿　　署名＿＿＿＿＿＿＿＿＿＿＿＿＿＿＿＿

方法20 価値を定義し、行動に移す

学校教育の早い時期から生徒は、尊敬、責任、協同など、安全性を促す態度や行動について学校の教職員から聞いています。「責任感をもって」、「協力しましょう」、「お互いを尊重しましょう」などといったフレーズです。教職員は、これらの言葉が何を意味しているのかについて生徒が理解しており、行動に移せると思っています。

しかし、年長学年であったとしても、教師が考えているように生徒がお互いに尊重しあい、協力し、サポートしあい、寛容になれるとは思いこまないでください。このような態度や行動がどういうものかを定義し、認識し、それらを実際に行動に移すとはどういうことなのかについて生徒は理解する必要があります。また生徒は、何をするとよくて、何をしてはいけないのかについて学習しなければなりません。さらに、このような行動をとる理由も理解しなければなりません。

仲間とのかかわり方にポジティブな行動を考える

私たちの友人である教師と彼の同僚は、一三個の特色ある言葉を打ちだしました。その特色は、生徒に望む行動と価値観にラベルを付けたもので、「承認、感謝、約束、コミュニケーション、

思いやり、貢献、協力、個性、尊敬、責任、リスクを払う、サポート、信頼」〔参考文献33〕となっています。彼らは、これらの特色を意味づけして行動すると、生徒の生活にどのような影響がもたらせるのかについて考えるという授業をつくりました。

もう一人の友人である教師は、このアイディアを取り入れて、「誠実の特色」という名称で、同僚や生徒の協力も得て新しいリストをつくりました。年度初めに、全員でそれぞれの特色について話し合い、定義づけたわけです。

一年を通して、クラスでの話し合いや課題に取り組む際、そして自分の選択や行動を考える振り返りシートにもこれらの特色を取り入れました。この活動の目的は、コミュニティーづくり、生徒全員が居場所を感じられるようにする、そして学校生活全体を考えて確立された規範が、実はクラスやそのほかの環境にも関連している、と理解することにあります。

一三個の言葉の特色についての授業

生徒がいじめや暴力を受ける心配をせず、教師との関係性が良好で、安心して学べる学校環境に欠かせない特色について生徒が学び、その特色を大切にするように促し、大切にしている言葉の特徴を表す行動規範はいろいろとあります。それらの特色を定義して、どのような行動で表せばいいのでしょうか。一三個の特色に関する定義は、そうでないものと比較したとき、微妙な違いも含めて何が違うのかについて生徒と一緒に考えてください。

私たちも、担当学年や担当教科に合わせて、一回の授業ごとに一つの特色を取り上げるという方法で同僚たちのアイディアを取り入れました。

年少学年の生徒に対しては、クラス単位で一三個の特色の定義、その定義を表す詳しい行動、そして行動がクラスにどのような影響を与えるのかについて振り返るとよいと思います。一方、年長学年の生徒であれば、二人一組や小グループで言葉の特色について詳しく考えるとよいでしょう。このような授業を年度初めにそれぞれの特色を活かしながら繰り返し、一年を通して生徒の理解と行動を強化していきます。

ステップ1　リストに入れたい特色の言葉を選ぶ

学校での安全性を維持するための態度・行動のリストに、一三個の特色ある言葉のなかから必ず入れたいものを選ぶことからはじめます。リストに入れたい特色を生徒に出してもらい、みんなに見えるように書き留めます。そして、その特色の意味を考えてもらってください。

考えや行動の意味を考えたり、絵や図にするために少し時間を設けます。この活動では、一人ひとりが考える時間がとても大切となります。

ステップ２　この授業の目的について説明

あくまでも一例ですが、生徒に次のように伝えます。

「今まで、学校やクラスではほかのメンバーと協力するように、と言われてきましたね。今日は、『協力する』ということに注目して考えていきます。みなさんが、どのような状況を見たときや経験したとき、また誰かと何かを行ったときに『協力している』と思うのかについて考えます」

ステップ３　考えを出しあう

二人一組や小グループに分かれます。考えてほしい項目が示してあるワークシート（**表３－４**を参照）を配り、グループごとに出てきたアイディアを書き留めてもらいましょう。年少学年の生徒の場合は、それぞれの項目を一緒に読みあげながら考えましょう。出てきたアイディアは、クラス全員が見えるように記録していきます。

ステップ４　アイディアや理解を共有する

クラス全体に戻って、グループごとにアイディアを共有してもらってください。各グループで、用語の定義を確認しておきます。記録係の生徒は、行動や言葉としてどのように表現されるのか

表3－4　特色を分析するための用紙

授業名：＿＿＿＿＿＿＿＿＿＿＿＿＿＿＿＿　日付　＿＿＿＿＿

氏名　＿＿＿＿＿＿＿＿＿＿＿＿＿＿＿＿

【例】**協力の特色**

この用語の意味は何ですか？（あなた自身の意味、解釈を書いてください）

協力の特色を表現する言葉は何ですか？　それぞれの力を合わせて行う。

より良い協力の特色を表す行動は何んですか？　自分ができることをして、お互いに補う。

より良い協力をボディーランゲージ（表情やジェスチャー）で表すとどうなりますか？

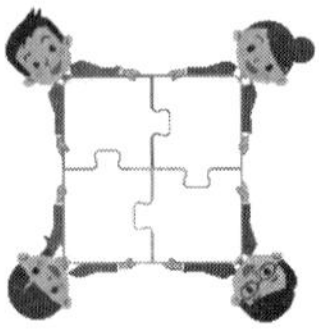

上記の三つを通してより良い○○を経験したとき、何を感じると思いますか？

をリストに書き入れます。たとえば、「協力とは、ともに作業すること」や「協力は互いに優しくすること」などが考えられます。各グループでポスターを作成して、掲示しましょう。

ステップ5　質（もしくは特色）を示す

定期的（毎日または毎週）かつ意図的に、一三個の特色ある言葉のリストからアイディア出しをする言葉を生徒に一つ選んでもらってください。多くの行動は、いつしか習慣となります。どれを選ぶかはグループで決めてもよいですし、個人で選んでもかまいません。

ステップ6　質（もしくは特色）を深める

リストに示された特色がどのような意味なのか、具体的に説明を考えながら深め続け、実際に表現されたときに確認します。特色の定義について生徒全員が理解できるように、実際に表現されたことを根拠として示して感じた内容を振り返ります。

ステップ7　授業を広げる

ある時期が来たら、一三個の特色ある言葉のリストに示された反対語（例、非協力的）を使って同じことをしてみましょう。そのリストをつくって、教室では禁止とします。

方法21 全員の存在が気にかけてもらえ、意見は尊重されると保障する

生徒が自分の存在を気にかけてもらえ、意見が尊重され、大切にされていると感じないと、疎外感を感じて孤独になり、置かれている状況に対して不満を抱くようになります。その結果、身体的、心理的な自傷行為や他者に対する暴力といった行為の可能性が高まります。当然、生徒全員に居場所があるという感覚がなくなり、孤独感が増します。他者が自分を知ろうとしてくれている、聞こうとしてくれているといったことが明確に分かる教室や学校でこそ、生徒の居場所感覚は高まるのです。

尊重するという意識は、クラスにおいて居場所をつくるために欠かせないものです。学びを豊かにする安心感があり、一貫性のある教室環境を最大限に引き出すというのが尊重であり、秩序を乱す行動を最小限に抑えることにつながります。想像やステレオタイプではなく、生徒全員に自分自身を知ってもらい、自分が何を考えていることやアイディアを発言する機会があり、しっかりと聞いてもらえるという環境です。

このようなクラスであれば、互いを尊敬する心が育まれます。逆に、誰からも気づかれていない、大切だと思われていない、聞いてもらえないと思っている生徒は、反抗的な行動をとったり、

表３－５　尊重のモデル　［訳者作成］

尊重は、どのように見える？	尊重は、どのように聞こえる？	尊重は、どのように感じる？

問題行動を起こす場合があります。もしくは、引きこもってしまい、他者とのかかわりを遮断するかもしれません。

「尊重」のモデル

「方法20」で紹介したやり方の応用（もしくは追加）として、「方法21」では、「尊重」に注目します。まずは「モデル」という言葉を生徒のために定義します。ここで使うモデルとは、典型的な例であるとか、何かの理想的な型とします。

ほかのカテゴリーを使って、モデルとなる特色やアイディアを出してみましょう（例・「よいリーダーのモデルをどのように説明しますか？」、「友達とは？」、「書評とは？」）。生徒を三人もしくは四人のグループに分けてください。**表３－５**を使ってアイディアを出しあい、特色を示す具体的な表現のリストをつくってもらいます。それぞれ、特徴や例を五つずつ書きます。

それぞれのグループがほかのグループとこの表を共有して、クラス全体の表になるように書き足していきます。共通点を見つけましょう。できあがった表を使って、クラスで共有するポスターをつくりましょう。

「笑わないで」

生徒に、次のような質問をしてみてください。

・「アメリカの面白いホームビデオ（America's Funniest Home Video）[3]」という番組を見たことがありますか？
・どのような状況が一番面白いと思いますか？
・誰かが思いがけない不慮の出来事を経験したり、まちがえたり、大失敗をしたとき、人はなぜ笑ってしまうのでしょうか？
・誰かが、あなたのことを笑ったということはありましたか？　そのとき、どのような気持ちになりましたか？
・誰かのことを笑ったり、バカにしたことはありますか？　それは、なぜですか？　もし、ないのであれば、なぜしなかったのですか？
・誰かを笑うことが許されるのはどんなときですか？　逆に、どんなときには許されませんか？

一九六一年のアメリカで大人気となったフォークシンガーグループのピーター・ポール＆マリー（ＰＰＭ）には、『パフ』[4]を代表曲としてたくさんの有名な曲があります。一九九八年、このグループは学校でのいじめ問題を解決するプロジェクトや問題解決のために、『Don't Laugh at Me（笑わないで）』という曲を「尊重プロジェクト（Operation Project）」の一環としてレコーディングしています。

もし可能であれば、「尊重プロジェクト」の「笑わないで」のビデオ[5]を観てください。ウェブサイトには歌詞つきの歌が紹介されています。歌詞では物語を伝え、映像ではさまざまな年齢、状況、いろいろな障がいをもつ人やもたない人が紹介されています。

「笑わないで」をクラスの生徒に見せてください。そして、見終わったあと、どのような気持ちになったのかについて話し合ってください。何を考えるか、他者とどのようにかかわるのか、他者にどのような影響を与えるのかについて考えてみてください。ビデオのあるウェブサイトは、

（３）日本でいうと、面白いホームビデオを集めた番組のようなものです。

（４）原題は『Puff, the Magic Dragon』です。一九七三年以降、何度か音楽の教科書にも記載されました。また、日本では『おかあさんといっしょ』（ＮＨＫ）でも紹介されました。

（５）下のＱＲコードで英語の映像が見られます。また、歌詞の日本語訳は、Peter, Paul & Mary「Don't Laugh At Me」で検索すると見られます。

「尊重」を教えるためのものとして最高の教材となります。

グループでの合意形成

二人一組、小グループ、または全体でもよいので（教師も含め）、クラスとして互いを尊重するとはどういうことなのか、また全員の声を大切にすると保障することにはどういう意味があるのかについて合意形成を図ってください。次のような質問からはじめてもよいでしょう。

・クラス全員が価値のある存在だと認められている、また自分に興味・関心をもってくれていると感じられるために、私たちは○○○をする。

・クラス全員の意見が大切で尊重されているという点を保障するために、私たちは○○○をする。

ローリー（著者）の教育委員会では、六年生と教師が自分のベストを尽くすこと、やさしくすること、互いによく聞くことなどが「宣誓書」に含められています。署名された宣誓書は、すべての生徒や教職員が見られるように廊下に掲示されていました。また、**表3-3**（一一七ページ）で紹介した約束事を応用してもよいと思います。クラスの宣誓書を作成して、教室に掲示しましょう。

学校での「出来事」に対して、生徒がアドバイザーの役割を果たす

より多くの生徒の声を授業以外の出来事に反映すると、学校は自分たちの考えを大切にし、自分たちを尊重してくれていると生徒は感じます。

たとえば、昼休みや休み時間に中学生が校庭を使うにはどうすればよいのかとパティー（著者の一人）が考えていたとき、何人かの教職員が、「この年齢の生徒が休み時間に校庭を使うことはない」と訴えてきました。しかし、パティーは、八年生を何人か集めて、学校でお願いしている業者のカタログをわたしました。そして、「そのカタログから使いたい遊具を選ぶように」と伝えました。

生徒たちが推薦する遊具を伝え、彼らのアイディアをもとに校庭が整備されました。それからは、遊具を使って遊ぶ生徒で校庭がいっぱいになりました。

ほかの教育委員会を訪問したときです。中学校と高校で、学校理事会(6)が日中に行われていまし

---

(6)　日本と異なり、学校レベルの意思決定が行われている組織で、最高決定機関となっています。通常、数名の保護者や地域住民、数名の教師、校長、教育委員会の職員など、一〇名前後で構成されています。校長の任命・罷免やカリキュラムの内容などの決定権を有しています（教員の採用権は校長がもっています）。高校では、生徒が二名程度加わることもあります。日本のお飾り的な学校運営評議会とは、役割がまったく異なります。

た。理事が各教室を訪れ、自分たちの「仕事」を説明しました。その後、生徒に対して、質問や困っていることがあれば発言するようにと促されました。

その質問ですが、「なぜ、パジャマで登校してはいけないのか?」というようなものから、「毎年、クラスの生徒数が増加している。先生たちはクラス全員をサポートすることができない。これについて、どのように考えているのか?」というものまでありました。あなたならどうしますか?

・全国生徒会のプログラム「生徒の意見を発信し参画しよう（Raising Student Voice and Participation. RSVP）」(7)を調べてみましょう。生徒の立場から、学校での課題や問題をどのように特定して、解決していくプロセスが紹介されています。

・多くの生徒を募って、リーダーシップ・プログラムをつくります。一般的には生徒会でしょうが、一部の生徒だけでなく、より多くの意見が収集できるようなプログラムが必要です。学校によっては、代表者を持ち回り式で選んでいるところもあります。そうすれば、毎学期、異なる生徒がリーダーシップを発揮するようになります。

・「校長先生との昼食会」を設定して、小グループに分かれた生徒が学校の管理職（校長先生ほか）と対峙して話すという機会を設けます。

・「お助け隊」を結成して、何か争い事が起きたり、いじめが起きた場合にかかわるようにします。お助け隊のメンバーは異なる立場の生徒から選びます（過去にいじめを行っていた生徒も含めます）。問題解決トレーニングの研修を行って、生徒自身が問題解決が図れるようにサポートします。

著者の一人であるローリーが勤めていた中学校では、生徒の代表委員会が学年レベルや学校レベルのニーズ、そして何か決定してほしいことを教職員へ伝えるために毎月ミーティングをしていました。話題となったものには、いじめや時間割などといった真面目なものから、給食のメニューや休み時間についてなどといった軽めのものまでありました。

教師は、各学年から一〇人の生徒を選ぶように、と求められました。五人はリーダーとして選ばれるようなポジティブな生徒、残りの五人はネガティブな生徒を選びます。もちろん、学業成績、人種、性別などの多様性も考えます。

学校にいる生徒全員がグループに反映されるように選びます。ネガティブなリーダーシップという特徴をもっている生徒を選ぶ場合にはリスクを伴いますが、このような生徒がポジティブな課題を与えられ、意見を求められると、思いもよらない変化が起きるものです。ネガティブな行動がポジティブな行動に変わるのです。

（7）　www.natstuco.org を参照してください。

方法22 問題に直面したら

生徒本人だけでなく家族も、学校内での出来事や人間関係の問題は、教師であるあなたにとって切実な問題であるということを知る必要があります。しかも、それらの問題は迅速かつ効果的に対応されなければなりません。

教師からの期待が高く（でも現実的で）、常に意識されているという感覚は、安心で居場所があると生徒が感じるために欠かせないものです。教師やほかの教職員には、問題のある行動を常に見ており、見過ごしていないと生徒が信じている状態が必要となります。

本書で紹介しているほとんどの方法は、多くの生徒に対して使えるものですが、生徒のなかにはもっと踏みこんだ方法を必要とする、精神面や行動面においてかなりの難しさを抱えている人もいます。ある生徒は、決まった手続きを一切無視します。ある生徒は、いつ「爆発」してもおかしくない状況です。そして、ある生徒は常にほかの生徒を妨害するといった行動をとります。

何を試してもどうしようもないときもあるでしょう。そんなときに検討する価値がある方法を紹介します。これから紹介することは、あなたが「問題に直面」していることを前提にしていますので、追加するアイディアだと捉えてください。

生徒が経験したとても辛い幼少期を理解する

精神疾患は、今日の教育現場においては学校・教師が取り組むべき優先順位の高いテーマとなっています。いうまでもなく、授業での経験や行動に大きな影響を与えるからです。長い間教育に携わってきた者として、トラウマを経験するなど、不幸な状況に置かれている生徒を大勢見てきました。年齢を問わず、このような生徒が増加しているようです。

アメリカ疾病対策センター（The U.S. Centers for Disease Control: CDC）とカイザーパーマネンテ(8)が行った「深刻な幼少期の経験」（Adverse Childhood Experiences、以下ＡＣＥと略）に関する歴史的な研究［参考文献51］では、幼少期に否定的な経験をすると、その後の身体面における健康やより良く生きていこうとする意識に対してネガティブな影響を及ぼす、と結論づけられています。

多くの学校や精神健康機関がＡＣＥの研究から学び、生徒や若年層の患者を理解することに努めています。ＡＣＥの研究では、典型的な幼少期のトラウマ（たとえば、暴力、育児放棄、家庭崩壊、薬物乱用、離婚など）を指標にして、発生回数に合わせて点数化されました。幼少期にお

（8）（Kaiser Permanente's）アメリカ最大級の病院グループ企業および保険会社です。

けるＡＣＥの得点が高い大人は、アルコール依存症や薬物依存症の傾向があり、運動を避け、仕事を休む傾向が高くなりました。さらに、健康状態、精神状況も好ましくなく、自殺を試みるといった傾向が高いという結果が出ています［参考文献51、133］。

生徒が現在抱えているトラウマを明らかにするだけでも、その生徒の背景やトラウマが学校生活にどのような影響を及ぼすのかについて考えられますので、支援をする学校や教師にとっては役立ちます。また、それらの情報は、生徒が大人になってから悪影響を起こさないように対応するための機会も教師に提供します。

トラウマ・インフォームドケアを行う

ＡＣＥの得点が高いと心配になりますが、得点が高い生徒でも、幸せで健康的な大人に成長するケースが多いものです。立証された介入方法があります。二〇一六年に出版された『回復力のある学習者を育てる（Fostering Resilient Learners）』（未邦訳）や二〇一八年に発表された『関係、責任、そして感情の調節（Relationship, Responsibility, and Regulation）』（未邦訳）においてクリスティン・ソーヤーとピート・ホール（Kristin Souers and Pete Hall）は、トラウマを経験し、影響を受けている生徒へのさまざまなアプローチを紹介しています(9)［参考文献131、132］。それ以外にも、生徒自身で立ち直れる力をつけることに集中したアプローチがあります。

これらで紹介されているいくつかの方法を理解して実施すれば、あなたの授業や教室でトラウマ経験のある生徒を含むすべての生徒の居場所がつくれますし、より良い学級経営が可能になるでしょう。(10)

関係修復のアプローチを使う

国際関係修復研究所（International Institute for Restorative Practices＝ＩＩＲＰ）は、「関係修復のアプローチ」を「社会科学分野において、個人間およびコミュニティーにおける人間関係をより強固にするためにはどうすればよいのかという研究から生まれた」と概念化しています［参考文献69］。ＩＩＲＰのある学会において、会長が次のように述べています。

(11)関係修復のアプローチの基本的な仮説はとてもシンプルです。立場の強い人が立場の弱い人に対して何かをしよう、してあげようとするよりも、一緒にしようとするときのほうが人

---

(9)　日本語の文献として、『トラウマ・インフォームドケア』や『子ども虐待とトラウマケア』、『トラウマ・インフォームドケア実践ガイド』を参照してください。

(10)　日本語の文献として、『イラスト版　子どものレジリエンス』や『学校では教えてくれない大切なこと 14 自信の育て方』、『しなやかな子どもを育てるレジリエンス・ワークブック』を参考にしてください。

は幸せを感じ、協力しあい、生産的で、自らの行動をより良く変えようと努力するものです。

この仮説は、関係を修復し、協同的、参画的な（～をともに行う）かかわり方のほうが、罰則を与えたり、権威的また封建主義的な（～をしてあげる）かかわり方よりも効果的であることを示しています。もし、この関係修復の仮説が正しければ、多くの分野に大きな影響を与えることになります。［参考文献143］

たしかに教育は、この関係修復のアプローチが「大きな影響」を与える分野です。学校全体として関係修復のアプローチを取り入れれば、「正義を修復する」という方法になります。関係修復のアプローチを取り入れて、罰則を与えるという従来のやり方をやめて、生徒を尊重する公正な対応方法を構築していきましょう。

鍵となる、次の原則を忘れないでください。

・関係修復のアプローチは、問題が起きてから対応するのではなく、先を見越して実行する。

・関係修復のアプローチは、生徒が自分の気持ちを隠したり、他者とのかかわりを避けたり、自分や他者を攻撃したりするのではなく、自分の気持ちが表現できる環境をつくる。

・関係修復のアプローチは、生徒が安全で尊重されている環境をつくり、表現することが可能であり、恥をかかせたり、非難したり、辱《はずかし》めを受けたり、深い悲しみを感じてしまう状況を克服する。

・関係修復のアプローチでは、生徒と教職員が課題や問題、立場や価値観の違いについて話せるよう、円形になって集まるサークルやグループでのミーティング（「ミディエイション」と言います）という方法を使う。

関係修復のアプローチは、すべての生徒が、学校は公平・公正を大事にしていると認識できるプロセスを使います。それには、次のような要素が含まれています。

参画（エンゲージメント）――生徒が話し合いに参加します。生徒のアイディアや意見が真剣に取り上げられ、生徒に影響する決定が行われるときには生徒自身も参加します。

説明――教師や管理職は、学校の方針や決定事項について、実際に施行する前にこれからから影響を受けるであろう人にその内容と理由を説明します。

明確さ――説明は明確である必要があります。方針や決定事項から影響を受けるすべての人が、これから何が起こるのか、それぞれの立場においてどのようなことが期待されているのかについて理解します。［参考文献78、143］

（11）　学校においては、前者は教師やいじめの加害者、後者は生徒やいじめの被害者です。

決定するプロセスが公平・公正であると、生徒は（自分たちの行動規範を定める）システムや決定権をもった人たちに対して協力的となります。また、決定するプロセスに自分たちがかかわり、生徒としての経験、感情、意見が反映されていると感じるほど、そのプロセスは公平・公正であると信じられます。

関係修復のアプローチにおける根本原則は、問題について生徒たちと一緒に考えるというものです。生徒が不適切な行動をとったり、不適切な判断をした場合は、まず当該生徒と一緒に話します。まちがっても、彼に対して話をするわけではありません。その後、その行動から影響を受けた人とも一緒に話します。そして教師は、多くの生徒にとっては、以前の問題解決のプロセスは公平・公正なものではなかったと認める必要があります。

従来のような経験をしてきた生徒の場合は、新しいアプローチにすぐに協力してくれるわけではありません。また、教師にとっても、関係修復のアプローチをとることが難しく、時間のかかる場合もあるでしょう。

ある先生は、衝突や問題があったときに使う「関係修復のための質問」の使用をすすめています。「関係修復のための質問」は状況に焦点を当てています。ある状況にかかわりのあったすべての人の考え、感情、影響に関する表現と、状況を修復するため、あるいは状況をよくするためのアイディアに焦点を絞るのです(12)［参考文献146］。

いつ、誰に、助けを求めるかを知っておく

教師は、すべての問題を常に一人で解決しなくてもよいのです。とくに、当該生徒のほかに二五人（もしくはそれ以上）の生徒に気を配る必要があるときはなおさらです。もし、ある生徒があなたに対して不適切な言葉を使ったり、指示を聞かなかったり、不適切な行動をやめなかったり、教師に対して命令をしてきた場合には、教育のプロとしてどのように対応すればいいのでしょうか。それについてはいくつかの選択肢があります。

必ずしも、常に「勝利」しなくてもよいのです。とはいえ、すべての状況をよい方向へと改善したいものです。最善となる選択は、自分が正しいと思っても他者に助けを求めて、サポートしてもらうことです。

ありとあらゆることを試してもうまくいかないときは、**同僚に対して「どうすればよいか？」と助言を求めましょう**。同僚や管理職が、過去にうまくいった方法を教えてくれたり、自分では思いつかなかった点を指摘してくれます。また、生徒の不適切な行動は自分のクラスに限定されていることなのか、ほかのクラスでもそうなのか、と尋ねてみてもよいでしょう。

---

(12)　関係修復のアプローチを理解し、実践するための最適の本が『生徒指導をハックする』です。

もし、ほかのクラスでも同じであれば、同僚と協力して不適切な行動に対する一貫した活動を考えてみましょう。逆に、ほかのクラスで問題がないのであれば、生徒との接し方を再考してみましょう。同僚に自分の授業を見学してもらい、問題の原因として何が考えられるのかと見てもらうのもよいでしょう。

スクールカウンセラーに相談するのもよい方法です。カウンセラーはいろいろなアイディアをもっているほか、広範囲のネットワークをもっています。また、仲裁役として、あなたと生徒の関係を調整してくれます。カウンセラーという専門家を頼ってみましょう。適切な行動を促したり、クラスや授業の邪魔をするといった行動を最小限に抑えるトレーニングを受けていますし、そのスキルもあります。

教師はスクールカウンセラーを、特別支援や障がいの有無を判断する人だと見てしまいがちですが、メンタルヘルスの専門家は、学校での問題行動やそのような行動をとってしまう生徒とのかかわり方を教えてくれますし、効果的なアプローチの計画づくりについても手助けしてくれます。

教師（とくに新任教師）は、助けを求めることをためらうものです。助けを求めてしまうと、「教師としての力がない」と見られることを恐れているのです。この事実は否定できません。管理職として私たち（本書の著者）も、教師には最前線で自分のクラスを管理することを期待しています。実際、不適切な行動をとる生徒を頻繁に校長や副校長室に送ってくる教師は、難しい状況でも解決できるという自信を生徒にもたせることがなく、それが原因となってさらなる問題を引き起こす場合があるものです。

教師が「私は○○、△△、◇◇をやってみたのですが、どれも解決には至りませんでした。助けてください」と言いながら問題のある生徒について相談に来ることを想定して、私たち管理職は必要なサポートを常に用意しています。

自分で判断しない、ということも知っておく

大きな問題が起きるときもあります。私たちは「ゼロ・トレランス」方針[13]が好きではありません。関係修復のアプローチを推進する人々は、ゼロ・トレランス方針と、それに付随した厳格な罰を課すやり方に代わる方法として関係修復のアプローチを位置づけています〔参考文献137〕。しかし、なかには絶対に許してはいけない行為（凶器や薬物の所持、精神的、身体的いやがらせや暴力、大きな争いなど）もあります。

（13）自らの行動に責任がとれる年齢に達した生徒が問題行動を起こしたとき、責任をとらせるという方針のことです。罰の体験や反省を通して立ち直らせることを目的としていますが、必ずしも機能しているとは言えません。

管理職、警察、法的な介入などを必要とする状況では、自分だけで解決しようとしたり、公的な方針を無視しないでください。適切な担当者に任せて、必要な場合のみ協力するようにしてください。

以上のようなことを頭に入れつつも、教育委員会によっては罰則の方針が厳しすぎて、生徒の将来を左右してしまうほどの影響を与える可能性があるため、方針に従うべきか否かと躊躇してしまう場合もあるでしょう。また、「学校から刑務所に直結」というただならぬ事案については介入が必要だ、と思っている教師もいます。

これらに関しては、オープンな議論が必要であると教育委員会の意思決定者（機関）に提案したり、差別的な方針を排除したり、厳しすぎる、かつ偏見のある罰則システムを変える機会を設定するなどといった形で行動を起こすようにと、私たちは教師に提案しています。

第4章

居場所感覚は一貫性があってこそ

先生が決まってやることや一貫性をもっていると、
これから何が起きるのかが予測でき、
準備ができ、勉強に集中することができます。
授業に対する不安は少ないです。
(11年生)

この章では、教師のあなた、そしてあなたが奉仕する生徒のために、一貫性の大切さを強調します。居場所感覚を育むというレンズを通して、学級経営の方法を見直す機会となります。そして、一貫性のある実践、決まり、手続きの構築、期待される行動の設定、指示の明確さ、学習上における生徒への期待を明確にすることについて述べていきます。[1]

人間関係、手順、[2] そして期待されることが教師と生徒の間で構築されると、クラスの一員として特定されることの意味を生徒は理解します。「自分はここに所属しているのか……」と、生徒が自問自答しはじめるまでに時間はかかりません。

初日からずっと、生徒はあなたを見ているのです。あなたを気にしていないような素振りをしているかもしれませんが、騙《だま》されないでください。初日からずっと、あなたが心身面での安全性について気にかけてくれているかどうか、あなたを信頼してよいかどうかとうかがっているのです。信頼できるかどうかの判断は、あなたの言動がいかに一貫しているのか、また一貫した期待を生徒全員に対して抱いているのかによって下されます。[3]

スケジュール、決められたことを行う手続き、期待、教師の行動が予測不可能で一貫性を欠いているとしたら、学級経営という観点から見ると、生徒は不安、心配、ストレス、問題行動という形で反応する可能性が高まります。生徒からすれば、質問の仕方や授業中にお手洗いに行きたいときにはどうするかなど、クラスにおけるルールの徹底度合いを知りたいだけです。また、一日の学習活動計画、宿題と提出日、教師がどのようにクラス運営をするかなどの計画やその実行手続きに関する一貫性は、より良い学級経営を可能にし、生徒が居場所を感じるような環境づくりに寄与します。

方法23　一貫性は生徒にとっての権利と捉《とら》える

まずは一貫性です。すでに何回もこの言葉を聞いているはずです。その重要性についての研究記事や本を読んだり、同僚と話したり、一貫性をもって対応できているかどうかと悩んだ経験もあるでしょう。

教師であれば、生徒への対応や、クラスでの決まり事や「手続きだ」と宣言した内容が一貫し

（1）これらをすべて使いこなして教えている方法が、https://sites.google.com/site/writingworkshopjp/teachers/osusume の本です。とくに、『イン・ザ・ミドル』と『国語の未来は「本づくり」』がおすすめです。

（2）教室や授業におけるいろいろな物事の決まったやり方のことです。

（3）この点に関して、一斉授業は欠陥を抱えていると言えます。下のＱＲコードをご覧ください。

ていたほうがよいと分かっているはずです。でも、ほとんどの教師にとってはそれが難しいのです。新年度がはじまるたびに「今年こそはしっかり一貫性をもたせる」と誓いますが、いつの間にかそれがなくなってしまいます。そして、後悔で打ちひしがれて学級経営に苦しみます。

では、一貫性を保つための秘訣とは何でしょうか？　生徒が守れるように設定されたルーティーン、生徒への期待、（とくに）生徒が何かしてしまったときの対処措置など、どうすれば守れるのでしょうか？　これらについて紹介していきます。ちなみに、「どうするか」は「なぜ」に関係しています。

まず、一貫性を「面倒くさいこと」と考えるのをやめましょう。一貫性とは、考えることでも、決意してやり遂げようとすることでもありません。一貫性とは、生徒に対する責任をまっとうするということです。いってみれば、あなたがもっとも大切にしている価値観です。

あなたが教師になったのは、子どもを信じ、子どもが人間として、学習者として成長する様子を見守りたいと思っているからでしょう。そうであるなら、これだけは確実に言えます。一貫性がなければ生徒は成長しませんし、最大の力を発揮することもありません。そして、サポートもできません。一貫性は、生徒にとっては権利となります。あなたが生徒を大切にしているからこそ、また生徒が、一貫性のある学習環境が保障されるに値する存在であり、必要とされていることを理解しているならば、教師側の一貫性が重要となります。

ここで注意しなければならない事柄があります。あなたが一貫性の徹底ができない、守れない、また生徒ができないと感じるルール、手続き、手順は設定しないことです。それに、一貫性があるからといっても柔軟性がないということではありません。教師として、あなたは生徒に対して公正でなければなりません。必ずしも一つの正しい考え方があるという意味ではなく、生徒によって、または状況によって異なる場合があるということです。

それぞれの生徒についてあなたが知っていることをもとにして、当該生徒が必要としていること、クラスが必要としていること、そして教師が必要としていることを状況によって判断していきます。(4)

手続きに従って問題などに対応する際、予測可能な教師の行動であればクラスの一体感を生みだします。さらに、教師と生徒の関係性を深めることにもなります。一方、予測可能でなかった場合は、生徒の居場所意識を根底から妨害することになります。生徒が居場所を感じるためには、継続し、安定的に「受け入れられている」という感覚と、安心かつ信頼できるという他者とのかかわりが必要となります。

一貫性が「なぜ」必要なのかについて、もう少し紙面を割かせてもらいます。

---

(4)　この点については、ぜひ下のＱＲコードをご覧ください。

一貫性が安心感を促し、信頼を構築する

身体、感情、対人関係、すべての面で生徒が安心感を抱くためには、これから何が起きるのかについて予測できなければなりません。いつものルーティーンや、何かをしたときに起こることが予測不可能になると、安心感は消えてしまいます。要するに、基準が変わったり、期待されることが時と場合によって変化すると生徒は安心感を抱きません。生徒は不安になり、安心感の度合いが下がってしまうのです。

同じ行動を起こしたにもかかわらず、生徒によって教師の対応が違う、生徒によって求めることが変わる、毎日のルーティーンを無視するなどの行為を目撃した場合、対応の違いに関する背景や理由を知らないと、教師に対する信頼度は下がっていきます。一貫性の欠如は、教師が生徒を尊重していないことを意味しますし、学級経営にマイナスの影響を与えます。

一貫性が公正と公平性を支える

一貫性は生徒全員に対して、偏見や個人的な感情で他者に強く当たらない、寛容であるというルールを徹底することになります。しかし、同時に、クラスは個性豊かで、さまざまな動機をもっている生徒によって構成されているという事実を忘れてはいけません。学習に困難を抱えてい

る生徒や障がいをもった生徒もいます。トラウマや差別を経験した生徒もいます。これらの理由から、個人の不適切な行動に対する同じ対応でも、不公平（平等であるかもしれませんが）さを感じるかもしれません。

不適切な行動に対する対応の公平性を保つために、クラスにおいて「公平とは常に平等か？」について話し合いましょう。あなたが公平性を尊重しているということを生徒に理解してもらうとともに、一見「特別対応」と見られるような対応をされている生徒に対しては、学校生活を送るに際して、実は「公正な」対応を受けていると理解してもらう必要があります。

一例として、自閉症スペクトラム症候群（ＡＳＤ）の生徒を挙げましょう。授業に集中できるように、教室の後ろのほうで歩いてもよいと許可しているでしょう。ほかの生徒からするとこの対応は平等ではないでしょうが、「公平な対応である」と話せばよいでしょう。私たちのクラスでは、「公平とは、学校生活を送るうえにおいて必要な対応を受けること」と理解されています。

一貫性は自制心を促し、不適切な行動をなくし、学びを誘発する

自制心は、時に衝動的な行動をとりそうになる感情を抑え、さまざまな状況に合わせた適切な対応を可能にします。自制心をもてるための大切な要因は、ガイドラインがあること、不適切な行動に対する明確な措置があること、そしてよきロールモデルがいることです。

行き当たりばったり、予測不可能、不公平などが学級経営に与える影響を挙げると、生徒は衝動的な感情が抑えづらくなります。生徒は混乱し、規律よりも楽なほうに流れてしまうかもしれません。生徒によっては、どれくらいまで許されるのかと、許容範囲を試すといった者も出てくるでしょう。

生徒は、一貫性とともに、それを守らなかったときには責任が伴うという点を日常的な環境において学びます。混乱した予測不可能な教室という雰囲気は、すべての生徒の学校生活や学習を考えると好ましいものとは言えません。学びに邪魔が入らない教室環境というのは、集中しづらいとか、ちょっかいを出されたり、軽視されるといった心配がなく、生徒が真剣になって勉強に取り組みやすい環境のことです。

一貫性は学級経営を強化する

一貫性があると、教室で起こるすべての出来事がうまく運びます。みんなが学びやすくなりますし、（教師も含めて）力も出しやすくなります。生徒同士がやさしく接し、尊重しあいます。全体として、クラスがよりまとまり、教室内の人間関係はより調和のとれたものになります。

一貫性がないと、どのような学級経営の計画も失敗してしまいます。細かい点を疎かにすると、一生懸命つくろうとしている教室環境を少しずつ壊していくことになります。その過程にあなたは不満をもちはじめ、最悪の精神状態になるかもしれません。その結果、生徒が苦しむことになるのです。

見通しが立たない、居場所がない、不安、心配、不信、裏切り、尊敬の欠如、自制心の欠如、学業不振、不適切な行動の増加、集中の欠如、これらはあなたが生徒に望んでいることではないでしょう。しかしこれらは、教師がポジティブで効果的な学級経営をきちんと行わないときに見られる現象なのです。

そのことを肝に銘じて、生徒がもっている一貫性の権利を尊重してください。多くの生徒は、これまでそのような大人には出会ったことがないでしょうから、素晴らしい「驚き」となるはずです。一貫性という権利を尊重することは生徒にとって必要であり、そうであってほしいと生徒も願っているのです。これによって、クラス全体が素晴らしい状態になっていく様子を目の当たりにしてください。

方法24　行動の「トーン」を早いうちから決める

教室にあるさまざまな要因のなかで、行動が居場所づくりに対してもっとも強い影響を与えていると言えます。生徒の行動に対するあなたの期待と生徒一人ひとりの行動は、居心地がよく、安心で、力が発揮できる環境づくりにとって大きな役割を果たします。早ければ、新学期の初日から教室における行動の「トーン」(5)を感じるでしょう。

あなたが生徒に何を期待しているのかが分かるようにトーンを整えます。ただ、あなたが生徒にどのように接するのか、許容される行動範囲を超える行動を生徒がとったとき（もしくは、期待されている行動を無視したとき）にどのような行動をするのかを見せれば、行動のトーンはもっともパワフルな形で生徒の記憶に残ります。

初日から、期待されている行動がどれほど重要なのか、生徒は見ています。常に（本当に）一貫性をもったうえで期待されているのか、また常に（本当に）、あなたが生徒に期待していることと同じ行動をするのかと見ています。

あなたが生徒のために計画したポジティブな行動形態や行動の模範基準をサポートする、シンプルで効果的な実践がいくつかありますので紹介しましょう。

公正、尊重、尊厳をもって生徒とかかわる

何人かの生徒が不適切な行動や攻撃的な行動を繰り返しとっていたとしても、生徒全員には親身に接しましょう。生徒の尊厳を徹底して守りましょう。生徒がもっている価値観を信じていると示しましょう。尊敬を表す対応の仕方として、すべての生徒に公平に接しましょう。すでに示

してある期待と不適切な行動に対する措置をもとにして、誠実に対応しましょう。

同時に、公平で一貫性をもって生徒とかかわれているのかについて、自分の考え方や行動を定期的に振り返り、特定の生徒やグループに厳しくしすぎていないかと振り返りましょう。また、「話を聞くときは相手の目を見るように」など、文化的に不適切なものがあるという点にも気をつけます。障がいや不安をもっていたりする生徒にとっては不適切な場合があるのです。「失礼な態度」や「率直なフィードバック」が、文化によっては異なる意味や基準をもっている場合があることをふまえておきましょう。自分とは異なる文化的な背景をもつ人たちの間ではどのような行動がとられているのか、どのような期待があるのかなど、できる範囲で文化的な違いを学んでおきましょう。

性自認や男女平等に対する気配りも大切です。あなたの目の前にいる生徒は、自分を男性、女性、両性、もしくはどちらでもないと自認しているかもしれません。また、迷っている生徒もいます。あなた自身が性別に対するステレオタイプや偏見をどのような形でもっているのかについて、よく理解しておきましょう。性別で決めつけていないかと気を配り、生徒に「男性か女性か」のみで性自認を迫るようなことはしないでください。

---

(5)　通常は音色、色調と訳されますが、ここでは調子、雰囲気、環境、風潮のニュアンスに近いです。

生徒に期待する行動をあなた自身が実践する

生徒に期待している行動をあなた自身が生徒に示しているのか、常に自己評価してください。生徒のために、「誰が」、「いつ」、「どのように」行動するのかについての手順を設定しました。次の四つの質問は、あなたが設定した行動を生徒にモデルで示しているかどうかを確認するためのものです。

・「お願いします」、「ありがとうございました」といったシンプルな言葉で、生徒に敬意や礼儀を示していますか?
・あなたの同僚や生徒の保護者に、生徒に示してほしい敬意をあなた自身が示していますか?
・生徒があなたに話しているとき、きちんと聞いていますか? ひょっとしたら、何か別のことをしながら聞き流していませんか?
・生徒の抱えている課題や感情について、生徒が理解し、表現できるように質問をしたり、言い換えるなどの方法でサポートをしていますか?

不適切な行動をとる生徒に対するあなたの行動や反応は、その状況に直接かかわる生徒だけでなく、それを見ている生徒にも影響を与えます。生徒と個別に話しているつもりでも、周りにいる生徒も起きている事柄を知りますし、あなたがどのように解決しようとしているのかも分かります。いかに些細なことであっても、どのような質問を当該生徒にしているのかと聞き耳を立てているのです。

ポジティブな面を強調し、ユーモアを交えながらその場を和《なご》ませる

不適切な行動を探したり、それに対して何か罰を与えたりするよりも、生徒のポジティブな行動に注目しましょう。ほとんどの場合、多くの生徒は正しいことをしようとしています。この点を頭に入れておいてください。決められた手順に則った行動やガイドラインに則ったよい行動をしている生徒を見つけて、褒めたたえましょう。

微笑みや笑いは、これから起きるかもしれない問題を最小限に留めてくれたり、緊張を和《やわ》らげてくれるものです。とはいえ、皮肉を含んだユーモアには気をつけてください。火に油を注ぐことになるかもしれません。

予測して行動する

自分の生徒を知ると同時に、どのような問題が起きそうかと予測してください。常にみんなから注目を浴びたい生徒はいますか？　授業や教室内でやる気がないように見えたり、参加するこ

とに躊躇する生徒はいませんか？　差別、いじめ、からかいの標的になってしまいそうな生徒はいませんか？　生徒があなた自身の許容範囲を試してくるとしたら、それはどのようなことでしょうか？

このようなことを事前に考えて、どのような状況が考えられるのかについてイメージしておけば準備ができますし、問題が起きる前に手が打てます。どうすれば冷静で常識的な反応ができ、これからの居場所づくりにも配慮しながら、生徒が不適切な行動をとった場合にどのような責任をとらせるのかについても考えておくのです。

最小限の抵抗に抑えるための解決方法を探る

問題が起きたときにとれる必要最小限の行動は何でしょうか？　無視する？　事態を小さく解釈する？　目くばせをする？　質問をして、別のことに注目させる？　何気なく歩み寄って、問題のある生徒の横に立つ？　できるだけシンプルな方法（ほかの生徒の注目が集まらない方法）で対応しましょう。

多くの問題が、教師のシンプルな行動や存在で収まったり、自然と注目を浴びなくなるものです。あなたが介入する場合は問題解決に寄与すべきであって、状況を悪化させてはいけません。

一例を挙げましょう。ローリー（著者）は学校の廊下において、ある生徒がいたずらっぽく別の生徒にちょっかいを出している場面に遭遇しました。二人に近づいていき、ちょっかいを出している生徒に向かって説教をするのではなく、「どのような一日を過ごしているの？」と尋ねました。その生徒は、ちょっかいをやめました。それだけでなく、授業外でも自分のことを気にかけている教師がいると感じたのです。

冷静さを保って授業を続ける

生徒との言い争いに引きずりこまれてはいけません。私たちの職員室には、「思春期の生徒と言い争いをするのは、動物とレスリングをするようなものだ。どちらも泥だらけになり、動物は喜ぶ」というポスターが貼ってありました。

注目している事柄からそらしたいのであれば、授業を中断することなく、冷静に素早く行動に移します。もし、感情的になりすぎていて冷静でいることが難しいと感じたならば、生じている出来事から離れてほかの教職員に声かけをしましょう。

自らを取り戻す時間をとるという行為はまちがっていません。状況が難しく、どのように対応したらよいのか分からない、または自分の行動で状況を悪化させてしまうのではないかと心配する場合は、「今の状況は、先生にとっては何と表現していいか分からないものです。話し合いをする前に時間が必要です。授業後に話し合いましょう」といった対応もできます。

教室内で当該生徒と言い争ったり、責めたり、追い詰めるというのはやめましょう。みんなの前で叱責すると、当該生徒の面子を潰すことになります。さらに、教師に対する信頼を取り戻すのが難しくなりますし、当該生徒がクラスでの居場所をなくしてしまうという可能性まで生じてしまいます。

もう一つ言うと、みんなの前で叱ると、ほかの生徒が当該生徒を守ろうとして、「生徒 vs 教師」という対立関係を生みだしてしまう可能性が高まります（これは、教師として避けたい状況です）。このような状況は、学級経営に新しい課題を生じさせてしまいます。そういえば、ある友人から次のようなアドバイスをもらったことがあります。

「ほとんどの生徒は、自分の尊厳を失うよりも、問題行動のある生徒だと思われたほうがま**し**だと思っています。あなたの行為が、そのような行動の理由にならないようにしましょう」

問題解決の方法をとる

ほとんどの場合、生徒の問題行動は、あなたが原因や対象になっていないということを忘れないでください。教師に暴言を吐いたことが理由である生徒が校長室に送られたという事例を、パティー（著者）は覚えています。生徒は授業中に居眠りをしていました。教師が強く言ったことが原因で生徒は強く反発してしまい、状況が悪化してしまったというケースです。当該生徒と話してみると、次のようなことが分かりました。

昨晩、母親の元の彼氏が夜中に自宅に侵入し、母親を殴ったというのです。警察沙汰になり、元の彼氏は逮捕されました。その三時間後に当該生徒は登校したわけですが、つい授業中に居眠りをしてしまったのです。

このような状況の場合、「不適切な行動を非難し、是正する」という方法よりも「問題解決」という方法をとったほうが効果的です。もし、教師が生徒をそのまま寝かせて、なぜ寝ていたのか、大丈夫か、何か助けは必要か、と尋ねていたら状況はまったく違っていたでしょう。ほんの少しの配慮で、生徒のことを大切にしていると表現できますし、関係構築が図れます。

自分の言葉に気をつける

「良い」、「悪い」といったラベル貼りを避けます。ポジティブ、役立つ、受け入れられる、助かる、集中できない、建設的でない、受け入れられない、などの言葉を選ぶとよいでしょう。そして、常に生徒自身と生徒の行動を分けて考えることがポイントとなります。建設的ではない行動を許さないのであって、彼ら自身のことではない、という意味です。

生徒にとってほしい行動をあなた自身がとるようにして、「意見に反対する場合もあるけれど、お互いに思いやれる」というメッセージを継続的に発信してください。

あなたがコントロールできるものは何かを知る

あなたがコントロールできるのは、自分だけです。

教師としての成長は、生徒とどのようにかかわるかで決まります。「責任をもつ（be in charge）」ことと「コントロールする（be in control）」ことは違います。ある状況に対して責任はもてますが、自分以外の人をコントロールすることはできません。

ローリー（著者）が校長をしていたとき、緊急とされる危険性がないかぎり、教職員はポジティブな行動にだけ介入すると決めました。状況を改善することにまちがいなくつながらないかぎり、教職員は介入しなかったのです。あなたの行動が状況を悪化させてしまうのではないかと思ったときは、ほかの教職員に助言を求めるという策が賢明な判断となります。

関係づくりを優先する

第2章では、「生徒一人ひとりとかかわり、信頼関係を築くことは銀行に貯金をするようなものだ」（五四ページ）と述べました。年度を通して、時には「貯金した信頼」を使う場合もあるでしょう。もし、信頼関係がすでに構築されていれば大きな助けになります。もし、そうでなければ、信頼を切り崩すばかりとなり、本当に必要なときに貯金が「底を突く」ということになります。

パティー（著者）が、校内風紀を管理する副校長に就任したばかりのことを思い出しました。副校長室によく呼ばれるランディーという生徒が、面談するために副校長室の外で待っていました。廊下を歩いていた保護者が副校長室にパティーがいるのを知ると、突然入ってきて、彼女の息子がかかわっている件に関して「適切な対応をしていない！」と文句を言いはじめたのです。保護者はとても感情的になっており、不適切な言葉を使ってパティーを個人的に攻撃しはじめました。

ほかの教職員が副校長室の外で待っていたので、すべてを見ていたランディーに「一緒に来るように」と促しました。のちに保護者は落ち着いて帰宅し、ランディーは教室に戻りました。

ランディーを連れていった教職員がパティーに向かって次のように言いました。

「ランディーが開口一番言ったことは、『あのお母さんは、自分の言っていることが分かっていないね。ケニー先生（パティー）は、どんなときも、誰に対してもそのような対応はしない』というものでした」

思い出してください。ランディーは、日常的にパティーが、校内風紀にかかわることで対応していた生徒です。関係性が勝った瞬間だと言えます。

方法25 決めたことを実行するための手続きと手順を明確にして伝える⑥

本書ではおなじみとなったテーマです。予測可能、かつ一貫性がある学級経営の手続きと手順、そして居場所づくりが学級経営の鍵となります。学業において結果を出し、より良い友人関係を築き、居場所をつくるためには、生徒が認識し、実行できるルーティーンと教師からの期待が必要です。つまり、整理されていて、予測可能で、頻繁に変化しない枠組みが必要だということです。

一貫したルーティーンがあってこそ生徒自身がこのグループの一員であると認識し、次に何をすればよいか分からない、孤立した存在ではない、といったことを認識します。

手続きは、（毎日または一日に何度も）繰り返される作業、行動、授業での活動として使われます。手順は、一般的に日常行動の枠組みであり、どのような状況でどのような行動をとるのかという枠組みになります。

ここで述べる「方法25」には、授業や教室での日常や人間関係に信頼性と一貫性をもたせる実践を設定し、維持するための提案が含まれています。言ってみれば、「方法23」でも触れた「なぜ一貫性が必要なのか」と「どのように一貫性をもたせるか」を発展させたものとなります。

手続きと手順を設定する

学校全体での実践を尊重する——学校の手続きや実践は、すべての生徒や教職員に期待されるものです。クラスのガイドラインをつくるときには、学校としての決定に沿ったものにしましょう。学校全体での実践に対して、「ジョーンズ先生は違うやり方でやるって言ったのに！」と生徒が抗議するようであれば「方法25」の目的に沿っていませんし、教師としてはフラストレーションがたまります。手続きや手順の作成目的を覆すことになりますし、何のためにやっているのか分からなくなります。

　ほとんどの学校では、安全確保の手順が設けられていますし、それが守られなかったときの対応策が決められています。さらに、手順を守る行動を促すプログラムが設定されています。

事前準備する——毎日行う実践や教師からの期待を表す用語は、それらが何を意味するのかを明確に定義づけてから使います。生徒がどういう意味かと困ったり、どのように実行すればよいのかと理解できていない場合は、クラスが混沌とし、学級経営は困難な状況に陥ることが予想されます。

（6）「誰が」、「いつ」、「どのように」実行するのかを示した枠組みです。

自分のクラスにはどのような手続きが必要なのか、と考えましょう。リストをつくって、一つ一つの手続きをよく考えてください。なぜ、生徒がその手続きを行うことが必要なのか、書き留めておきましょう。どのように展開するのかと想像して、細部まで考えましょう。

教師と生徒が則る（守る）手続きと教師が常に促す手順を決定する――学校生活を送るうえにおいて、クラスで状況に応じた手続きを決める必要があります（**表4－1**参照）。以下に示す行動（非行動）の手順（ガイドライン、期待される行動、期待された行動をとらなかった場合の措置）を決めます。

・クラスや学校での他者とのかかわり方
・自分の時間、行動（発言も含む）、感情のコントロール
・自らの選択と行動に対する責任

手続きや手順の選択と作成に生徒が参加する――多分、新年度がはじまるにあたって、あなたはクラス運営の仕方をしっかり決めていることでしょう。でも、考えてみてください。生徒のためのクラスでもあるのです。教師と一緒に手続きや手順を作成すれば、生徒は作成した手続きや行動を守るために努力するものです。

作成した手続きを実行に移すプロセスに、生徒が参加できるようにしてください。生徒全員の居場所感覚を高めると同時に、生徒の意見を尊重することにもなります。

表4－1　手続きを必要とする教室での状況

状況	構築する手続きの例
授業の始めと終わり	教室への入り方。 遅刻したときの入室の仕方。 「ベルリンガー活動」（教室に入室したときに取り組む短い質問、問題、または作業）と「出口チケット」の使い方。
授業中の移動	お手洗いや給水の許可をどうするか。 教室内の用具やティッシュなどの備品をどこに置き、生徒はいつそれらを取りに行けるか。 ゴミを捨てるときはどうするか。
教師や補助員とのかかわり	質問の仕方。 誰に、どのように助けを求めるか。 注目してほしいときのサインの出し方
クラスメイトとのかかわり	ペアや小グループでどのように活動するのか。 助けとなるフィードバックをどのようにするのか。 衝突や誤解があったとき、どのように解決するのか。
課題の管理	複数の課題を忘れないように、どのように管理するのか。 課題が早めに終わってしまったとき、どのように残りの時間を使うのか。 宿題を含め、課題をどのように提出するのか。 提出し忘れた宿題は、どのように補填できるのか。
授業以外の活動	集団で学校内を移動するときはどうするのか。 全校集会でどのように振る舞うのか。 図書館、理科の実験室、そのほか教室以外の施設の利用方法。
テクノロジーの使い方	課題を行うためのコンピューター、その他機器、インターネットの使い方。 スマホの教室内での取り扱い（学校全体での手順に則った、使ってもよいか、それともだめなのか、後者の場合の収納スペースなど）。

いかなる年齢の生徒でも、必要な手続きを認識したり、手続きを実践するために必要とされる詳細事項は決められます。ペアまたは小グループになって、実施に向けての手続きや、過去に経験してよかった手続きを生徒が考えます。もしくは、クラスですでに実践している手続きをグループで詳しく考えてもらってください。また、授業において手続きの決定にかかわることもできます。いくつかの手続きに関する見本を見せれば、生徒は理解できるものです。

もし、複数の授業を教えているのであれば、あなたが決めた事柄をリストにして、それぞれの授業で生徒から意見やアイディアをもらってください。このようにすれば、各授業において生徒の意見を大切にできるほか、必要とされる一貫性が分かるはずです。

手続きと手順を教えるとき、一回言って終わりにしない——手続きを提示し、一度説明しただけで生徒が理解し、一年を通して行動してくれたらどんなにいいでしょうか。現実では、そんなことは起こりません。生徒は手続きを忘れたり、どこまでだったら許してもらえるかと食い下がったりします。

年長学年でも（ほど）、そのような傾向があります。手続きが学校全体のものであってもクラスのみのものであっても、「学習する必要がある内容だ」と思ってください。学習内容は状況のなかで教え、必要であれば全員が理解するまで繰り返し教える必要があります。

適切なタイミングで手続きを提示する——新年度がはじまると、多くの事柄を説明しなければなりませんし、生徒と何をどのように行っていくのかについて決めていくことでいっぱいいっぱいとなります。安心感と秩序のある環境が学びには必要なのですが、すべての決まり事を一度に教えようとすると余裕がなくなります。

あなたのクラスではどのように行動するのか（手続き）と、何を期待されているのか（手順）について、できればその状況に直面するたびに丁寧に教えてください。

特定の手続きは必要なときに教える――たとえば、全校集会の手続きや生徒に期待されていることは、最初の全校集会の数日前に教えます。新年度の初日に全校集会について話したとしても、全校集会が三週間後だった場合は時間の無駄となります。余裕をもって教え、復習し、手続きの予行練習を行います。

すべての手続きは分かりやすく――手続きを教えるときは、その手続きが何についてのものか明確に伝えます。どのように伝えるのか、自分のなかで明確になっていない場合は話しはじめてはいけません。また、途中まで説明して、まちがっていたことに気づき、言い直すようなことをしないでください。そのようなことをしてしまうと、三分の二の生徒は分からなくなります。

手続きを書きだしましょう。そうすれば、自分が何を言うかはっきりして、自信をもって話せます。手続きの一つ一つを明確に、短い文にします。一つの手続きを二回繰り返して言いましょう。たとえば、「みなさんに注目してほしいときは先生が手を挙げます」と言って、同じ内容を繰り返します。もしくは、次のように少し言い換えて伝えてください。

「いいですか？　私が手を挙げたら、みなさんは私に注目してください」

必要な詳細を説明する――何をしたらよいか分からない生徒は、混乱して不安になります。このような状態は、あなたが期待している行動を詳しい説明なしで伝えたときに起きるかもしれません。あなたは、生徒に「どうしてほしい」のでしょうか？　生徒に何をしてほしいのかを明確にしたうえで、それを伝えてください。たとえば、生徒に次のように言うのもよいでしょう。ちなみに、〇〇〇は以下のリストになります。

「私が手を挙げたら、あなた方全員は〇〇〇」

・私に注目してください。
・あなたも手を挙げてください。
・その場で止まってください。
・話をやめてください。
・今行っていることをやめてください。
・「手を下ろしてください」と言うまで私の話を聞いてください。
・今から出す指示に従ってください。

このような手続きと手順がある理由を説明する――行動の手続きができた背景を知ると、生徒はより積極的に行動してくれます。このような手続きになった理由について話し合います。生徒が抱いている疑問に答えたり、より良い手続きにするための提案ができるようにしましょう。何人かの生徒に、手続きどおりに行ったらどうなるのかと試してもらってもよいですし、手続きどおりに進まなかった場合はどうなるのか、試してもらってもよいでしょう。

手続きをつくりあげる作業に参加すれば、「これが自分たちのクラスの手続きだ」と確認できると同時に、居場所感覚（さらに、クラスでの行動）を高めるといった効果があります。

意図的にはじめる——あなたが期待している行動を生徒に見せましょう。予行練習をしてもらったり、手続きや手順のロールプレイングを行ってもらいます。この活動を通して、あなたが生徒に理解してもらいたいポイントを改めて指摘したり、期待される行動について強調ができます。

練習、練習、練習——クラスでの手続きや手順を教えるというのは、一年がかりとなります。この過程で、手続きや手順を形骸化させないように注意してください。あなたがリストに示した手続きや手順は、何回も確認するくらい重要なものです。さらに、教室の活動を円滑にし、生徒が居場所を感じるクラスの鍵となります。以下に挙げる事柄を、一年を通して続けることをおすすめします。

・特定の手続きを定義し、ポスターにして教室に掲示します。
・複雑な手続きや期待される行動は文章にします。たとえば、教室に訪問者が来る場合には、一人ひとりの生徒に期待される行動を具体的に説明したメモをわたします。または、具体的に説明した同じ文章を教室に掲示します。

・定期的に、生徒全員が何をどのように実行すればよいか、理解できているかを確認します。また、長期休暇のあとは、手続きや手順を再確認するよい機会となります。

手続きや手順を正しく繰り返しながら一緒に学ぶと、そのような行動が心地よくなり、クラスに定着します。その心地よさが、生徒たちを「私たちはみんなで一緒に学び、練習し、助けあっている」という気持ちにさせ、居場所があるという感覚につながっていきます。このようなクラスであれば学級経営もうまくいきます。

方法26 明確で簡潔な説明をする

あなたは、何度も同じ内容を生徒に説明していると感じていますか？　そして、「なぜ、一度言ったことが分からないんだろう？」と思っていませんか？

このような不満を感じている場合、ちょっと考え直してください。まずは深呼吸をしましょう。生徒が「分かりません」とか「何をすればいいんですか？」と言ってきても、必ずしも生徒が悪いとはかぎらないのです。

常に明確な活動や課題の指示を出すということは、学級経営にも直接影響する基本的なスキルです。その基本的なスキルには、明確で簡潔な指示を出す、出した指示を生徒が理解しているかどうかを確認するという意味が含まれています。

指示が曖昧だと生徒は前に進めず、よい学習ができません。「何をしたらよいか分からない」と言う生徒が出てきたり、ほかの生徒の邪魔をするといった生徒が出てきます。いうまでもなく、クラスの秩序が乱れます。

生徒は集中できなくなり、学習環境は混沌とします。どうすればよいのかが分からない生徒は「迷子になった気分」になり、クラスのみんなから切り離されたような感じを受けます。「ほかのみんなは何をすればよいのか分かっているのに、自分だけが分かっていない」という気持ちが居場所を失わせることになり、学級経営にかかわる問題に発展してしまいます。

では、どうすればあなたの指示が分かりやすくなり、落ち着いたクラスがつくれるでしょうか？

してほしいことを明確にする

あなたが何を目的としており、活動や授業を実施している理由は明確になっていますか？　次のような質問を自らにしてみましょう。

・活動している課題の目標は何ですか？
・その目的は何ですか？
・この作業をするのは、生徒にとってなぜ重要ですか？
・計画している成果物は何ですか？
・生徒に何を求めていますか？

あなたの指示に従うために、何をしなければならないのかについて生徒が真剣に考えたことはありますか？　次のような質問について考えてみてください。

・いくつの指示を、生徒は覚えなければならないのか？
・生徒が初めてすることに対して、明確な指示を出しているだろうか？
・生徒は、誰のサポートも受けずに指示どおりにできるだろうか？
・生徒は指示どおりに従う必要があるのか？　それとも、ほかの選択肢があるのか？
・指示は文章、口頭、視覚、またはそれらの組み合わせで出す必要があるのか？　学習に困難を抱えていたり、英語が第一言語ではない生徒はいるのか？　これらの生徒には、指示を理解するための支援が必要か？
・指示を実行するのにいくつの作業（いくつのステップ）があるのか？　たとえば、「図書館に行く準備をしましょう」は「鉛筆と紙を出してください」よりも複雑な指示となる。

単純で短い指示でないのなら、一度、自分のために（そして、結果的に生徒のために）書きだしてみましょう。

指示の出し方を効果的にする

何を言うかが明確になったら、どのように指示を出すと効果的なのかについて考えます。

生徒の注目を得る――練習経験のある方法で、生徒が注目してくれるようにします。生徒がほかのことをしているうちは指示を出してはいけません。全員が聞いていることを確かめる前に指示を出しはじめると、生徒だけでなく教師も失敗します。

指示を出す――同時に多くの指示を出さないでください。三つぐらいがちょうどよいでしょう。新しい指示であればより少なくします。指示を出したあと、「最初に何をするか、分かったら手を挙げて」や「今から行う三つのことは何ですか？」などで理解しているのかどうかを確認してください。一つ目、二つ目、三つ目の指示は何だったのか、またはすべての指示が復唱できるのかについて、どの生徒でもよいので尋ねてください。

どのようにしてほしいのかの見本を示し、手続きが身につくまで時間をとる――見本を示すというのは、新しい事柄の場合や複雑な手続き、ルーティーンの場合はとくに重要となります。徐々に独り立ちができるようにする方法は、複雑な課題を行ってほしいときや、新しい状況やスキルを身につけるときにも有効です。たとえば、以下のようにです。

私（教師）が、まずはやってみせます。
それから、**私たち**（教師と生徒）が同じことを、教師の指導のもとで一緒にやってみます。
そして、**あなたたち**（生徒たち）がロールプレイングなどで練習します。
最後に、**あなた**（個々の生徒）が個別に取り組みます(7)。

もし、試しに行うときに教室の中を移動するのであれば、全員が一斉に動くのか、グループ毎に動くのかについてあらかじめ決めておきます。何が起きているのかを観察して、必要であればサポートをします。

教え直しが必要か、介入が必要かを判断する——なかなかできない生徒たちをサポートする必要はありますか？　数日または数週間後、紹介した手続きがうまく行われていなかったら、どのように改善すればよいと思いますか？

方法27 授業内容と流れを掲示する

授業の目標は、生徒が何を学び、何をするかです。ですから、生徒もこれらの授業目標を知る必要があります。口頭での指示を理解できなかったり、聞いていなかったり、次に何をするのかを覚えていないためにすべきことが分からなくなっていたら、生徒の安心感と居場所を脅かすことになります。さらに、生徒のなかに生じた戸惑いと不安という感情が学級経営における問題の種となる場合も少なくありません。

生徒から見える黒板や掲示板に、生徒に分かる言葉で常に授業内容と流れを示します。簡潔で読みやすい授業内容をすべての生徒から見える場所に貼っておけば、生徒にとっても分かりやすくなります。

この方法は、授業開始五分で消えてしまう電子黒板に表示するよりも効果的です。授業の流れを示すというのは、クラスをまとめたり、学級経営のツールとして使いやすいものを

（7）　この四段階は教師から生徒への「責任の移行」モデルと言われており、それぞれの段階で具体的にできることが詳しく紹介されている『「学びの責任」は誰にあるのか』が参考になります。下のＱＲコードで関連記事が読めます。

10年生　英語（日本の国語）	
日づけ	2021年５月４日（火）
学習目標	文章にはっきりと書かれていることと、文章から読み取れることの分析をサポートするために、説得力があり、詳細な根拠をテキストから挙げられる。
鍵となる質問	文学作品の解釈をどのように示しますか？
今日の進行	１．ベルリンガー活動 ２．『二都物語』の第２章を復習し、話し合う。 ３．『二都物語』の第３章を読み、話し合う。 ４．文章の分析をサポートする根拠をテキストから挙げて主張する。 ５．鍵となる質問に答える。
予告	１．５月７日（金）『二都物語』の第１章～３章までの小テスト （ヒント：主張の根拠を準備する） １．５月11日（火）応援集会／短縮スケジュール ２．５月14日（金）『二都物語』の比較対照エッセイ締め切り

メモ　学習目標は教師が示したいもの、または学校が求めているものをリスト化します。生徒は、その違いを知る必要はありません。どのような知識を身につけることを期待されているのか、何をできるようになればいいのかについて知ることは、生徒にとって有用です。学習目標の主語を「私」にすると生徒は理解しやすくなり、自分事として捉《とら》えやすくなります。

（＊）始業ベルが鳴ってからしばらくの時間取り組む活動です。180ページも参照してください。

表4－2　授業の内容と流れの例

2年生　算数	
日づけ	2021年5月4日（火）
学習目標	1,000まで数えられ、5ごと、10ごと、100ごとに数えられる。
鍵となる質問	どのようにして、10ごとに200まで数えますか？
今日の進行	1．ベルリンガー活動(*) 2．5ごとに数える復習 3．10ごとに数える。 4．鍵となる質問に答える。
予告	1．5月7日（金）　5ごと、10ごと、100ごとに数えるテスト 2．5月14日（金）　遠足

6年生　理科	
日づけ	2021年5月4日（火）
学習目標	私は、気団の動きと複雑な相互作用が、どのように気象条件の変化をもたらすかを示す、根拠となるデータ収集の方法を知っています。
鍵となる質問	天気が急変する理由は何ですか？
今日の進行	1．ベルリンガー活動 2．気温、気圧、湿度、降水量、風について復習、話し合う。 3．気団図 4．結露実験の準備 5．鍵となる質問に答える。
予告	1．5月5日（水）結露実験 2．5月7日（金）気団についての小テスト 3．5月11日（火）天気と気候のテスト

ですし、生徒にとっても効果的な学習ツールなのです。次のような事柄を毎日示すことをおすすめします。

❶日付け
❷その日の授業内容。授業名だけでなく、生徒にも分かる言葉で書かれた学習目標
❸学習目標に関連した鍵となる質問（授業内で質問に対する答えが示されるもの）
❹授業の流れ（生徒が理解しやすい簡潔な授業計画）
❺提出期限と一緒に示された宿題とテスト。クラスのイベントや学校の全体行事

このようなアプローチをとれば、「今日は何日ですか?」や「今日は何をしますか?」、「なぜこれを勉強しなければならないんですか?」、「宿題はありますか?」、「この内容についてテストはありますか?」といった質問は減るでしょう。

生徒がこのような質問をするのには理由があります。ただ、授業中にこのような質問ばかりされると授業の進行に問題が生じます。これも、一貫性の問題です。

年度開始からこのような情報が授業を問わずに毎日共有されれば、生徒はそういうものだと考えるようになります。また、授業の内容と流れを提示しておけば、生徒は安心感、責任感、自信をもつようになります。教室での心地のよさとともに、居場所感覚も高まります。どの生徒も何

をすべきか分からないといった状況がなくなり、授業に集中します。一七六〜一七七ページに示した**表4－2**は、異なる学年の授業内容と流れになります。

これらの内容と流れには、具体的な指導方法は示されていません。もし、二時間目の授業において「ペアで読書をする活動」がうまくいかなかったときは、四時間目にそれを使う必要はありません。二時間目の「協同学習」が効果的だったとしても、もし五時間目のことが心配であれば、クラスのニーズに従って活動を変えてもかまいません。

あなたの示す授業の流れは、その日、授業がどのような感じなのかを伝えるものです。詳しい授業方法は、授業計画の各段階に合わせて示せばよいのです。

方法28　火花からはじまり、打ち上げ花火で終わる

授業の始まりと終わり、活動そのものは短い時間となりますが、教室の調和、学級運営、居場所感覚に、ポジティブまたはネガティブな影響を与える重要な機会となります。これらの時間帯に、特定のルーティーンや習慣、そして生徒への期待を設定することが賢明です。

授業の初めにルーティーンを確立する

生徒に何が期待されているのか、何をすればよいのかなど、理解できる状態をつくれば生徒は安心で居場所が感じられる教室に行けます。生徒が入室するときには迎い入れ、それが続いている間や始業ベルが鳴ってからしばらくの間に取り組む活動（以下「ベルリンガー活動」とします）の用意をおすすめします。

ベルリンガー活動は、少し助けてもらえばできるようなものにし、毎日提示される問題、作業、活動のどれでも大丈夫です。どのような活動をしてほしいのかについては、板書してもよいですし、プロジェクターで映してもかまいません。紙に印刷して、教室に入ってきたときに「入口チケット[8]」としてわたしてもよいですし、ＩＣＴを使って事前にわたすというのもＯＫです。

ベルリンガー活動は、前回に行った授業の復習や確認にも使えますし、その日の授業内容に集中するための活動としても使えます。また、授業開始時に起こりがちな問題行動を減らすことにも役立ちます。

もし、ベルリンガー活動がない場合は、生徒は好き勝手に授業開始前の時間を使ってしまいます。この時間に何かあると、授業中のペアワークに悪影響を及ぼしたり、誰かが仲間はずれになるという状況をつくる可能性が高まります。そうなると、最後の生徒が入室したあとに意識を集中させる時間が必要となり、授業時間が割かれるといったケースも生じます。

活動と活動の合間時間を計画する

クリエイティブな計画と指示で、活動と活動の間に生徒がストレッチをしたり、体を動かしたり、頭がリフレッシュできるようなアクティビティーを取り入れます。これによって、問題行動や学級経営を阻害する行動が起きないように計画します。

合間時間を有効に使えるようになると、次に行うことに生徒は熱心になり、学習の準備ができます。次に紹介するのは、合間時間を計画する際のヒントです。

・合間時間のルーティーンを確立する。
・クラスでの手順を合間時間でも継続し、クラスの習慣とする。
・合間時間であることを生徒に分かるように示す（具体的には、教室のライトを点けたり消したりや、特定の音楽を流したりなどです）。
・クラス全体として動く（一斉に自分の席に戻る）、小グループとして動く（第一グループ、

（8）「入口チケット」は、生徒が教室に入ってきたときにもらい、のちほど教師が集めるプリントです。授業中に配られ、教室を出るときに回収するものは「出口チケット」と呼ばれています。

第二グループがまず自分の席に戻り、第三グループ、第四グループがそのあとに戻る）、個人として動く（特定の作業を終了したあとに自分の席に戻る）のかを明確にする。

授業終了時のルーティーンを確立する

次回の授業では何を準備すればよいのか、達成感と居場所感をもって、不安がない状態で授業が終了できるようにします。

毎日、授業をきちんと終わらせるためには多くの要因が関係してきます。ルーティーンを確立すれば、生徒の学びにとって大きな助けとなります。たとえば、授業終了前の決まった時間に「まとめ」に入る（たとえば、授業終了五分前のアナウンス、一分間で身の周りの整理、友人との確認、宿題の説明など）などが挙げられます。

授業終了のルーティーンを、学習目標の達成確認に当ててもよいでしょう。たとえば、授業の内容と進め方で「鍵となる質問」を示したのであれば、それを「出口チケット」として設定します。生徒は教室を出る前に「鍵となる質問」に対する答えをＩＣＴを使って提出したり、紙に書いて出口で提出するか、口頭で教師に伝えてから退室します。生徒の答えを見て、どこまで分かっていて、何が分かっていないかなどを把握すれば、次回の授業計画に反映させることも可能となります。

この方法は、生徒の心身面における健康、居場所の感覚、努力している内容、そして行動のアセスメント（現状把握）に焦点を当てた質問でも使えます。また、簡単に手早く行うことも可能です。たとえば、「良い悪い」を手を使って合図してもらうのです。良ければ親指を上に向け、悪ければ下に向けるといった具合です。さらに、授業内容と流れを示す「今日の進行」に書かれているリストを生徒自身が評価したり、生徒がもっている質問を提出してもらってもよいでしょう。

方法29 クラスでの話し合いのためにガイドラインをつくる

「お互いを大切にする」、これはすべての授業に共通します。授業での適切な話し合い（教師が生徒にどのように話すのか、生徒が教師にどのように話すのか、そして生徒同士がどのように話すのか）ができているかどうかを見れば、生徒の居場所感覚が高まる環境なのか、あるいは生徒の問題行動が起きにくい環境なのかが予測できます。とはいえ、すべての生徒の信条やアイデンティティーが尊重される環境をつくるために、生徒一人ひとりが責任を認識するガイドラインをつくるというのはよいことです。教室が安全であるためには、「自分にできることがある」と生徒自身が知らなければなりません。

パティー（著者）が設定した学校レベルのガイドラインを紹介しましょう。テンプレートとして使ってもよいですし、あなたのクラスや学校で、独自のガイドラインをつくるための話し合いにおけるポイントとして使ってもよいでしょう。また、教室に貼ったり、校内の廊下などに貼るポスターを生徒全員でつくったり、小グループに分かれてつくるというのもよいでしょう。

これから紹介する例は、「**私たちは**環境づくりを**大切にしています**（We CARE）」というもので、頭文字で覚えやすくなっています。

Cは「コミュニケーション（communication）」のC——クラスとして、ポジティブで、礼儀正しく、ともに何かをつくりだすための会話ができる適切なコミュニケーションの「ルール」を話し合いましょう。ロータリークラブが倫理規範として採用している四つのテストに、「私たちが考えていること、言うこと、行うこと」を照らしあわせてみてください(9)［参考文献123］。ロータリークラブの倫理規範によると、メンバー全員は協働作業をするときに自分が考えていること、言葉として発信すること、行動として表すことを、次の四つの質問を通して省みるように、と求めています。

・それは、真実かどうか？
・それは、すべての関係者にとって公平か？

・それは、好意と友情を深めるか？
・それは、すべての関係者にとってプラスになるか？

この手順は、大人が職業上の場面で協働するときのために書かれたものですが、クラスでのコミュニケーションについて話し合う際のきっかけとして使えます。

Aは「感謝の気持ちを表す（appreciate）」のA——感謝の気持ちを表すという意味を生徒が知っている（もしくは覚えている）とはかぎりません。以下は、クラスで感謝の気持ちを表すための言葉を考えるときの例です。

・ありがとう。
・感謝しています。（appreciate, grateful）
・気を遣ってくれてうれしいです。
・なんて好意的な行動だったんでしょう。

（9）一九三二年、ロータリークラブのメンバーであるハーバート・J・テイラーが「四つのテスト」をつくり、その一一年後、ロータリークラブはこれを倫理規範として採用しました。

・あなたがそんなことをしてくれるなんて、本当にうれしいです。
・素晴らしいです。
・心から感謝します。
・あなたは最高です。
・手伝ってくれてありがとう。

Rは「敬意（respect）」のR——敬意とは、誰かや何かの感情、希望、権利や伝統に対して敬ったり、それを示すことです。敬意の例としては、教会で静かにする、人が話しているときは真剣に聴く、ゴミを捨てるためのゴミ箱を探す、などが挙げられます。生徒と一緒に例をつくったり、クラスで敬意を表す方法を考えてください。その手はじめとして、次のような行為が考えられます。

聴く——他者が何かを話しているとき、きちんと聴くことは敬意を示す際の基本となります。

サポートする——誰かをサポートするということは、その人のことを大切に思っているという証《あかし》となります。

尽くす——お願いされなくても手助けするというのも敬意を示す方法です。

親切にする――誰かが悪い一日を過ごしているとき、からかうのではなく親切にすることで敬意を示します。
礼儀正しく――学食で並ぶときに譲るというのも礼儀正しさの一つです。
感謝する――何かをしてもらったときに「ありがとう」と言うのも敬意を示す表現です。
仲間になる――自分と違う言葉を話したり、文化が違ったり、身体面または学習面での違いがあるなど、人種や民族の違う生徒を歓迎します。

Eは「励ます（encourage）」のE――よく引用されるマザー・テレサ（Mother Teresa, 1910～1997）の言葉に、「短くて簡単な言葉でも、心のこもった言葉はある。そんな言葉は、いつまでも心の中に響き続ける」(10)があります。これは、真の励ましの言葉と言えます。教師は、生徒がクラスメイトを励ます方法を明確に示せます。生徒の発言を書き留め、それらを、生徒を励ますときの言葉としてあなたが使うのです。次のような言葉からはじめてください。

・くじけないで
・頑張って

---

(10)　マザー・テレサの明言は、こちらのリンクからどうぞ。https://meigen.club/mother-teresa/2/

・あきらめないで（Don't give up, Keep pushing, Keep fighting! Stay strong, Never give up）
・続けて！
・「できない」って言わないで
・あなたはできる！（You can do it! I believe in you!）
・信じてるよ！

第5章

居場所感覚は、感情と社会性の能力（SEL）があってこそ

クラスメイトのことを知れば知るほど、
居場所があると感じる
（8年生）

この章では、クラスでのグループ活動で使う感情と社会性のスキル（ＳＥＬ）を身につける方法を紹介します。目標設定と達成のためのスキルや自己管理、アクティブ・リスニング[1]、自分やクラスメイトの居場所感覚を高めるスキル、状況の捉《とら》え方や考え方、問題解決のためのスキルを身につけるための方法です。これらの方法は、すべての授業に取り入れることができます。

特定の社会感情面のスキル（ＳＥＬ）を意識的に教えれば、生徒はクラスや学校で感じる居場所感覚を高めると、「生徒の居場所」に関する研究者が言っています［参考文献139、150］。また、これ以外の研究においても、ＳＥＬのメリットがたくさん示されています。

二〇〇を超えるＳＥＬプログラムをまとめて分析したところ、生徒の成績向上、ポジティブでつながりの強い仲間関係、問題行動の減少、不安の低下などと関係していることが分かりました［参考文献45］。最近行われたＳＥＬプログラムに関する論文のレビューによると、ＳＥＬで学ぶスキルが身についている生徒はポジティブな行動をとる傾向があり、感情的・精神的な苦痛が和らげられ、問題行動をあまり起こさない、となっています［参考文献46］。

学業とＳＥＬの統合を推進する非営利団体の「ＣＡＳＥＬ（The Collaborative for Academic, Social, and Emotional Learning）」は、ＳＥＬを次のように定義しています。

感情を理解し、自分で調節する、前向きな目標を設定し達成する、他者に共感し、その感情を表現する、ポジティブな人間関係をつくって維持する、責任ある判断をするために必要な知識や態度、スキルを、子どもや大人が身につけて実践するためのプロセスである［参考文献36］。

ＣＡＳＥＬの考え方［参考文献35］は、ＳＥＬの五つの核となる能力（コア・コンピテンシー）として、共感をベースに、①自己認識を育てる、②自己管理能力を身につける、③社会認識を高める、④よい人間関係を築く、⑤責任ある意思決定力の育成、を示しています。

感情と社会性のニーズと表現は、生徒や教師も含めた一個人にとって一番大切なものです。一人ひとりのＳＥＬの能力が、日々、クラスでの人間関係、学級経営、学びの環境、それぞれの居場所感覚に影響してきます。教師自身や生徒がこのようなスキルを身につけるために意識することは、まさに賢明な教育だと言えます。(2)

（1）　相手とより深いコミュニケーションをとるためのスキルです。話し手が、自らの考えや心の内を話しやすいように聞いたり、相手の話を聞いていることを言い換えて反応したり、必要とされる場合は相手の本音や考えを促すような質問をするといったスキルです。

方法30 居場所意識を高めるための会話をはじめる

口約束だけでなく、行動で示したほうがより良い環境がつくれます。「ここはあなたの居場所だよ」と声に出して生徒に伝えることも大切ですが、新学期の初日、居場所について大げさに語るというのはやめましょう。

学習環境も含めて、すべての生徒が居場所を感じられる教室の雰囲気づくりに取り組む形で集中しましょう（第1章の「方法6」で紹介した「初日から居場所を感じられる雰囲気をつくる」［三八ページ］を参照してください）。新年度や新学期がはじまってから数週間後に、そのあとの学校生活において継続して行われる会話をはじめるのです。

居場所のアンケート

この活動は、居場所についての会話をはじめるきっかけとなります。数分かけるだけで、それ以上の価値があります。第2章では、教師の行動や言動を生徒が信じているかどうかが受け入れられているという感覚や居場所感覚にどのような影響を与えるのかを知るためにアンケート調査をする、という方法を紹介しました（五七〜五九ページ）。このアンケートによって、一人ひとりの生徒が学校において居場所を感じているのか否かに関する情報が得られます。

生徒に「居場所」という文字が見えるように、黒板やホワイトボードに書いたり、プロジェクターで映しだしましょう。この言葉について、クラスとして考えていくということを伝え、次ページに掲載した**表5－1**の例を活用したり、生徒の状況に合わせたり、知りたい情報を含んだアンケートにつくり直して生徒に配付します。

生徒には、「よく考えて正直に答えるように」と伝えてください。考える時間や必要な空間を確保するなどして、アンケートに答えられるようにしましょう。そして、生徒が回答していると きに、あなたも回答してみましょう。

このようなアンケートによって、生徒が居場所をどのように捉え、どのように感じているのか、なぜそれが大切なのかについて理解することができます。また、生徒の回答をよく見れば、どのようなことがより適切なのかといったアイディアも得られます。これらを実行するか否かは、あなた（教師）次第です。

生徒にとっては、アンケートに答えることで、居場所をつくるためのさらなる取り組みが促せ

（2）　SELについて詳しく知りたい方は、前掲の『感情と社会性を育む学び（SEL）』や『すべての学びはSEL（仮題）』、『成績だけが評価じゃない（仮題）』、『エンゲージド・ティーチング（仮題）』を参照してください。

ます。この活動を通して生徒と教師が学んだことをふまえれば、さらなる取り組みができます。居場所があるのかないのか、そしてその影響を考えるだけでもクラスでの居場所感覚は高まります。

居場所の会話

アンケートの実施後すぐに、生徒を小グループに分けて、出てきたアイディアについて話し合ってもらいます。これは、部分的に指示を出しながら行います。次に紹介する質問に答える形で居場所感覚を高めるためのアイディアを共有し、書きだすように伝えてください。

・学校に居場所があることが、なぜ大切なのですか？

表5－1　学校での居場所についてのアンケート

質問はすべて、学校に関連するものとして考えてください。答えられる質問に回答してください。自分の名前やほかの生徒、または教職員の名前は書かないでください。

1．学校で「居場所がある」とは、どのような意味だと思いますか？
2．学校で「居場所がある」と感じることが、生徒にとってなぜ大切だと思いますか？
3．もし、誰かが学校に「自分の居場所はない」と感じているとしたら、それはどのようにすれば分かりますか？
4．「学校に自分の居場所がない」と感じることについて、どのように思いますか？
5．生徒が居場所を感じるために、教師には何ができますか？
6．ほかの生徒が居場所を感じるために、生徒には何ができますか？
7．自分以外の誰かが居場所を感じるために、どのような方法を用いましたか？
8．自分の居場所感覚を高めるために、あなたは何をしましたか？

（出典）［参考文献16］243ページ。

・全員がこのクラスに居場所があると分かるために、生徒と教師は何をすればよいですか？
・自分以外の生徒が居場所を感じるために、使うべきでない言葉やとるべきではない行動とは何ですか？
・私たち全員が居場所感覚を高めるために何ができますか？
・あなたが学校で居場所がないと感じたり、不当に扱われたと感じた経験はありますか？　それは、どんなときでしたか？
・学校コミュニティーで「ここにいてもよい」と感じさせるには、どのような方法があると思いますか？
・過去に、差別や不公平な扱い（仲間はずれやいじめ）を学校で受けたり、ほかの生徒がされていたということはありますか？　それは、どのようなものでしたか？
・差別や不公平な扱いに気づいて働きかけ、みんなが学校において居場所を感じるために、どのような行動をとればよいでしょうか？

生徒の振り返りをガイドするために、行動だけでなく、生徒の居場所感覚に影響を与えるかもしれないクラスや学校で決められた事項、手順、方針、組織のあり方などについても考えるように働きかけます。また、話しにくい思いやアイディアであっても共有できるという、安全で安心な環境であると生徒が感じられる必要もあります。なぜなら、すべての課題を出し切らないと問題解決が難しくなるからです。

居場所をつくるための提案

小グループで居場所感覚を高めるために、（生徒や教師が）できる提案を五つ考えるように伝えます。とる行動、とらない行動、さらに最低一つは生徒個人の居場所感覚が高められるような提案をそのなかに含むようにします。クラス全体で、それぞれのグループが提案について共有できる時間をとり、すべての提案が全員に見えるようにして書き留めます。そのうえで、出された提案についての感想を全員で共有してもらいます。

居場所をつくるための行動

最後に、出てきた提案のなかから、みんなが居場所を感じられる行動とクラスで合意した四つから五つについて、合意どおりに行動しなかったときの具体的な対応方法を考えます。そして、選んだ方法が、授業やクラスの雰囲気、行動にどのような影響を与えるのかについて話し合います（もし、必要と感じるのであれば、その影響に関する文献を生徒と共有してもよいでしょう）。

居場所というテーマを今一度考え直したり、みんなで決めた提案と行動を振り返ったりする方法を決めたら、この活動は終わりとなります。

方法31 居場所感覚を高めるスキルを教える

本書の「はじめに」では、生徒の居場所感覚を高めることに寄与する状況や要因をいくつか紹介しました。ここでは、生徒が使えるスキルをより具体的に見ていきます。特定のスキルを繰り返し使えば居場所感覚が高まると言われています。生徒の居場所感覚を高めることが学級経営にポジティブな影響を与えるという事実を、常に念頭に置いてください。

次ページに掲載した**表５－２**のリストをよく読み、一年間、いつでも見られるように手元に置いておきましょう。このリストを、授業で取り入れるミニ・レッスン、態度、そして行動確認とするほか、考える項目の参考として使いましょう。

説明されているすべての項目は、ＳＥＬの能力に欠かせないものです。学習の初期段階であっても、学んだ内容を使えばより良い学級経営や生徒の居場所感覚が高まります。さらに、授業にも取り入れられるので、わざわざ別の学習機会をつくる必要がありません。(3)

（3）つまり、特別活動やホームルームの時間などで扱う必要がないということです。

対応力と柔軟性を身につけ、それを使って向上させる。		
現実的で意味のある意思決定に参加する。		
アイデンティティーや公平性にどのように関連しているのかを含めて、自分がどのような状態かが認識できる力を身につける。		
世界に対して抱いている前提や、自分がもっている、またはもちそうになっている偏見についてチェックできるだけの振り返る力を身につける。		
学習に対する自信と、生徒としての自分に対する自信をつける。		
能力を身につけて、自分はできる、という経験をする。		
自分が自立する状態を経験する。		
目標を立て、調整し、達成する経験をする。		
失敗からの立ち直り方を学ぶ。		
学習活動に率先して取り組む。		
自分の生活や興味に関連させて学びや活動を楽しむ。		
教室での楽しい出来事、つまりユーモア、ワクワクする状態を楽しむ。		
意味のある、参加できるクラスで行うさまざまな行事に参加する。		
創造的な経験、リーダーシップ、責任をもつような活動に参加する。		
学習者としての自分たちを擁護するように、信じていることは発言し、サポートが必要なときにはそれを求める。		
思いやりのある、より良くしていこうとする前向きなフィードバックをしたり、受け取ったりする。		
努力すれば成長できるという考え方、成長マインドセット（心のあり方）を学んで実践する。		

（＊）日本の学校では、障がいの有無、日本語能力、家庭環境などが考えられます。

表５－２　居場所感覚を高めるスキルの学びと実践記録【教師用】

以下のスキルと実践は、行動する側とされる側ともに、生徒の居場所感覚が高められると確認できています。計画的に授業の指導案や授業内活動に取り入れて、いつ特定のスキルを生徒が練習し、どのような活動や授業をしたのかを記録していきます。		
生徒が身につけるスキル・行動	**日付**	**レッスン・活動メモ**
クラスメイトに敬意を示す、クラスメイトから敬意を示される。		
多様性（人種、言語、文化など）(*)を受け入れ、興味・関心と敬意をもって違いにかかわることで、誰もが受け入れられるインクルーシブな教室環境をつくる。		
誰かを傷つけたり、仲間はずれにするような言動に対しては積極的に抵抗し、孤立しないように守る。		
やさしさと思いやりを実践する。		
多様性のあるチームで、協力して取り組む形で課題解決に臨み、意思決定を行い、建設的に話し合い、学習課題や日常生活での課題、そして地域での課題を解決する。		
自分自身の居場所感覚を高めることに責任をもつ。		
自分の意識を高め、自分のもっているリソース、スキル、能力を使う。		
地域や社会で起こっている物事に対して関心を高める。		
お互いの違いを尊重しあい、社会性を意識した有意義な方法で、自己管理や感情の調節ができるように成長する。		
情報や状況を整理する力と計画する力（organizational skill のよい訳ありませんか？）が身につくように練習する。		
教室での生活や自分の学習について選択する。		
教室での生活や学習について自ら発言し、発言していないクラスメイトの声を聞くための努力をする。		

教える教科の指導計画を考えるとき、**表5－2**に書かれてあることが授業において練習できるように、活動や態度、方法を組みこんでください。

毎週、リストから最低三つの項目を授業に取り入れてみましょう。以前に生徒が成功体験を積んだ活動、本書を読んで試してみたい方法、または同僚やほかの資料から得たアイディアを使ったりして、改良してみてください。

レッスン・活動メモ欄や日付欄を使って活動・体験の記録をとります。繰り返しの練習が必要である、ということを忘れないでください。

方法32 相手の気持ちや考えを理解するために、相手の立場に立って聴く

ひそひそと人から次の人へと文章を伝えていく伝言ゲームのように、伝える人が言った内容と聞いた人が理解したことには大きな違いが生じます。相手の気持ちや考えを相手の立場に立って理解するという力(4)は、生徒には是非身につけてほしい力となります。いうまでもなく、大人にとっても重要なことです。周りの大人が実践していなければ、生徒が傾聴力を身につけることはないでしょう。

伝えたいことがきちんと教師やクラスメイトに伝われば、居場所感覚は高まります。生徒が相

手の話を本当に聴いておれば、意見の食い違いや言い争いは避けられます。ソーシャルメディアや最新の電子機器を所有し、画面を見る時間が多いという現代社会においては対面での会話が少なくなり、部分的にしか話を聞かない可能性が高いです。このような状態では、学級経営上の問題に発展する場合もあります。

私が聞いている内容どおりに聞こえていますか？

傾聴力は、大きなグループで行う活動であれば養いやすいです。以下に紹介する例は、年少学年の生徒に適切だと考えられているものですが、私たちが年長学年の生徒に活用したときにも有効でした。どのようにして生徒に見せるかが重要となります。教師のあなたが楽しんでいれば、生徒も楽しく活動します。

サイモンさんが言いました（Simon Says）――このゲームは昔からあります。「サイモンさんが言いました……」という言葉のあとに来る指示だけに従います。(5)

（4）「傾聴力」と言う人もいます。以下、傾聴力と表現します。

（5）たとえば「ジェーンさんが言いました……」という言葉ではじまった場合、指示に従ってはいけません。日本の子どもの名前に置き換えて試してみてください。

これが描けますか？——何も書かれていない紙を配ってください。正確で簡潔な指示を出します。たとえば、「紙の上部、その中央に円を描いてください」などです。描いたら、その紙を次の生徒にわたします。紙が次の生徒にわたったら、さらに指示を出します。

「円の右側に星を描いてください」

紙が次の生徒にわたされ、さらに指示を出します。

自分の紙が手元に戻ってきたら、あなた（教師）がイメージしていた絵を生徒に見せてください。あなたの絵と生徒の絵を比べてもらってください。人数と指示の数によっては手元に戻らない場合もありますが、指示の数だけ紙を次の生徒に回すようにしましょう。いったい、いくつの絵があなたのイメージしたものになるでしょうか。

この活動のアレンジ版として、あまり見慣れないイメージを用意してください。指示も、曖昧《あいまい》だったり、聞き手によってさまざまな解釈ができるようなものにしてください。この場合は次の生徒に紙を回しません。自分だけで最後まで描き続けます。たとえば、以下のような指示です。

大きな楕円形の胴体を紙の真ん中に書きます。頭は、胴体の左側で、胴体の三分の一の大きさです。四本の、すべての足が見えています。尻尾はクルクルしています。ブタはオレンジのテニスシューズを履いています。前足は赤で、後ろ足は青です。ブタは青い目をしていて、まつ毛が長いです。両方の耳が見えています。胴体の上のほうには、大きなピンクの水玉があります。

指示を一つずつ読みあげてください。指示に従って、生徒が描き終わるまで待ちます。全部の指示を読み終えたら、生徒に「見せてください」と言ってください。あなたが用意した絵と生徒の描いた絵が同じなのかどうか比べます。

もし、よく聴いていれば分かります

傾聴力をつけるために、生徒と一緒に方法を考えましょう。頭文字を使って、覚えやすいようにポスターをつくるというのも楽しい活動となります。たとえば、次のようなものになるかもしれません。

「お願い（PLEASE）」という言葉を使います。

Posture——姿勢を正して、話している人と適切な距離をとる。

Listen——耳、目、頭、心で聴く。(6)

Engage――質問をし、質問に答える。
Assure――うなずいたり、聴いていることを知らせる行動をとる。
Shush――話し手を遮《さえぎ》らない。
Eye Contact――話し手に集中し、キョロキョロしない。

そうだね、でも……。そうだね、それじゃあ……

ペアになって、どちらかがAとなり、一方がBとなります。前の活動の際にクラスで決めたこと、つまり相手の気持ちや考えを相手の立場に立って理解するために、聴く姿とはどのように見えるのかについて確認します。

一回目――これからクラスで行うパーティーを計画する、と伝えます。

初めに、生徒Aが提案をします（例「パーティーではピザを注文しよう」）。生徒Bは、この提案に「そうだね。でも……」からはじまる表現を使って、この提案がうまくいかない理由を言います。たとえば、「そうだね。でも、タコスが好きな生徒のほうが多いんじゃないかな」

これに対して生徒Aが、「そうだね。それじゃあ……」ではじまる表現を使って、自分の提案がよいアイディアである根拠を示します。たとえば、「そうだね。それじゃあ、何枚かタコスピザも注文すればいいんじゃない？」

このようなやり取りを数分間続けます。それぞれ、反論するためには相手の言っていることをよく聴く必要があります。

二回目——同じペアでパーティーの計画を立てます。今度は、生徒Bが提案する番です（例「パーティーではダンスを取り入れよう」）。

二回目は、生徒Aが「そうだね。それじゃあ……」で返答します（例「そうだね。それじゃあ、私の友達がＤＪをしているので、彼にお願いしてみようか」）。

この提案に、さらにアイディアを加えます。生徒Aが「そうだね。それじゃあ……」で返答します。この繰り返しを数分間行います。

一回目と同じく、生徒は互いの提案に新たなアイディアを付け加えるため、相手の話をしっかりと聴かなければなりません。

振り返り——このプロセスは、協働や協力に関して意味のある話し合いになる可能性をもっています。「次の質問に答えるように」と生徒に言ってください。

・お互いの話を聴くなかで、何が簡単で、何が難しかったでしょうか？　それはなぜですか？

（６）　素晴らしいことに、漢字の「聴」にはこれら四つのうち少なくとも三つが含まれています！

・「そうだね。でも……」と「そうだね。それじゃあ……」を使ったときの違いは何だったでしょうか？
・実際に物事を進めていくうえで、どの答えがより良い解決策につながりましたか？　それはなぜですか？

この活動を通して、生徒全員（とくに、考えを自分だけにとどめる傾向のある生徒）が平等に発言し、参加できるようにしてください。この活動は、授業内容の話し合いでも使えます。どちらかというと、知識を問う授業よりも、一つのことに対していくつかの考え方や意見がもてる教科のほうが有効でしょう。たとえば、国語や社会科などです。

方法33 生徒が目標を設定し、それを達成するためにサポートする

生徒が目標を設定し、行動し、達成できると、自信、自立心、能力が飛躍的に向上します。自分の目標を達成するためのプロセス（方法）を教えるとともに、そのプロセスが練習できるようにします。この方法は、学期初めや成績をつけ終わった時期、または生徒主体のミーティングなどを行うときに役立ちます。「目標」とするのは、行動目標でも学習目標でもよいでしょう。

❶生徒が達成したい目標のアイディアをブレインストーミングで出しあって話し合います。話し合いをするときに、「目標はSMARRT（賢い）を意識することです」と伝えます。SMARRTとは、以下のような意味です。

Specific――誰が読んでも聞いても分かる、明確かつ具体的な表現や言葉を使う。
Measurable――何をするのかを書く。誰が見ても目標が達成できたと分かるようにする。
Attainable――自分たちの能力の範囲内で、達成できる目標を設定する。
Relevant――日常生活で使え、時間をかける価値があり、環境にあっていて意味がある、または学ぶ価値がある。
Realistic――時間をかければ取り組むことができ、必要なリソースがある。
Time-sensitive――かぎられた時間内で達成可能である。

❷生徒が実施計画を立てるサポートをします。このプロセスには、やらなければならない活動の洗いだし、立てた目標をステップごとに分けて考えるといったことが含まれます。生徒に図を使った整理の仕方[7]を教えたり、**表5－3**として紹介する目標設定のためのワークシートなどを使います。

表５－３　生徒の目標設定　ワークシート

<table>
<tr><td colspan="3">氏名</td></tr>
<tr><td colspan="3">目標</td></tr>
<tr><td>私が学び、練習すること、またはできるようになること</td><td colspan="2"></td></tr>
<tr><td>私が活用できるリソース</td><td colspan="2"></td></tr>
<tr><td>サポート（場所や人）</td><td colspan="2"></td></tr>
<tr><td colspan="3">計画</td></tr>
<tr><td>達成のためのステップ</td><td>日付</td><td>どのように達成できるか。修正案</td></tr>
<tr><td>誰かを仲間はずれにするような言動に対しては積極的に抵抗し、仲間はずれにならないように守る</td><td></td><td></td></tr>
<tr><td>やさしさと思いやりを実践</td><td></td><td></td></tr>
<tr><td></td><td></td><td></td></tr>
<tr><td></td><td></td><td></td></tr>
<tr><td></td><td></td><td></td></tr>
<tr><td></td><td></td><td></td></tr>
<tr><td colspan="3">振り返り</td></tr>
<tr><td>目標を達成したか？　できなかったのは何が原因か？</td><td></td><td></td></tr>
<tr><td>何に対してもっとも満足しているか？</td><td></td><td></td></tr>
<tr><td>うまくいったのは何か？</td><td></td><td></td></tr>
<tr><td>次への改善点は何か？</td><td></td><td></td></tr>
<tr><td>もっと取り組みたいことや学びたいことは何か？</td><td></td><td></td></tr>
</table>

❸プロセスとその結果がどうだったのかという振り返りは、計画の一部として必ず行います。各ステップの終了後に行ってもかまいませんし、一連のプロセスが終了してから行ってもよいでしょう。**表5－3**には、振り返りの質問も含まれています。

方法34　生徒が自らの行動を調節するための力を伸ばす

学校において生徒が自らの行動を適切に調節できるようになること、これはグループのメンバーに加わるという意味において重要な要素となります。言動や感情を調節するというのは、決して簡単なことではありません。でも、調節できると、仲間とのつながりや自分に自信がもてるようになります。

また、自分をコントロールする力は、自立や定めた目標の達成にもつながります。そして、行動に関して調節できる力を身につけた生徒は、仲間とかかわる能力が高まり、より高い自尊心をもち、友達関係も良好で、幸福感が増します［参考文献41、136］。

すべての生徒が自らの健全な成長のために、そしてポジティブな学習環境のために、自らをコ

（7）「グラフィック・オーガナイザー」と呼ばれています。二一五ページの注を参照してください。

ントロールする能力を身につけるべきです。その利点については、「方法23」（一四五ページ）を参考にしてください。

居場所があると感じられれば、自分をコントロールする力によい影響を与えます。生徒の居場所感覚が満たされていると、まちがいなく調節する力が高まります〔参考文献25、135〕。メンバーの一員でありたいという思いは、自らをコントロールしようと努力する際のモチベーションにつながります。〔参考文献19〕

自分の気持ちを理解し、それが何であるのかが分かり、そして場に合った表現ができるようになると（「方法22」の「関係修復のアプローチ」を参考にしてください。一三五ページ以降）自分自身を肯定的に捉えるようになります。これについては、教師や管理職であれば、実際に目にした経験がこれまでに何度もあるでしょう。

自らをコントロールする力が高まるほど、「自分には力があるのだ」と生徒は感じ、自立し、自信をもちます。教師ができることの一つとして、意識的に自己管理スキルを教え、教えたスキルの練習機会の提供があります。日頃からスキルを使う機会を設け、コントロールする力がつけられるようにサポートします。

自分には日常や行動に対してよい判断をするだけの力があり、その結果、自分で責任を負えるという自信が身につくようにサポートしてください。次に紹介する二つの方法は、私たち（著者）

が生徒の振り返りを刺激して、生徒自身が行動面において向上できるようにと願って使用したものです。

行動を振り返る計画

教師のなかには、行動の決まり事を言い交わすことが、生徒の節度を保ったり、行動や感情を調節したり、能力を向上させるためにはよい方法であると感じている人がいます。しかし、ほかの教師にとってはうまくいかない場合もあります。とくに、生徒をコントロールする目的で行動のルールが使われている場合はなおさらです。それこそが問題なのです。ほとんどの場合、ルールは生徒と教師の間で交わされるものですから、最終的には、教師がルール内容を実行する責任をもっています。

ルールを、単純に問題行動への対策や対応として使うのではなく、その枠を超えて考えるようにしてください。やめてほしい、変えてほしい行動のみをリストに挙げたルールをつくってしまうと問題になります。

まず、**すべての生徒にしてほしい行動をリストにします。**問題行動ではなく、個人がとれる行動を紹介します。これは、自分のほかの側面を知るためや、責任ある行動を考えるレッスンや話し合いにもつながります。このような活動を生徒全員で行えば、生徒はルールという概念を、自身の成長の一部としてポジティブに捉えます。また、問題行動のある生徒や特定の生徒のみが使うルールのように、罰則を含まないものもあります。

生徒に、変えたい、避けたい、身につけたい、またはより良い方法で行動したいことはないかと、**行動やパターンを考えてもらいます**。理想的には、これまでにやったことがないようなポジティブな行動を目標として立てるとよいでしょう（例・感謝、共感、ポジティブに生徒を捉えるなど）。

教師がいくつかの例をチェックリストとして用意し、生徒に提案してもらいます。このルールをつくる過程をネガティブに捉えないように、あなた自身の（教師としての）行動ルールを作成してもよいでしょう。あなた自身が、行動ややり方を変えたい、または新しくはじめたい行動に対してどのような目標を立てているのかを生徒に見せるのです。

表5－4に示した行動ルールの例を活用して、クラス用としてつくるか、表を使った整理の仕方であるグラフィック・オーガナイザー(8)、手紙を書く、質問リストに答える、一対一で生徒と話す、などの方法を取り入れて**計画を立て**ます。

適切な行動に関する合意形成、適切な行動をとるための計画、そして適切な行動をとるとお互いに誓いあうなど、ルールを作成するためにはさまざまな方法が考えられますが、いずれにしても、次のような事柄ができるようにつくる必要があります。

表５－４　生徒の行動ルール　ワークシート

背　景
1．私の行動目標 私が変えたい、はじめたい、より良いものにしたい、やめたい行動
2．この行動の背景にあるもの 私がはじめたい、やめたい、変えたい理由
3．行動の振り返り 次のような理由で、この行動をとりたい ・その行動をとったときの感情 ・行動をとったあとの感情 または、次のような理由でこの行動を身につけたい ・その行動の結果、起こるであろうこと、起こってほしいこと ・その行動の結果、起こるであろう感情、起こってほしい感情
4．他者への影響 自分の行動が他者に与える影響 または、新たな行動が他者に与えるであろう影響と、どのように反応してほしいか
計　画
1．ステップ 行動をはじめる、やめる、変えるためにとる手段
2．進捗の把握 目標に向けて、どの程度達成しているのかを見るために確認すること
3．目標達成 目標が達成された、一時的ではなく自分の行動が変わったと判断するために確認すること
4．援助とサポート この計画を実施するにあたり、必要であれば援助やサポートをお願いできる人
5．予定と進捗チェック いつまでに何をするか、いつ誰に進捗チェックをお願いするか
この計画に同意します 署名＿＿＿＿＿＿＿＿＿＿＿＿＿＿＿＿＿＿＿＿　日付＿＿＿＿＿＿＿
共同進捗チェック者

・はじめたい、やめたい、変えたい行動を、言葉で生徒に説明してもらう。
・もし可能であれば、生徒が書いた行動に、どのような考えや感情、理由が伴っているのかを説明してもらう。
・これからとろうとしている行動の結果を推測してもらう（例・その行動をとったら何が起きるのか。その行動をとっている最中、またはとったあと、どのような感情になるのか）。
・もし、生徒のとる行動が他者に影響を与えるものであれば、他者に関する振り返りを行う。自分がとった行動のあと、ほかの人はどのように受け止めたのか、感じたのか、どのような行動で反応したのかなど、他者がどのような影響を受けたのかについて振り返る。
・将来、はじめたい、やめたい、変えたい行動をとるために必要とされる、具体的な行為や振る舞いを確認する。
・新しい行動をとれるようになる過程で、必要な援助（人やリソース）を生徒が確認する。
・ルールの計画、進捗、達成度をチェックする予定を入れる。
・生徒の進捗状況をチェックする大人に、共同の進捗チェック者になってもらう。生徒が進捗チェックの責任をもち、大人が援助者・応援者となる。
・この計画設定と目標達成のための、はっきりとした目的を生徒がもつ。

このような一連の活動をしたあとに、話し合いの機会を設けてください。話し合いにおいては、もし生徒が共有したければ、自分がどのような行動の変化（始める、止める、変える）を設定したのか、またそのためにどのような計画を立てたのかについて共有できるようにしてください。もしくは、この計画設定を通して、生徒自身が何を学んだのかについて話し合える場を提供してください。

まず、立てた計画の**確認**をします。生徒一人ひとりと、それぞれ進捗チェックが行われているのかどうかを確認してください。個別に作成した計画の過程を確認するための時間をとります。計画設定時の経験に関する話し合いを通して、生徒が判断する機会を設けます。必要であれば、計画を修正したり、初めからやり直したりします。

もし、**すべての生徒が必要とされるときにこのような活動を行う習慣をもっていると**、何か特定の問題や課題が起きたとき、この方法を活用して自らの行動チェックができますし、行動も変えられます。

（８）グラフィック・オーガナイザーは、生徒や教師が、学習内容を理解しやすく、内面化するために使われる学習ツールです。情報やアイディアを整理するために使用されています。文字や図、絵などを使って、概念、用語、事実との関係とつながりが示せます。下のＱＲコードを参考にしてください。

ちょっとした追加のモチベーション

私たち教師にとっては、自発的に自分をコントロールしたい、適切な行動をとりたいとすべての生徒が思ってほしいところですが、時には外からの励ましが必要となります。なかには、自己管理能力を身につけるために外からの励まし（橋渡し）を必要とする生徒もいます。パティー（著者）が教師だったとき、ある子どもの居場所をつくるにはどうすればよいのかと悩みました。

アレックスは転校生で、視覚障がいがあるほか、学校の大多数が白人の生徒という環境のなかで人種の異なる両親をもつほか、ほかの生徒と比較して成長が早く、背の高い生徒でした。彼は声が大きく、些細なことでほかの生徒と言い争いになっていました。ほかの生徒は、アレックスの外見が異なっており、頻繁に和を乱す行動をとっていたことや、彼の身振り手振り（ジェスチャーなど）が威圧的に感じられたため、人付き合いという面では用心をしていました。

つまり、ほかの生徒はアレックスと極力距離をとるようにしていたわけですが、その行動がアレックスをさらに孤立させることになり、感情のコントロールやクラスで決めた行動に従うというのが難しい状態になっていました。

パティーは、アレックスのお母さんと教育委員会の臨床心理士とともに話し合い、アレックス自身がコントロール力を高めるためのさまざまな方法を取り入れました。しかし、その効果は限定的なものでした。

結局、アレックスのお母さんからの要望で、学校での行動ルールを三〇日間連続である程度守れれば、クローゼットにしまってあるステレオセット（お母さんが買ったもの）を使ってもよい、というルールをつくりました。このルールは、強力な外的モチベーションになりました。

アレックスが三〇日間連続で自分をコントロールできたとき、パティーは彼の成功を喜びましたが、その一方で今後どうなるかと心配にもなりました。

以前の行動に戻ってしまったのでしょうか？　いいえ、戻りませんでした。

行動のコントロールができるようになってからは、ご褒美がなくても日常的にコントロールができるようになり、クラスに馴染んでいきました。友達もでき、クラスの一員にもなりました。ステレオセットという外的な褒美からはじまったルールでしたが、アレックスは行動を変え、「居場所」という内的な褒美を手にしたのです。

もちろん、外からの刺激でモチベーションが上がるという人すべてに、ご褒美としてのステレオセットがあるとはかぎりません。何を「ご褒美」にするのか、想像力の喚起が必要です。ランチに連れていく、興味のある内容を授業に取り入れるというのも考えられます。生徒についてどれくらい知っているのか、つまり生徒との関係性が行動の変化において功を奏するのです。

方法35 意思決定を促《うなが》す

生徒がすぐれた意思決定者になれるように支援する、これは教師として価値ある目標の一つとなります。賢く安全な意思決定は、学習、自己管理、セルフ・アドボカシー[9]、そして他者とともに何かを成し遂げるために重要です。

教育の一環として意思決定の方法を学んでも、実践する機会がない生徒は損をしていることになります。朝起きて、着る服を選ぶことから、ランチタイムの席を決めること、宿題をいつまで先延ばしにするか、ソーシャルメディアに投稿するかどうかまで、生徒は常に学業や社会生活、自らの行動に影響することにおいて意思決定をしています。彼らの意思決定は、学級文化や学級経営、そしてほかの生徒の学びと成功に対して、プラスにもマイナスにもなり得るのです。

生徒と接する際には、生徒たちは実行機能[10]スキルが十分に発達していない状態で意思決定をしている、つまり意思決定（とった行動）の結果を常に考慮・理解しているわけではないという点を忘れないでください。実行機能の概要と関連スキルの一覧については、『目的を定め、それを達成するために、自分のもつ思考・感情・行動を動かしたり、調整したり、抑制したりするプロセスを見る（Looking at Executive Function）』（未邦訳）［参考文献152］をご覧ください[11]。

生徒自身にもプラスになり、健全な学級環境を支える前向きな決断方法を学ぶためには、個人、ペア、小グループ、大グループの各レベルで意思決定をするという練習が必要です。そして、私たち教師には、彼らが使えるいくつかの方法を教えるという義務があります。

生徒の意思決定スキルのレベルを把握する

学習スキルと同じく、まずは生徒の意思決定スキルのレベルを形成的に評価することが有効となります。私たちが知っているある教師は、次のような方法をとっています。

まず、生徒を小グループ（各四名程度）に分けます。各グループに課題を与え、それをどのように完了させるのか、グループごとに決めてもらいます。たとえば、それぞれのグループに異なる短編劇という課題を与え、誰がどの役を演じるのか、どのように演出するのかについて考えてもらいます。そして、各グループの計画をクラスで発表してもらい、課題を完了するために必要となる決定をどのように行ったのかについて共有してもらいます。

（9）ほかの人に依存するのではなく、自らが責任を引き受けること、そしてほかの人に理解してもらうために自らの考えが主張できるようになることです。「自己弁護」ないし「擁護」と訳される場合があります。

（10）実行機能とは、目的を達成するために、自分のもつ思考や感情や行動を調節し、抑制するプロセスのことです。

（11）日本語でのリストは、以下のウェブサイトを参考にしてください。https://ujpdb.com/archives/16039

各グループは、以下のようにそれぞれ異なるアプローチで意思決定をしているかもしれません。

・あるグループは、キャラクターやタスク、または役割ごとに籤《くじ》を引くという方法を採用するかもしれません。

・あるグループは、何をすべきか、誰が何をしたいかについて話し合い、会話を通して解決していくかもしれません。

・あるグループは、一人ひとりの強みを把握し、個人のスキルに応じて選択するかもしれません。

また、グループによっては、一人の生徒がリーダーとして、すべての意思決定を行っている可能性が高いです。ここでは、話し合いのテーマを紹介し、生徒が意思決定能力のレベルを自己評価するための方法をいくつか紹介します。

・なぜ、いろいろな方法がとられたと思いますか？

・このなかで、ほかの方法よりもすぐれた方法はありますか？

・グループとして使えるほかの方法はありますか？

・もし、もう一度やるとしたら、どのような方法を選びますか？

・よい意思決定をするために、どのような手順が役立つでしょうか？
・どのような手順が、学校の課題に取り組んだり、または何か起こったときにとる行動の判断として使えますか？

意思決定の方法を教える

多くの生徒は、意思決定の方法を学ぶ術《すべ》を知りません。したがって、それらを教えれば、効果的な意思決定を生活のなかに取り入れることができます。それらの方法を教えるときは、どのような意思決定の方法が特定の決断において有効なのかについて必ず話し合ってください。ここでは、二つの方法を紹介します。

STP　**状況－目標－計画（Situation-Target-Plan）**——これは、生徒が複雑な行動をゆっくり考えたいときに有効な選択肢となります。

❶状況を把握する——例・ジョンと私はうまくいかない。この状況を解決するという課題の締め切りは三週間後なのだが、課題にとりかかるのが遅いという傾向が私にはある。

❷結果を出したい目標を明確にする——例・ジョンと私がクラスで口論せずに協働できるよう

になること。また、提出期限の二日前に課題を終わらせ、必ず期限内に提出できるようにすること。

❸目標を達成するための計画や方法を決定する――例・ジョンと私はカウンセラーとの面談を通して問題について話し合い、うまくやっていく方法について合意した。私は両親に、どの部分をいつまでに終わらせなければならないのかが分かるカレンダーの制作を手伝ってもらうつもりだ。両親が、私の進捗状況をチェックする形で助けてくれる。

メリットとデメリットの洗いだし――知りあいの中学校の校長先生は不動産屋をしていたこともあって、いざというときには古典的な営業方法（通称「貸借対照表」[12]）を駆使していました。ノートまたは紙の真ん中に線を引き、片方の上にプラス、もう片方にはマイナスの記号をつけて、具体的な行動に関するメリットとデメリットを可能なかぎりたくさん挙げるという方法をとっていました。

メリットとデメリットを比較検討したうえで、意思決定する方法を生徒に教えます。この方法は、意思決定の結果をよく考えずに行動したり、振る舞ったりして、予期せぬ結果を引き起こしてしまう生徒にはとくに有効です（ソーシャルメディアへ投稿する場合を考えてみてください）。

困ったときに頼りになるモデルの提示とたくさんの練習――より自信をもって意思決定ができる

表５－５　意思決定モデル

問題を明確にする	・決めるべきこと、解決すべきことは何か？
問題を分析する	・この問題は、誰に影響を与えるか？ ・この問題には、どのような見えない影響があるか？
可能な解決策の確認	・解決の選択肢にはどのようなものがあるのか？ ・それぞれの選択結果はどうなるか？ ・選択の結果、得られるメリットとデメリットは何か？
選択する	・選んだ解決方法を実行する。
結果を評価する	・良い意味でも悪い意味でも、その選択結果によって何が起こったのか？ ・何が、より良い結果になる可能性としてあったか？ ・何を、違った形でできたか？

ようになるもう一つの方法は、定期的にそのための練習機会を提供することです。**表５－５**は、そのプロセスのフローチャート例です。

クラスの活動に合わせて提示します。たとえば、クラスでどのようにグループをつくるのか、プロム[13]をどこで開催するのか、ソーシャルメディアに何かを投稿するかどうかなど、より簡単な意思決定からはじめるとよいでしょう。

そして、来年はどの授業をとるのか、高校卒業後の進路をどうするのか、どの活動にどの程度の時間を割くのかなど、より複雑な意思決定を促します。

---

(12)　貸借対照表は、損益計算書、キャッシュ・フロー計算書と並ぶ決算書の主要部分です。

(13)　欧米の高校生活で最大のイベントです。卒業を目前にした高校生のために開かれるダンスパーティーです。

方法36 異なる視点を大切にする

他人の視点を理解して、尊重するというのは難しいものです。ほかの人がどのように物事を見ていて、感じているのかについて知ることは、生徒の学びにとっても、感情と社会性の成長や他人との関係においても重要です。他者からの視点で物事を考えれば、ポジティブな社会的関係がつくれますし、他者との間で親近感が生まれます〔参考文献50〕。

人は、他者の視点で物事が見られるというスキルを身につけると、異なる信条をもつ人であってもポジティブなつながりが築きやすくなり、他者への偏見がもちにくくなります〔参考文献56、58〕。このようなスキルは、生徒が互いの違いを理解し、受け入れるための強力なツールとなります。

生徒が異なる視点に耳を傾け、価値を見いだすために最良と言える方法は、積極的に他者の視点に立つこと、すなわち他者の立場で何かを行うことです。人は誰しも「他人の靴を履いて歩く」ことはできません。しかし、自分の立場からでも、ほかの人の世界を経験し、理解するためのレンズ（視点）を通して世界は見られますし、学ぶことができるのです。

視点のロールプレイング

生徒が今までに経験してきた範囲外で、ロールプレイできるようなシナリオをいくつか用意します。これは、架空のものでも、生徒が（匿名で）書面で提出している経験に基づくものでもかまいません。創造力を働かせれば、いくつかのシナリオは教科の学習内容に関連させられるでしょう。社会科、理科、テクノロジー、好きな音楽、数学の解き方、体育の活動、芸術の作品や造形などにおいて、課題、考え方、話題を考えてください。

生活体験の視点

新年度早々に向いている活動です。「方法12」で紹介した生徒同士の自己紹介（七五ページ参照）に似ていますが、ペアでの練習をもう少し掘り下げて、相手の気持ちや考えを、相手の立場に立って理解する姿勢に焦点を当てます。

生徒Aは、これまでの人生のなかにおける重要な経験を一つから三つ話します（例・引っ越しの経験、ペットを飼いはじめた、またはペットが死んでしまったという経験、妹や弟の誕生、家族の死、今までで最高の誕生日プレゼント）。生徒Bは、それらの体験が生徒Aに与えた効果や影響が理解できるように、話をよく聴いたうえで質問をします。次に、ペアの役割を逆転させ、生徒Bが経験を話して、生徒Aが聴き役になります。

その後、全体に戻って二人の生徒に、パートナーが共有してくれた物語の一つを再話する形で他己紹介をしてもらいます。人数によっては、数日かけて行う必要があるかもしれません。

「ダンスカード」の視点

この活動は、互いの視点に気づけるように意識を集中させることを促し、生徒自身が問題に対して「賛成」・「反対」というどちらの視点をもっているかにかかわらず、お互いに「反論」するという練習においては効果的となります。

ステップ1――異なる視点や答えが存在する特定のテーマや質問を考えます。クラスを四つのグループに分け、各グループに対して、そのテーマや質問について異なる視点をもつように指示します。

たとえば、パティー（著者）は、間近に迫った土地利用問題に関して、郡委員会[14]において生徒が模擬演説したことを覚えています。四つのグループを、伐採者、森林保護主義者、住宅所有者、森林局員に分けました。各グループのメンバーは、割り当てられた立場の視点を実際にもつ必要はありませんが、自分たちが選んだ視点とその根拠をどのように述べるのかについては、グループ内で合意しておく必要があります。
ステップ2――各生徒に三枚の「ダンスカード」をわたします。音楽をかけ、音楽が止まったら、それぞれの生徒は、立場が異なるグループから異なる視点をもっている生徒を一人見つけます。
ステップ3――ペアになったら、生徒Aが自分のグループの立場とその理由を伝え、そのあとで、生徒Bがその立場と理由を簡潔に繰り返すか要約します。生徒Bが生徒Aの見解を正確に聞き取ったことを確認したら、生徒Aが「ダンスカード」に署名し、お互いの役割を逆転させます。
ステップ4――もう一度音楽をかけ、各生徒がほかの三つの視点を聞き終わるまで続けます。
ステップ5――学習した内容や考えを総合し、授業や教室内での問題に応用できる方法（段落を書く、小グループで話し合う、クラスで話し合うなど）を考えます。

他者の視点に気づき、探究するといった学びを教室で定期的に行うようにしましょう。ある研究者は、教師がいくつかの視点の考え方を生徒に教えるときには以下の目標を設定するように、と提案しています［参考文献57］。

・教室での活動や話し合いのなかで多角的な視点を生徒がもてるように、定期的に問いかける。

（14）　アメリカには、町市と州（日本でいうと都道府県）の間にもう一つの行政区「郡（カウンティ）」があります。

・他者の意見や行動の背後にある理由を知ろうとしている間は、急いで判断したり、結論を下したりしないように指導する。
・生徒に、他者の視点をくみ取る、または聞いたと思えるような予測する機会を与える。
・自分が「くみ取った」、または予測した内容について、それが正しかったのか、まちがっていたのかについてフィードバックがもらえる機会をもつ〔参考文献57〕。

教師を含めて、教室にいる生徒たちが仲間の視点に気づけるように意識を集中し、それが考慮されれば、自分の居場所があり、自分は必要とされている存在だと感じる可能性が高くなります。これは、他者の異なる視点を共有する生徒にとっても、いろいろな視点について聴いたり見たりする生徒にとっても同じで、それによってほかの生徒について学べるようになります。

クラスメイトや教師が、自分のことをくみ取って理解しようと努めていると感じられる生徒は、学校や学級の雰囲気をよくするための活動に貢献する可能性が高いという傾向があります。

方法37 もめ事の解決方法を練習する

私たちの家族、友人、同僚には、もめ事を避けるために何でもするという人がいます。しかし、現実を直視してみましょう。もめ事は人生の一部ですから、教師は生徒にその点について理解させる必要があります。もめ事をどのように扱うかによって、それをきっかけとして成長する場合もあれば、友情を壊してしまって感情を害するほか、身体面における被害を被ってしまうという場合もあります。

生徒がもめ事を解決するためのスキルを身につけると、生涯にわたって役立つ能力が得られます。もめ事を解決する成功率が高まれば、生徒はより自立し、自己を確立させ、人間として成長します。また、仲間との関係もよくなり、安心感や居場所感覚も高まります。さらに、生徒がもめ事をより良い形で解決するようになると、学級経営にかかわる多くの問題について予防できるほか、取り除くことができますので、質の高い教育のために多くの時間が割けます。

クラスでの話し合いとロールプレイング

火と油は、もめ事を解決するイメージに似ています。生徒たちに、もめ事について次のように考えてもらいましょう。

もめ事が発生している最中、それを大きくしてしまう関係者の言動を「油」にたとえますが、当事者にとっては「火」（苦痛）が大きくなります。逆に、もめ事を縮小したり解決に導いたりする言動は火を小さくするきっかけとなり、大事にならずに解決できます（苦痛が減り、安心する)。以下のような質問を考えて、もめ事についての話し合いをしてください(ペア、小グループ、またはクラス全体)。

・もめ事が大きくなる、または大きくならない例として、どのようなものがありますか?
・どんな言葉や行動が、あなたの火に油を注ぎますか?
あなたの火を小さくしてくれますか?
・もめ事を経験しているとき、もっとも強く出てくる感情はどのようなものですか?
・あなたの感情は、・もめ事があった場合、もめ事に対処する方法にどのような影響を及ぼしますか?
・もめ事があった場合、どのような結末になると思いますか?(お互いにメリットがある状態、片方にしかメリットがない状態、どちらにもメリットがない状態)

生徒をグループに分け、それぞれのメンバーが経験した共通のもめ事と体験を考えてもらってください。グループで考えたもめ事に関して、さまざまな結果を想定したロールプレイング、またはいくつかのロールプレイングのシナリオを考えます。

クラスにおけるもめ事を解決するための決まり事と手順

もめ事の解決方法には多くのモデルがあります。あなたの学校またはチームが特定のモデルを使っている場合はそれを使用します。そうでない場合は、クラス内で五つから六つのステップからなる簡単な解決方法を生徒につくってもらいます。

ここでは、もめ事を解決するプロセスのステップを分かりやすく生徒に教え、練習する方法を紹介します。生徒の意見を聞きながら、クラスでこのようなステップの作成ができます。

①**落ち着く**——深呼吸をする。

②**もめ事を明らかにする**——問題を具体的に説明する。具体的にどのような問題があり、どのような経緯でその問題が発生したのか。原因についての情報が多ければ多いほど、よい解決策にたどり着きやすくなる。人間関係を維持することに重点を置く。

③**共通の目標をもつ**——お互いが納得できる目標をもつ。思いこまず、お互いの立場を理解しようとする（「方法32」で取り上げた相手の気持ちや考えを、相手の立場に立って理解する方法を生徒に思い出させる）。ここでは、今起きている問題以上のことが起きているのだろうか？　ある生徒には見えていて、別の生徒には見えない根本的な問題があるのか？

④**もめ事を解決するための一番よい方法に同意する**——共通の目標を達成するための計画を作成する。これには、問題解決を妨げる可能性のある要因を考えることも含む。

⑤**解決策を認める**——解決に向けて、各自がどのような責任をとるのかを決める。

攻撃的な行動の中止・停止を要請する

ある生徒がほかの生徒から執拗に嫌がらせを受けるというもめ事が発生する場合があります。このようなときは、嫌がらせ行動を直ちにやめるさせるための措置を講じなければなりません。また、生徒同士が「距離を置く時間」を必要とする場合もあります。

ここでは、攻撃的な行動をやめ、嫌がらせを受けている生徒に力を与え、嫌がらせをした生徒が関係を修復するためのアプローチを紹介します。これらは、私たちが使用したものです。

ステップ1　停止要請という考え方を生徒に紹介する——これは法的措置であり、深刻なものです。特定行為の停止が要求され、多くの場合、裁判官によって発令されます。学校生活に置き換えた場合で言えば、嫌がらせを受けた生徒がその状況から直ちに解放され、行動や環境を変えるためのプロセスに関する措置となります。

ステップ2　生徒のもっている嫌がらせに関する考え方を明確化する——嫌がらせ（ハラスメント）とは、誰かに脅威や軽蔑、差別、恐れ、怒り、傷つき、恥ずかしさ（それを感じさせる行為）、またはそれらを組み合わせたものです。嫌がらせは、する側ではなくされる側によって定義されますので、重要となるのは「される側」の経験となります。いかなる嫌がらせもやめなければならないときちんと伝え、嫌がらせを行う者は「その行為を停止し、やめなければなりません」。

クラスでの話し合いの一環として、学校で起こりうる、あるいは起こったあらゆる嫌がらせを挙げるようにと指示を出します。嫌がらせは、言葉や身体による攻撃的、感情的、脅迫的、人種的、民族的、宗教的、性的、または性別的な嫌がらせなど、多岐にわたります。また、メモ、手紙、メール、テキストメッセージ、ソーシャルメディアへの投稿など、さまざまな形で行われています。

生徒と一緒に、これらのカテゴリーに含まれる具体的な行動を確認します。なお、嫌がらせには、ただふざけているだけと思われるような行為も含まれると、強調する必要があるかもしれません（例・誰かに向かって音を立てる、脅しをつぶやく、からかう、引っかける、見つめる、指差すなど）。

ステップ3　生徒が必要なときに使えるように、クラスの意見を「中止と停止」の書式とプロセスに反映させる——この用紙には嫌がらせと認定された行為を列挙します。嫌がらせを受けたと感じた生徒が、該当する項目にチェックを入れながら用紙に記入します。教師はその「苦情」を検討し、それが正当なものであれば、関係する生徒を集めて問題について話し合います。

生徒に向かって話すのではなく、生徒と話す「関係修復のアプローチ」を使います（一三五ページを参照）。嫌がらせを受けた生徒が、嫌がらせによって生じた感情を安心して共有できるようにしましょう。教師であるあなたの役割は、嫌がらせをした生徒の背後にある動機や感情、そして、それが両方の生徒にどのような影響を与えたのかについて考えるための機会の提供です。目標は、嫌がらせをした生徒が、それを永久にやめるようにすることです。

ステップ4　嫌がらせをした生徒に対して「中止・停止フォーム」への署名を求める――これは、その行為をやめること、もし嫌がらせをやめなければさらなる措置がとられることを確認するものです。クラス内での場合は、嫌がらせが止まらないとき、または別の形に変えたときにはさらなる措置が講じられる、と生徒は理解します。

ステップ5　関係する生徒には、互いに睨《にら》みあったり、話すことを含めて、これ以上接触しないように求める――クラスや授業が一緒の場合は、お互いに距離を置いて座らせ、接触機会を最小限に留めます。昼食の時間は別のテーブルに座り、同じ活動に参加しないようにします。

このような取り組みにはどの程度の効果があるのでしょうか？　離れている時間は、両者にとってとても重要です。時にはさらなる措置が必要になりますが、通常は嫌がらせを受けた生徒が同意したうえで、嫌がらせをした生徒のために建設的な解決策を考えます。ほとんどの場合（約九〇パーセント）、関係する生徒が集まって「前のように友達になりたい」と言えば、あなたは「中止・停止要請の文書を破ってもよいか？」と当事者に尋ねることでしょう。

第6章

生徒を惹《ひ》きつける、生徒主体の授業が居場所の原動力

先生が教えていることが分からないと、
クラスや先生とのつながりが感じられない。
——（6年生）——

この章では、効果的な学級経営を促しながら、生徒の居場所感覚を高めるための「質の高い授業方法」を取り上げます。ここでは、生徒が選択肢を提供されることで夢中で取り組む学習、アクティブ・ラーニングと効果的な質問の仕方、分かりやすい指示、活動と活動の間や授業と授業の間をスムーズに移行する計画、学びを深めるフィードバックの仕方と受け取り方、そして自己評価といった、生徒が主体的に学べる要素に焦点を当てた方法について説明していきます。

効果的な学級経営ができるかどうかは、次のような教え方にかかっています。

生徒を惹《ひ》きつけ、生徒中心で、よく構成され、適切なペース配分と次への移行がスムーズに行われる授業は、生徒の行動にポジティブな影響を与え、居場所感覚を高めます。逆に、授業の目標や進め方が曖昧であったり、一貫性がないと、生徒は積極的に参加せず、授業中の活動にほとんど関連性が見いだせません。また、選択肢や自らを高めようとする機会がほとんど与えられていなかったり、一部の生徒が「理解」していないうえに教師としての計画がなく、ただ「手探り」で授業を行っていたりすると学級経営は急速に悪化し、居場所感覚と学習効果も低下します。それぞれの生徒が学習に挑戦し、達成する喜びを味わえば居場所感覚は高まり、より良い行動をとるようになります。

二〇〇四年に、教育関係者、医療関係者、政府関係者が集まり、学校におけるつながりのための基本原則をまとめるという会議が開かれました。この会議では、当時の最新研究を綿密に検討し、各分野から集められた情報を共有しました。その最終報告書で発表された「学校のつながり」に関する重要な要件は、「（表面的にカバーするのではなく）高い学力への期待と深い学び、およびそれを達成可能にする学習支援」、「学習者一人ひとりのニーズに対応できる内容、指導法、学級経営に長けた有能な教師の雇用と支援」〔参考文献150〕となりました。学習における成功体験（成功できるという生徒の信念を含む）、学校とのつながり、そして生徒の行動には強い相互関係があります〔参考文献1、7、62、63、117〕。

二〇〇九年のアメリカ疾病対策センター（一二および一三三ページ参照）による「学校とのつながりに関する報告書」では、つながりを深めるための重要な方法の一つとして、「前向きな学習環境を育む効果的な教え方」〔参考文献139〕を挙げています。この効果的な教え方には、生徒の学習意欲を高め、学習内容を個人の経験と関連づけるための対話的・体験的活動、授業の流れに沿って臨機応変に対応し、生徒個々人のニーズに合うことを可能にする柔軟な教え方、多様なニーズや学習スタイルに対応した指導方法、グループ・プロジェクト、課題解決スキル、クリティカルな思考力[1]、質問力、そして自分を振り返る実践などが含まれます。

（1）「批判的思考力」と訳されますが、「大切なものを選ぶ力であり、大切ではないものを排除する力」です。

さらに、学習の成功体験やそれに伴うポジティブな行動にとって重要なことは、明確な期待、生徒が目標を達成するための教師のサポート、「自分には能力がある」、「自分は達成できる」と考えられる力（自己効力感）をつけるためのサポート、興味深く重要だと感じられる課題、知識・態度・スキル・概念を身につけることに焦点を当てた実践となります［参考文献5、48、117］。

方法38 仲間になるための指導方針を設定する

新年度の初日は、その年の生徒に求める適切な行動と指導の方向性を決める絶好の機会となります。第4章では、ポジティブな行動のトーンを確立するための方法を説明しました。ここでは、教室は学ぶ場所であり、学ぶのはワクワクして楽しいというメッセージを生徒に伝えるための効果的な方法を紹介します。

中学校の校長になったばかりのころ、ローリー（著者）は素晴らしいアイディアを思いつきました（と、少なくとも彼女は思いました）。そのアイディアとは、生徒手帳を七つのセクションに分けて、初登校の日、各時間帯にセクションを一つずつ読み、生徒と一緒にその内容を復習するというものでした（一時間目はセクション1、二時間目はセクション2という感じです）。その目的は、一日の終わりにすべての生徒が生徒手帳を理解し、書かれているとおりに規則が守れるようにしようというものでした。

ご想像のとおり、これはあまりうまくいきませんでした。校長の「お願い」にこたえるために教師たちはいろいろな（でも、中途半端な）方法を試しましたが、どの方法も生徒の行動にはあまり効果が得られませんでした。この経験からローリーは重要な教訓を得ました。それは、生徒手帳に書いてあるからといって、生徒がルールや規則に則った行動をとったり、よい判断をするわけではないということです。

ローリーはまた、登校初日に生徒がワクワクしなかったのは、自分に大きな原因があるからだと気づきました。彼女は、生徒がルールや規則を守り、自分が明確なガイドラインの作成を気にするあまり教えることに熱中してしまい、学びに熱中するための雰囲気づくりにまで考えが及ばなかったのです。

年度の初日、または一週目にルールや規則を理解し、それを身につけるために時間を費やしたことは、教師が熱中して教えることにも、生徒が熱中して学ぶことにも役立ちませんでした。それどころか、学校とのつながりを浅くさせてしまっていたのです。

これでは、生徒同士の絆は深まりません。そして、一緒にいること、一緒に何かをすること、グループに所属することの実感を味わう機会もありません。要するに、ルールや規則も含めて、本当に重要なことは何も学んでいなかったのです。

「最高の日」という考え方（マインドセット）

以上の点を教訓にして、ローリーは学校の教職員を集めて、新たな取り組みを行うことにしました。それ以来、学校初日は「最高の日」と呼ばれるようになりました。「最高の日」とは「ベストを尽くす」を意味します。

それは、生徒が忘れられない授業に取り組むということです。夢中で取り組む、参加する、新しい内容を学ぶ、人間関係、つながり（居場所感覚）、そして楽しさがもっとも重要であるというメッセージが発信されるという、学校生活の開始を意味しました。

「最高の日」に何が起きたとしても、生徒は素晴らしい授業と、新しいことを経験する、あるいは発見する喜びを体験して帰宅します。グループの一員として学び、協力し、楽しむことに忙しく、新年度の初日から、有意義なクラスへのかかわり方のパターンができあがっていきます。

たとえば、中学校の理科の授業においてラット（実験用のネズミ）の解剖を取り上げるとします（この年齢の生徒たちにはちょうどよい題材です）[2]。教師は十分な準備をし、実験におけるルールを壁に貼り、実験用ゴーグルと器具を準備します。安全に関するガイドラインの確認と活動説明のあと、生徒たちは二人一組でラットの解剖に取り組みます。登校初日に、です！

生徒たちは「発見したこと」を記録し、その結果をみんなで話し合って共有します。確かなことは、生徒たちは指示に従って行動し、家族に話したいことをたくさん経験して家に帰るという事実です。この「素晴らしい何か」は、保護者に一〇～一一ページのシラバス（学習計画）や行動規範の書類に署名を求めるようなものではありません。それらは後回しでよいのです。

このような授業体験は、生徒が参加し、クラスは学ぶためにあることを生徒に伝えます。そして、教師がさまざまな場面で不適切な行動を探したり、生徒が不適切な行動をしていると決めつけていないということも伝わります。楽しく魅力的で、効果的な「最高の日」の授業プランを通して教師は以下のことを行います。

・効果的で適切な教育実践を示す。
・協力して成功できることを生徒に体験させる。
・アクティブ・ラーニングの価値を確立する。
・学ぶことと知識の活用を重視する。
・すべての生徒が成功するためのプロセスを設定する。
・このクラスが安全で、楽しい学習の場であると保障する。
・しっかりとした学級経営を維持する。

（2）日本ではイカがよく使われているようです。

「居場所の日」という考え方（マインドセット）

やがて教職員は、「最高の日」は「居場所の日」であることに気づきました。「最高の日」は、授業の雰囲気をよくするだけでなく、グループの一員として何かを達成したという忘れ難い体験によって、教室はみんなにとっての居場所であるというメッセージまで明確に伝えられます。生徒の居場所感覚は、他者と一緒に何かを成し遂げる経験、ワクワクする出来事の役割を担っている経験、個人に合った学習要件を満たす経験、自分の能力を感じる経験、そして他者と笑いあう経験によって高められます。すべての生徒にとって、毎日が「最高の日」であり、「居場所の日」であったら、素晴らしいと思いませんか？

初日以降

毎日、何かを解剖したり、ロケットを飛ばすといったことはできないかもしれませんが、心を動かすほど夢中になって取り組むような活動や生活との関連性が感じられる授業は、初日だけでなく、それ以降でも行えます。

はじまってから数日の授業は、より深く、より広い学びに発展するための流れを築きます。新しい内容を学び、熱心に取り組み、自らの学びにおいて成長しているような実りの多い生徒は、学校生活において問題を起こしたり、非協力的な行動をとったりするようなことはありません。また、このような生徒は、まとまりのあるグループの一員として、学習や学校生活に対する満足感を得ている可能性が高くなります。

あなたの教え方に関する構成要素を考えてみましょう。年間を通して、どのような学習体験や学習成果が授業や指導の目標になるのか、チェックリストを作成してみてください。このチェックリストに、まだ使っていないもの、あるいはほとんど使っていないものを追加すれば、自分自身を成長させる活動としても利用できます。このチェックリストを、指導計画を作成する際に使ってください。リストには、次の一部または全部が含まれるとよいでしょう(3)。

成功のための足場づくり——課題に対する明確なガイドライン、うまくできない生徒へのサポート、身についたという経験、ほかの生徒と比較しない(4)。

いろいろな課題形式——協同作業*、探究活動（調査・分析・評価を含む）*、個人プロジェクト*。

バラエティーに富んだ授業の仕方——説明や講義*、実演、話し合い*、学習センター*、子ども同士で教えあう*、ブッククラブ*、ＩＣＴを活用した学習。

（3）　このリストと二五二ページの「教え方を多様にする」ためのリストは重複しています。「*」がついた項目のおすすめ本を、二五二～二五四ページの訳者コラムにおいて紹介しています。

モチベーションを上げる経験――アクティブ・ラーニング、生徒が選べる学習*、話し合いやもの事をよくしていこうとするディベート、教科横断の学び、創造的な活動。
大切な学習スキル――生徒の思考を喚起する質問力*、問題解決、意思決定、高度な思考力*。
関係のある内容――一人ひとりが自分のものと思える、生徒の環境・状況に沿ったポジティブな学習機会、生徒自身の生活に関連し、興味を惹《ひ》くトピックや活動、生徒が地域社会で影響力をもてる「現実」の問題や課題*。
学びを自分事とする――進捗状況の振り返り、フィードバック、自分の学びに対する責任、目標設定、進捗状況のモニタリング*。

そして、楽しさや笑いの盛りこみも忘れないでください。

方法39 生き生きとした授業を実践する

人を惹きつける生き生きとした授業を計画することは、学級経営をうまく行ううえにおいてもっとも重要な要素となり、「自分がいたいと思う場所にいる」と生徒が感じる教室をつくることにつながります。

事前に計画

生き生きとした授業づくりには熟考が必要となります。意図的にこのような授業を実施するためにはよく考えられた計画を作成して、学級経営を効果的なものにしなければなりません。夢中で取り組む授業計画には、生徒が話し合う時間や振り返る時間も含まれています。生徒にしっかり学んでほしいのであれば、クラス全体で、ペアで、小グループで、あなた（教師）と授業内容について話し合うという機会が重要となります。

とくに、あなた（教師）が苦手と感じている授業内容がある場合は、その場で考えることが難しくなりますので、授業内容をどのように進めるのかについて事前に考えておくようにしましょう。担当教科に自信をもっておれば教科に対する自信を生徒に授けられますし、生徒が教師を尊

（4）　ここでの「比較しない」とは、生徒によって必要な足場（支援）が異なるため、生徒の能力に合わせた「足場づくり」という意味です。これは、人は「適度の難しさが一番よく学べ、楽しくチャレンジできることによって取り組みのレベルを増す」というヴィゴツキーの「発達の最近接領域（ZPD）」の考え方によります。いうまでもなく、それは個々の生徒によって違います。ZPDについては、『教育のプロがすすめる選択する学び』（とくに、一七～一九ページと一三六ページ以降）を参照してください。この本では、ここに挙がっているリストに関する情報提供もされています。

敬し、問題行動の発生を大きく軽減することができます。しかし、かなりうまく設計された授業計画を立てて実施できたとしても、生徒が理解できないときには別の方法を用いて説明しなければ状況が悪化してしまう可能性があります。また、授業にICTを使用する場合は、それが機能しない場合に備えて、常にバックアッププランを用意しておきましょう。

授業構成を考えておくと授業がスムーズに進みます。ここではいくつかの例を紹介します。

①**スタンダード**(5)**や目標を明確にする**——生徒に知ってほしいこと、できるようになってほしいことは何かを決めます。何をどの程度知って／できてほしいのかや、なぜ知って／できてほしいのかについて「生徒が分かりやすいと思える」言葉で伝えます。何を学ぶのか、なぜそれが重要なのか、どのように役立つのか、そしてどのように現在と未来に関係するのかを伝えます。

②**スタンダードや目標に答える質問を作成する**——課題の探究を促し、生徒が期待される知識とスキルを身につけられるように、学習の目的地を指し示す魅力的な「鍵となる問い」です。

③**生徒が復習や自分の現状を把握するための準備活動を実施する**——これをすれば、生徒は最初から授業内容に集中できます。

④**生徒の興味を惹き、やる気を起こさせる方法を使用する**——新しい学習と以前の学習を結びつけて、焦点を絞り、全員を巻きこむ形で授業を導入します。

⑤情報の提供、生徒からの情報収集、質問の仕方、スキルややり方についてモデルを示したり、またはグループの進行方法などについてのミニ・レッスンを実施する——ここでは、責任の移行モデル（一七三〜一七四ページを参照）を使います。具体的には、スキルややり方を説明または実演し（教師がやってみる）、生徒と一緒にスキルやプロセスを行い（一緒にやってみる）、生徒にクラスメイトと練習する機会を与え（生徒がほかの生徒とやってみる）、最後に生徒自身が取り組める（生徒が一人でやってみる）ようにします。

⑥生徒が、読んだり、聴いたり、話し合ったり、調べたり、グループで作業したりする——それまでの学習に対する生徒の理解度を確認します。「次へ進む」準備ができていることをどのように確認しますか？　一部の生徒に質問したり、親指を立てたりなどのジェスチャーを使いますか、それともグループで一緒に反応することを求めたり、生徒の自己評価や教師による評価を利用しますか？　生徒はどのように練習しますか？[(6)]　教師がガイド／確認しながら行いますか？　グループ活動またはそれ以外の活動で行いますか？　それとも個別に行いますか？　宿題はありますか？

（5）スタンダードとは、日本の学習指導要領に示されている学年別・教科別の指導項目のことです。
（6）『静かな子どもも大切にする』や『ようこそ、一人ひとりをいかす教室へ』を参照してください。

⑦学んだ内容をまとめる機会を生徒に提供する——生徒が授業の「鍵となる問い」に答えたり、重要な概念や語彙《ごい》を復習します。

授業計画の例は数多くあり、学校によっては必須の書式がある場合もあります。重要な点は、先に示したような授業を計画する際の各ステップを、チェックリストとしてではなく意思決定のモデルとして使用することです。すべての授業においてすべてのステップを行う必要はありませんが、各ステップについてよく考え、それを行う（または行わない）理由を明確にしておく必要があります。

素材と言葉をチェック

教師が準備不足で、考えが整理できていなければ、授業はあっという間に脱線してしまいます。教材はすぐに使える状態にしておき、配布するための準備もしておきましょう。後片づけも同じく重要です。授業や一日の終わりに、どのように片づけ、整理する方法も決めておくとよいでしょう。教室が散らかっていると、生徒の問題行動への対処など、授業以外の面でも「いい加減なのでは？」と思われる場合があります。

生徒の参加と反応を促すための言葉も、十分に準備された授業道具の一部となります。「誰か〇〇〇について教えてくれますか?」や「誰か〇〇〇を知っていますか?」といった質問では、生徒からの反応がない場合が多いものです。このような質問の仕方だと、質問に答えられる生徒は一人もいないというメッセージを送っていることになりませんか?

「主人公が直面していた問題について考えてみてください。彼女の解決方法は正しかったと思いますか? 指名したら、答えられるように考えておいてください」という質問と比較してみてください。

生徒を指名する前に少し考える時間を設けましょう。全員が参加することを期待しているというメッセージを教師が送れば、積極的に参加するようになるでしょう。

生徒を観察する……そして、観察を続ける

練習を重ねれば生徒の感情や居場所に対する教師の「センサー」が研ぎ澄まされ、授業中に問題が起きないように、周りに対して注意を配れます。教室内を歩き回り、問題が起こりそうな場所へ移動するだけで未然に防げます。

部屋のなかを移動するパターンを変え、日課にも変化をつけるのです。生徒と向きあうことは重要ですが、あなたが教室のどの位置に立って授業をするのかについて予想できないようにすれば、授業中の問題行動は最小限に抑えられます。

生徒がグループや個人で作業しているときには、自分の机でテストの採点や事務処理をしたいと思うこともあるでしょうが、そのような誘惑に負けないでください。もし生徒が、あなたがほかのことに没頭している様子を見てしまうと、自分たちのことは見られていないと感じ、好ましくない行動をとってしまうというリスクが高まります。また、授業中に生徒のことをよく見ていないと、学習面や行動面で困っている生徒がいても気づきません。

教え方を多様にする

授業方法、指導方針、実践方法には数多くのものがありますが、好みとしている二つか三つの方法や方針に落ち着いてしまうものです。得意な方法を活かすというのも悪くはありませんが、時には自分の授業方法や指導方法を見直すことをおすすめします。また、生徒の学習意欲と達成感を高め、学級崩壊を最小限に抑えるために、何かできることはないかと考えてみてください。

同僚や書籍、インターネットから効果的な教育方法に関する情報がたくさん得られますので、それらを探し、教育方法の種類を増やし、教育実践の見直しをおすすめします。手はじめとして、左記のリスト(7)を見て、よく分からないもの、使う自信がないものを書き留めておいてください。今、あなたはどれを使っていますか？　また使いすぎているものはありませんか？

・教師の説明・講義*
・教師の実演
・話し合い*
・二人組やグループでの活動*
・生徒が探究する活動*
・実験
・調査
・協同学習グループ*
・学習センター*
・生徒同士の教えあい*
・アクティブ・ラーニング（動きを伴う学習）
・発見を促す活動
・一人ひとりをいかす教え方*
・ソクラテス・セミナー創造的な活動*
・高次の思考スキルを使った活動*
・ティーム・ティーチング
・ブッククラブ*
・教科横断の統合的な学習
・個別学習
・自主学習
・生徒が持っている電子機器（ノートパソコンなど）を使っての活動
・学習や行動の振り返り*

教え方に変化をつければより多くの生徒と接することができますし、どの方法が生徒に合っているのかについて、より多くのデータが得られます。

訳者コラム　生徒主体の学びを可能にする多様な教え方

教師主導の一斉授業以外の教え方は多様にあります。ぜひ、生徒主体の授業を実現するための参考にしてください。それらが、教室を居心地のよい場所にしたり、生徒間の人間関係をさらによくしたりすることに貢献します。

・**生徒主体の教え方全般**については、『学びの中心はやっぱり生徒だ！（仮題）』、『だから、みんなが羽ばたいて（仮題）』、『シンプルな方法で学校は変わる』がおすすめです。
・**教師の説明・講義**に関しては、https://www.edutopia.org/article/8-evidence-based-tips-make-your-lectures-more-engaging-and-memorable という情報を見つけました。しかし、一番のおすすめとなるのは、45～50分を５～15分のミニ・レッスンに縮めることです。ブログ「WW 便り」の左上に「ミニ・レッスン」と入れて検索するとたくさんの情報が得られます。
・**話し合い**には、『最高の授業』、『学習会話を育む』、『私にも言いたいことがあります！』があります。
・**二人組やグループでの活動**は、『私にも言いたいことがあります！』で多くのバリエーションが紹介されています。
・**協同学習グループ**については、本書の第７章と『学習の輪』をはじめとして、「協同学習」で検索するとたくさんの本や資料（実践）が見つかります。

（＊左ページに続きます）

・生徒が地域社会で影響力をもてる「現実」の問題や課題を扱いながら（調査・分析・評価を含めた）**生徒が探究する活動**には、『プロジェクト学習とは』、『PBL ～学びの可能性をひらく授業づくり』、『だれもが科学者になれる！』、『社会科ワークショップ』、『歴史をする』、『あなたの授業が子どもと世界を変える』がおすすめです。高校レベルの核心的な取り組みとして『一人ひとりを大切にする学校』があります。

・**学習センター**とは、教室の中に四つ～七つぐらいの「学習コーナー」を設置して、生徒たちが学びたい場所を選べるようにしたものです（最終的には、ローテーションで全部をカバーします）。詳しくは、『一斉授業をハックする（仮題）』、『静かな子どもも大切にする』（191～200ページ）、『ようこそ、一人ひとりをいかす教室へ』（第７章と第８章）を参照してください。

・**生徒同士の教えあい**とは、peer teaching ないし reciprocal teaching のことで、詳しくは『「学びの責任」は誰にあるのか』の145～150ページを参照してください。

・**生徒が選べる学習**には、「方法41」と『教育のプロがすすめる選択する学び』が参考になります。

・**生徒の思考を喚起する質問力**については、「方法43」と『たった一つを変えるだけ』、『増補版「考える力」はこうしてつける』、『質問・発問をハックする』を参照してください。

・**一人ひとりをいかす教え方**には、『ようこそ、一人ひとりをいかす教室へ』がおすすめですが、個別化および生徒中心の学びに関しては、『学びの中心はやっぱり生徒だ！（仮題）』や『だから、みんなが羽ばたいて（仮題）』があります。

・**ソクラテス・セミナー**については、『静かな子どもも大切にする』の131ページおよび「ソクラテス・セミナー」で検索してみてください。
・**高次の思考スキルを使った活動**の「高次の思考」とは、ブルームの思考の６段階のなかの「分析、応用、評価、統合・創造」を指します。これらに対して「低度な思考」が「暗記と理解」です。通常の授業の８～９割は低次の思考と言われています。『増補版「考える力」はこうしてつける』を参照してください。しかし、低次であると考えられている「理解」についても、『理解するってどういうこと？』や『理解をもたらすカリキュラム設計』を読むと高次の思考に含めたくなります。
・**ブッククラブ**については、『読書がさらに楽しくなるブッククラブ』と『改訂版　読書家の時間』があります。
・**個別学習**と、協働学習、教師がガイドする指導、焦点を絞った指導については、「責任の移行モデル」について解説している『「学びの責任」は誰にあるのか』を参照してください。
・**学びを自分事とする（振り返り）**（進捗状況の振り返り、フィードバック、自分の学びに対する責任、目標設定、進捗状況のモニタリングなど）については、「方法40」と「方法44」および『イン・ザ・ミドル』（とくに第８章）、『ピア・フィードバック』が参考になります。

（＊レイアウトの都合上、異例となるスタイルにさせていただきました。お詫び申し上げます。）

方法40 生徒が自分自身の学習を評価できるように教える

自己評価とは、生徒が自分の学びをモニターし、確認し、改善するプロセスのことで、生徒のモチベーションと達成感を高める重要なスキルです〔参考文献100〕。生徒が自分のパフォーマンスを評価すれば、自らの状態を把握するメタ認知のスキルが身につくだけでなく学業成績も向上します。

また、このプロセスは、自分自身の学習行動、得意分野、助けが必要なことに対する認識を高

（7）この節は、教え方のリストで片づけられてしまっていますが（アメリカの読者にとっては当たり前なのでしょうが、日本の読者にとって当たり前となるものはどれだけあるでしょうか？）、日々のことですからインパクトは絶大です。教師が学級経営に特化した時間を割けるのは、せいぜい一週間に一〜二時間でしょうが、教え方は残りの時間すべてに関係しています。そこでどのような選択をするかの影響は計り知れませんから、本文の項目（とくに、よく分からないもの、使う自信がないもの）に答えることからスタートして、自分の持ち駒を増やしてください。それによって、教室における生徒の居場所感覚は飛躍的に増しますし、学級経営に費やす時間も不要となります。多様な教え方については、『シンプルな方法で学校は変わる』（とくに、三〇五ページ）、『あなたの授業力はどのくらい？』、『退屈な授業をぶっ飛ばせ！』、『「おさるのジョージ」を教室で実現』、『歴史をする』（とくに、一二一四ページ）などを参照してください。

め、「自分は達成できる」、「自分には能力がある」と考えられるようになり、クリティカルな思考（二三七ページ参照）と自分自身の学習と節度を保つことに責任をもつほか、自立的な学びの向上につながります〔参考文献13、120、153〕。

生徒が自らの学びを評価できることは、どの授業においても重要な要素となります。目標を達成したかどうかを確認するためだけではなく、自分自身の学習に対する理解度と進捗状況を測るための方法として用いれば、学習と自分の学びを確認するメタ認知能力が高められます。自己評価は、「はっきりとした、自分との関連を見いだしやすい評価基準に基づいて行い、評価後には学び直しや修正の機会があります」〔参考文献9〕。

このような自己評価を行うと、生徒はすでにもっている知識やスキルをどのように学んだのかについて考え、向上したい部分を見つけ、学習方法を工夫したり、向上するためにはどうしたらよいのかなどのプロセスが学べます。生徒が本来もっている力を発揮し、自らの意思決定で行動できるようになると同時に、教師にとっては生徒の学習を促すための状況把握となります。これが、学習環境の基礎をつくる鍵となります〔参考文献98〕。

生徒自身の振り返りは、自分はどのようにして学習に取り組んでいるのかを理解する機会となります。振り返りを通して、生徒は学習過程や強み、学習スタイル、改善の必要性を認識して分析していきます。振り返りを行えば、学習に対する姿勢や、それがどのように自分の行動に影響を与えているのかについて分かるのです。

プロジェクト（途中もしくは終了後）の振り返りを行う場合は、物事がどのように進んでおり、どのように機能していたのかについて確認することになります。振り返りのスキルは、学習のなかで抱えている課題に対する取り組み方だけでなく、将来の目標を設定する際にも十分役に立ちます。

自己評価では、自分の学習の質を見極めるために、何らかの基準に照らして自身のパフォーマンスを評価します。その基準は、教師から提供されるルーブリックや採点ガイド、チェックリスト、またはプロジェクトの達成項目と目標が書かれた表などにおいて定められる場合が多いです。どのような基準を用いるのかにかかわらず、自己評価の基準となる学習のガイドラインを理解することが生徒には重要ですから、ガイドラインが一緒に作成できるとなおよいでしょう。

生徒が学びを自己評価するスキルを身につけるためには、学びのプロセスと成果を確認する方法と、その経験を振り返る方法を教える必要があります。

自分の学びを確認する練習

ここでは、生徒が学びを効果的に自己評価するために教師がサポートできるヒントを紹介していきます。

自己評価するには何が必要かを生徒が知っている——一般的に、生徒が自ら学びを評価する作業は、成績を確認することで終わります。この作業は、学習目標をどの程度達成したか、または理解しようとしている概念をどの程度習得したのかを測るために行われる場合が多いのではないでしょうか。

さらに、このような評価作業では、「優・良・可・不可」といった段階や「終わらせた割合」、または「正答率」での確認となります。このような最終結果のみで自分の学びを判断することは、総括的な評価とはなるでしょうが、自己評価によって得られるものを十分に活かせているとは言えません。

学びの振り返りと総括的な評価を組み合わせて行う必要があります。自己評価には、ある概念を学ぶだけでなく、どのように学んでいるのかについて学ぶという、「学び方」そのものに焦点が当たっている必要があります〔参考文献9〕。

振り返るロールモデルに教師がなる——思うようにいかなかった授業を思い浮かべて、「何がよくなかったのか?」と自問自答してみてください。同時に、生徒が想定以上に興味をもち、参加してくれた授業があったとき、「どうしてそうなったのか?」と考える場合もあるでしょう。授業で起こった事柄を考えるとき、教師は常に振り返りを実践しているのです。

よい教師は、自分の教え方と生徒の学び方を改善するために、常に振り返りを行っています。

しかも、ほとんどの場合、無意識に振り返っています。この振り返りによって、自分の強みや弱みについての情報を得て、教え方の改善をしています。意識して振り返りを続けると、自らの実践を高める練習にもなります。

自己評価のプロセスがどのように機能するのかが理解できるように、自分の振り返りを生徒と共有する——このプロセスを次の段階に進めるには、自己評価で得た気づきを生徒と共有する必要があります。失敗を認めたり、「授業の進め方を修正する」と伝えることを怖がらないでください。たとえば、「昨日の理科の授業を振り返って、私が明確な指示を出していなかったためにあなたたち（生徒）が混乱してしまっていたことに気づきました。ごめんなさいね。○○と言えばよかったと思いました」と言って授業を振り返り、あなたが考えている内容を生徒と共有してください。

また、生徒にアドバイスを求めることも恐れないでください。たとえば、「どうしたらもっと分かりやすい指示が出せますか？　何か提案はありませんか？」と生徒に尋ねてみてください。うまくいったと思った授業のあとでは、「すごく楽しかったですね。こんなにうまくいったのは、みなさんが○○○に興味をもってくれて、△△△をしてくれたからだと思います。みなさんはどう思いますか？」と自分の感想や考えを伝え、生徒がどのように感じているのかについて尋ねてみてはいかがでしょうか。

あなたが考えた内容について生徒と共有すると、生徒自身が学習や行動を客観的に、または俯《ふ》瞰《かん》して考えられるようになります。

一貫性のある自己評価の手順に従う——ある研究者は、教師と生徒は自己評価をするために次のようなステップを踏むべきである、と言っています［参考文献120］。

①**課題には明確な基準を設定する**——この作業には生徒も参加し、基準設定は、教師が設定した目標と生徒の目標の組み合わせとします。徹底的な話し合いを行って、基準についての理解が得られるようにします。

②**設定した基準を使う**——生徒は、基準を用いて自分の学びを評価します。生徒が初めて行う場合は、教師が学びをどのように評価しているのかについてモデルを生徒に示します。

③**生徒の自己評価に対してフィードバックする**——生徒の自己評価に、クラスメイトや教師がフィードバックする方法を見つけましょう。ここでの目標は、生徒が基準を使って慣れるようにすることです。

④**新しい目標を設定するための計画を立てる**——目標が達成できたか、達成度はどうなのか、今後より良い学びを経験するためにはどうしたらよいのか、生徒が判断できるようにサポートします。(8)

注意してほしいことがあります。すべての課題のたびに振り返りを行うと、生徒は圧倒されてしまいます。学びの振り返りは「大切な課題」としてとっておきましょう。大切な課題とは、自分が伝えたい考えや大切な概念、生徒に身につけてほしいスキルにかかわるものです。単なる「やらなければならないこと」とはならないように気をつけてください。

自撮り写真で振り返る

自分を振り返ることを練習しやすくするために、学習者としての自分の「自撮り」をすすめます。手紙を書く、図を描く、ポスターをつくる、写真を何枚か見せる、自らが語る（モノローグの）ビデオをつくるなどといった選択肢の提供がよいでしょう。「自撮り」ということを意識するために、作品の一部が目に見えるようにするのです。左記のリストのなかから、三つ～五つを生徒に選んでもらいます。

・私にとって、〇〇〇の方法が最適な学びの方法です。
・私は〇〇〇を使って、課題に取り組みはじめたり、課題を完成したりします。

（8）　自己評価を中心に評価に関連した良書には、『イン・ザ・ミドル』（とくに第8章）、『聞くことから始めよう！（仮題）』、『成績だけが評価じゃない（仮題）』がありますので参考にしてください。

・私にとって、最適となる学びの環境は○○○です。
・私のもっとも得意な勉強のスキルは○○○です。
・私にとって、一番好きな学習課題は○○○です。
・私の計画の立て方は○○○です。
・私が苦手なのは○○○です。
・課題に取り組むときに一番好きなことは○○○です。
・課題に取り組むときに一番苦手なことは○○○です。
・私は学校で、○○○をもっとうまく、または違った形でできればと思っています。

これらのリストに、「もし、何かあれば、別の項目を付け加えてもいいですよ」と生徒に促してもいいでしょう。

ワークシートを使って振り返る

学びを振り返るワークシートや図を使った方法は、振り返りに必要なスキルを生徒が学習し、練習するために役立ちます。ワークシートは、学びの自己評価をするという意味において、学習面での振り返り、基準を用いた評価、あるいはその両方が行えます。

このような機能をもったワークシートを活用した「学びの評価シート」は、学びの確認ができることに特価したものにする必要があります。たとえば、書く力を確認するルーブリックでは、エッセイ、物語、または論述を求めているのかがきちんと示されており、評価レベルに対する点数と説明を表示します。

算数・数学のルーブリックでは、問題を解くプロセスの構成要素を説明し、それぞれのレベルで期待されるパフォーマンスに対する基準を説明し、点数を示します。体育では、特定の運動を行うために期待される練習や動きを示したチェックリストで評価します。

自分を振り返るワークシートは、さらなる一般化も可能です。次ページの**表６－１**では、いろいろな課題や生徒の学習活動に応用できるほか、異なる学年や教科にも応用できる例を示しています。このようなワークシートは、文書でフィードバックをするというよりも、生徒との面談時や生徒同士の話し合いの際にガイドとして使うことができるでしょう。

どのような形をとるにしても、生徒には自分の振り返りの仕方をデザインする、またはワークシートに自分のアレンジを加えるなどといった機会を提供してください。そして、振り返りのワークシートを教師自身も活用しましょう。そうすれば、あなた（教師）も新しい学びの設定が可能となります。あなた自身の成果や教師としての成長を確認している姿を、生徒に見せてあげてください。

表6－1　自分の学びを振り返るためのシート

氏名	日付
プロジェクト／課題名	
プロジェクト／課題をやり終えて、全体的な感想は	
私が使った方法のなかで一番よかったものは	
プロジェクト／課題のテーマに関連して一番ワクワクした考えや発見は	
プロジェクト／課題に取り組むなかでうまくいったことは	
プロジェクト／課題を進めるうえで一番の障害になったことは	
プロジェクト／課題に取り組むなかで、自分自身について発見したことは	
プロジェクト／課題に取り組むにあたって、助けてもらったほうがよかったことは	
プロジェクト／課題に取り組むなかで、自分の取り組む姿勢や考え方を表現すると	
プロジェクト／課題に対する私の努力は（一つを選んで丸をつけるか、具体的に説明してください)。 ・ベストを出し切った　・出し切ったに近い　・頑張った ・中途半端だった　・改善が必要 説明：	
プロジェクト／課題を終わらせたあと、まだ理解できていない、あるいはまだ学びたいと感じていることは	
今後の目標	
もっと完璧にしたかったことか、次の課題では改善するための目標（一つ）	

そのほかの振り返りの方法

生徒に振り返りの仕方を教える場合、教師であるあなたの創造性が問われることになります。完成した作品・成果物やプロジェクトについて振り返られる方法を左記においていくつか紹介しておきましょう。

・具体的な質問に対して文章で答える（「この作品のどこが好きですか？」、「自分で自分を評価するとしたらどんな成績をつけますか？　その理由は？」、「まだ理解できていないことは何ですか？」、「次回に変えたいことがある場合、何をどのように変えますか？」）。
・このプロジェクトを完成させた過程を絵や図に描く。
・プロジェクトを完成させるために何をしたか、説明する手紙を教師に書く。
・どのように学ぶことが自分にはベストなのかを、自分への手紙として書く。
・努力度、満足度、興味の度合い、そして自分にとってのプロジェクト／課題の価値をグラフにする。
・ジャーナル（学習記録）を書く。

方法41 生徒の声を尊重し、生徒の選択をサポートする

これまでに、あなたや同僚が、自分の教え方に影響を与える「上からの決定」に対して不満を漏らしたことは何度ありますか？　あなたには、意見を述べたり、提案したりする機会が与えられていません。あなたは、ただその指示に従うしかありません。

生徒も同じように感じるものです。そのような状態は、自分の意見や考えは求められていない、大切にされていない、クラスや授業に関して選択できるだけの余地がない、というメッセージを送っていることになります。また、カリキュラムが生徒の多様性を反映しておらず、ある特定の視点しか認められていないと感じる場合は、「自分の声は届いていない」と感じるでしょう。

生徒の声が育まれ、学校生活に選択できる機会が日常的に組みこまれれば、生徒と学校とのつながりが強まります［参考文献11、38、52、53、54、76］。具体的には、生徒が自分の視点や提案、個人的な経験、育ってきた文化的な背景などが表現できると感じ、実際に、自由に表現できるという環境です。

生徒の声を聞くという姿勢は、単なる表現にとどまらず、生徒の意見を歓迎しているのか、きちんと耳を傾けているのか、価値のあるものだと位置づけているのか、真剣に検討しているのか、

そして取り入れて実行に移しているのか、といった面にまで関係してきます。また、生徒が学校生活にどの程度参画できるのか、現在の状況をより良くするための行動を起こしているのか、といったことも含まれます。

一方、生徒の選択には、教室での営みのなかに存在するものをはじめとして、どのような学びを経験したいのかが含まれます。これは、単に選択肢のなかから選ぶものではなく、行動と参加を伴うものであり、生徒の能力と自立の育成をサポートするものです。

ここで紹介する方法は、生徒の声と生徒自身が選択する学びに焦点を当てたものです。この二つは、授業という学習環境において不可欠なもので、相互に関連しています。

実際の学びの活動においては、学んでいる内容について、生徒の意見や感想、経験、評価、フィードバックなどを求めます。これは同時に、意味のある学びの選択、とくに一つ一つの学習課題に関して、有意義な選択肢を生徒に提供することを意味します。生徒に意見を求めて、次のような選択肢を提供してください。

- 何を学ぶか。
- どのように学ぶか。
- 誰と学ぶか。
- 学びの過程をどのようにモニターするか。

・学習のスケジュール（学習を習得するまでの日程と時間配分）。
・具体的な学習課題。
・学んだことをどのように伝えるのか、またどのように共有するのか。
・そして、学習したことをどのように評価するのか。

学びに対するレディネス（準備状況）を評価する

生徒の自己管理能力のレベルを評価すれば、単元の学習や授業において生徒が本音を語る機会、または選択肢から選ぶといった機会をどの程度提供すればよいのかが分かります。

たとえば、上級の高校英語（日本では国語）のクラスと一年生や五年生の英語のクラスとでは、生徒の意見も違いますし、生徒がどのような学びを選択したいと思っているのかについても異なります。最初は、生徒が選びやすいように教師が選択肢を提供し、生徒が成長し、自分がどうしたいのかについて考えたり、より良い選択をするといった経験を積んだら、自由に決められるようにするとよいでしょう。

生徒の声を聴く

生徒は、すでに自分の考えをもっています。生徒を招き、生徒と話し、生徒の考えや思いを聴き、生徒から学ぶことでその声を尊重する、これこそが学校と教師の仕事です。ここでは、生徒の意見や感想を聴き、尊重し、生徒の考えをより説得力のあるものにするための方法をいくつか紹介します。

・すべての授業において、生徒の意見、質問、反応を聴くように計画する。
・学習活動中に立ち止まって質問する（「このことから何を連想しますか？」、「この情報は、あなたの人生においてどのように使えますか？」）。
・生徒が発表する機会を授業の一部として日常的に確保する。さらに、生徒が習得した知識やプロセス、スキルなどをほかの生徒に教える機会を設ける。
・生徒に「授業を分析」してもらう。あなたが教えた授業で、何が学習に役立ったのか、授業にはなかったけれどあったらいいなと思ったことは何か（何が必要だったか）、よかった点、戸惑った点、自分（生徒）にとって理解に役立った方法は何だったのかなどを共有してもらう。
・保護者との面談の際、生徒が参加できるようにする（九八ページを参照してください）。生徒自身の学習に関してや成果・作品について、進歩、達成したと思うこと、さらに伸ばしたい、または改善したい点などの情報を共有してもらう。

・生徒同士、自分自身、または教師に対して、正直でお互いに向上しあうフィードバックができる仕組みをつくり、それを使う。
・生徒が見たこと、経験していること、提案を集める方法として、振り返り活動やアンケートを利用する。アンケートの形式を生徒に任せるとなおよい。

生徒に選択の機会を提供する

生徒の年齢や能力に応じて、適切な選択の機会を提供します。多くの生徒は選択するという経験があまりないため、最初は教師がつくった、かぎられた選択肢を提示する必要があるかもしれません。しかし、できるだけ早く、そして頻繁に選択肢を広げていき、時期が来たら興味や疑問に従って選択できるように生徒自身が作成するようにしましょう。学ぶために何をするのか、練習するのか、また学んだことをいつ、どのように示すのかなどを考えて、生徒が選択できるようにします。

以下では、生徒が選びたくなるような例を紹介します。
・チームとして、五つのプロジェクトからどのプロジェクトを完成させるかを決めます。(9)
・ブックシェアリングから読みたい本を一冊選びます。そこにないもので読みたい本があれば、その本に関する情報を教師にわたします。

・自分が書いたレポートや調査の結果、または自分が抱いていた疑問について調べた事柄などから選んで生徒が発表します。発表方法は、口頭、図や絵、手書きで作成したもの、Officeなどのプログラムを使って作成したもの、つくった作品、マルチメディアを駆使した作品など、さまざまな方法があります。もし、提案されていない方法を生徒が思いついた場合は、それも選択できるようにしてください。

・課題には、一人で取り組むか、二人組で（パートナーと）[10]静かに取り組みます。

・小グループで活動する場合、学習活動に関連するみんなで決めたグループ活動の手順を一つ選んで、どのように使われているのか、グループ活動において役立っているのかなど、簡単な評価を記録します。

・授業で個人発表をするときは、教師が用意したスケジュールに沿って自分の時間帯を選びます。クラス全体に対して発表するのか、少人数のグループに対して発表するのかについても選択します。

・作文の校正を自分でするのか、友達に校正してもらうのかを選びます。

（9）　生徒によって作成された、学校図書館や学級図書にある推薦図書リストのことです。

（10）　日本でいうところの「ペア活動」と「パートナー」とは微妙な違いがあります。前者はその場かぎりの二人組を意味し、後者は学期中ぐらいの継続的な組み合わせと捉えられています。

・課題を完成するためにやらなければならない作業リストを見て、こなしていく順番を自分で決めます。また、やってもやらなくてもよいものを見つけだして削除します。
・課題の評価方法をリストから選択します。リストにないアイディアがある場合は、それを追加します。
・自分で作成した算数・数学や理科の問題を書いたり、図にしたりして、その概念ややり方について理解していることを証明します。
・興味や得意とする知識のテーマを選んで、それを学ぶためにどのように取り組んだのかを実演します。

生徒が声を発したり、選択できるという機会は、生徒の学びに対する取り組みや参加、自立心、自信、責任感を高めますが、これらすべては教育において重要な要素となっています。また、日常的に生徒の意見を聴き、生徒が選択できるようになれば、教室での生活や学級経営にポジティブな影響を与えます。

どのようにして生徒の声と選択を可能にするのか、より深い議論とその方法については、『私にも言いたいことがあります！』と『教育のプロがすすめる選択する学び』を参照してください（本のタイトルは、邦訳書のあるものに変更しました）。

方法42　失敗をうまく活用できるように生徒をサポートする

失敗してバカにされるのを恐れて、新しいことへの挑戦を諦めたという経験はありませんか？『失敗という選択肢はない（Failure Is Not an Option）』（未邦訳）［参考文献27］という本には生徒が成功するための具体的な原則が書かれていますが、私たちはこのタイトルが嫌いです。現実社会では、失敗は常に選択肢の一つであり、挑戦するといった行為には失敗という可能性が付きまとうものです。

数え切れないほどの作家、有名人、著名人、そして「普通の」人々が、リスクと失敗が成功や満足する人生の一部である、と語ってきました。ある人は、「リスクをとるというのは、同じくらい重要な教訓（時には成功し、時には失敗する）を人に教えることになる」と言っています［参考文献40］。また、ＮＢＡ（アメリカのプロバスケットボールリーグ）のマイケル・ジョーダンが言った有名な言葉があります。

「私はこれまで九〇〇〇本以上のシュートを外してきた。三〇〇試合近く負けた。勝負を決めるショットを任され、二六回失敗した。私は、これまでに何度も何度も失敗してきた。だからこそ、私は成功した」［参考文献104］

今日のような激しい競争社会では、ヘリコプターのようにいつも子どもの近くを旋回している親や、芝刈り機のように子どものために障害物を取り除いてしまう親がたくさんいるため、生徒は失敗を恐れるようになっています。

教室における問題行動の多くは、生徒が諦らめ、努力をやめ、行動を起こすに至った一連の失敗が原因となっています。多くの生徒は、学校でも人生でも失敗に失敗を重ねており、もはや自分には学ぶ能力も成功する能力もないと思っているのです。生徒が失敗によって落ちこんだり、諦らめたりするのではなく、失敗を受け入れ、そこから学ぶといった手助けができればどうなるでしょうか。

私たちの周りにいる教育者の多くは、生徒がより学べるよう、より良い学校生活が送れるように尽力しています。同時に教育者は、生徒が失望、悩み、失敗とどのように向きあえばいいのかについて教える必要がある、とますます感じています。失敗ができ、失敗から学ぶという経験を生徒にさせれば、レジリエンス（困難や怖いと思うこと・状況に対する適応能力）能力が高まりますし、自信をもって生きていくという大人になるでしょう。[11]

チャイルドマインド研究所（Child Mind Institute）に所属している臨床心理の研究者が次のように言っています。

自分の思いどおりにいかないという不完全さを受け入れる力は、教科の内容を学ぶことよりも大切なもので、すべての生徒が学ぶべきものです。個人的な目標、学業の目標、あるいは他者との良好な関係を築くことであれ、子どもが自立し、これから経験するであろうさまざまな事柄を乗り越えていくためには、このスキル（不完全さを受け入れる力）を身につける必要があります。〔参考文献10〕

教師の仕事は、「信じられないかもしれないけれど、失敗は友達なんだ」と生徒が理解できるように教えることです。失敗しても、努力と苦労を重ねれば学びにつながるという点に関しては生徒も理解できます。「どうやって？」だと思いますか？　失敗や期待はずれ、まちがった選択で打ちのめされても、立ちあがれるという機会を設定すればいいだけです。失敗から生徒を守ろうとして躍起になるのではなく、失敗の受け入れ方を教えるのです。

私たち（ローリーとパティー）は、教育者として長年生徒を観察してきましたが、失敗すること、失敗から学ぶこと、そして再び挑戦することに慣れた生徒は自らをスムーズに受け入れます

---

(11)　精神疾患や学習障害に悩む子どもたちやその家族が力を発揮するために必要なサポートを提供し、日常を変革することを目的としている研究所です。https://childmind.org/

し、他者に対して共感的になることに気づきました。失敗を受け入れさえすれば生徒は**居場所感覚**を高めますので、学級経営に関する問題は減少します。以下では、生徒が失敗を受け入れるための共有の仕方とそのヒントを紹介していきます。

共感を示す

まず、生徒の傷ついた気持ち、失望した気持ち、悔しい気持ち、自己不信の気持ちを認めてあげてください。「このことに関して、あなたが本当に傷ついていることはよく分かる。もっとよい結果を期待していたんだよね?」と、声に出して伝えてあげてください。「よくなるよ」や「忘れなさい」と声をかけるよりもはるかに気持ちが伝わりますし、心が落ち着きます。失敗しても大したことはない、失敗してもいいんだと、生徒に示してあげてください。あなたの対応の仕方一つで、生徒は安心するのです。

自分の失敗を共有する

自分の失敗談を怖がらずに生徒に話してください。生徒から見て、あなたが失敗から学んでおり、屈せずにやり通す人だと見られることが大切です。料理の失敗などといったユーモラスな話でもよいですし、高校時代に負けた生徒会長の選挙、計画どおりにいかなかった授業、過去に行った誤った判断など、ちょっと苦い経験でもよいでしょう。

生徒は、教師はまちがいを犯さない（あるいは、まちがいを認めない）と思っていることが多いものです。あなた（教師）が人間であること、誰もがまちがいを犯すものだ、と伝えてください。大切なのは、努力を続けてそこから学ぶことです。

YouTubeには、有名人や「成功者」と呼ばれる人が自分の失敗と、それをどのようにして乗り越えてきたかという動画がたくさんありますので、そのうちのいくつかを生徒に見てもらってもいいでしょう。つい先日、ある有名なトーク番組の司会者(12)の動画を見ました。彼女はニュースキャスターを降ろされて、地元のトーク番組のインタビュアーになった経緯について話していました［参考文献149］。最初は「失敗した」と感じていたようですが、実は、彼女の天職を発見することにつながったのです。

「まだ」の力を信じる

「まだ」という言葉は、教師として是非もっておきたいとてもよい言葉です。

（12）この女性司会者はオプラ・ウィンフリー（Oprah Gail Winfrey）という黒人女性で、全米においてとても有名です。おそらく、名前を知らない人はいないでしょう。

「そうだね。あなたはまだ割り算のやり方が分からないのね。でも、一緒に勉強して、分かるようになろう」

「陶芸の新しい工程を学びます。今までのものとは違って、あなたにはまだ難しいものです。でも、一歩一歩進んで、やり方が理解できるようになりましょう」

「授業で私（教師）が話しているとき、まだじっと座っていられないのは残念だけど、これからも頑張ろうね」

苦労しているときに生徒が「まだ」という言葉をよく使いますが、その理由は、今はまだできていないかもしれないけどこれからできるようになる、という意味を含んでいるからです。

マインドセットの考え方を教える

キャロル・デュエックが『マインドセット「やればできる！」の研究』で提唱した考え方を生徒が理解すれば、失敗への対処法が学べますし、「頭がよい」ことよりも、屈することなくやり通す意味の重要性が分かるようになります。

固定マインドセット（能力や才能にはかぎりがあり、変えられないという考え）をもつ人は失敗を恐れる傾向があり、失敗を結果ではなく、自分が何者であるかを示す指標として捉えています。それに対して成長マインドセット（努力することでより良く、より賢くなるという考え）をもっている人は、失敗を過程の小さな出来事として捉えており、努力と時間をかければより良くなると信じるといった傾向があります。

このような考え方が生徒の学びや行動に与える影響についての情報は、本やウェブサイトにたくさんあります。(13)［参考文献47］

やり直しの機会を提供する

多くの教師は、やり直しの機会を生徒に与えることをいけないとなぜ思うのでしょうか？ 運転免許の試験に一回で合格した人は何人いるのでしょうか？(14) 大人には、職業上の免許など、試験を受ける機会は一回しかないのでしょうか？(15) 作家も、本を出版する前に何度も何度も推敲したり、原稿がボツになったという経験をしているはずです。もし、大人に再チャレンジの機会が

---

(13) 「まだ」の力を信じるとも関連して、以下のリンクも参考になります。https://effective.style/the-power-of-believing-that-you-can-improve/

(14) アメリカの運転免許証の試験は、自分で学科を勉強し、免許センターで学科テストを受けます。また、実地試験については、家族などに教えてもらって免許センターで試験を受けます。教習所に通うことはほぼありません。運転免許を取得するための選択クラスを設けいている高校もあります。

(15) 日本でいう教員採用試験、看護師免許、弁護士や医者になるための国家試験などです。

あるというなら、生徒に対しても、失敗は成功するまでのチャンス、とすればよいのです。
かつて高校の教師だったある人は、「高い期待にこたえるまで生徒にチャレンジさせることは、落第点をとらせるよりも多くの学びを要求することになるが、生徒だけでなく、教師もはるかに多くのことが学べる」と述べています〔参考文献152〕。

この元教師は、この考えの正しさを示すために、授業でやり直しの機会を与える確かな根拠と、やり直す過程をうまくこなすための実践的なヒントを提示しています。生徒のやり直し（テストなどの受け直し）については、『聞くことから始めよう！（仮題）』と『挫折ポイント』に詳しいヒントが紹介されています。また、失敗の捉え方については、『教育のプロがすすめるイノベーション』と『あなたの授業が子どもと世界を変える』がおすすめです（邦訳書のあるものを紹介しています）。

この方法が生徒によい影響を与えるのかについて、気軽かつ熟考するために『ドボア先生のやり直し——先生のためのちょっとしたお話（Mr. Devore's Do-Over: A Little Story for Teachers）』（未邦訳）〔参考文献114〕を読んでみてください。短くて楽しい半自伝的なこの物語では、難儀している生徒の生活に変化をもたらすための方法などが紹介されています。

失敗をどのように捉え、どのように反応するかによって、生徒の学校に対する姿勢、他人とのかかわり方、そして行動に影響を与えます。生徒が失敗を前向きに捉えられるように指導すれば、居場所をつくるだけでなく、より平和な学級経営を実現するために役立ちます。

方法43　自分（教師）の質問を考え直す

教育や学習にはたくさんの疑問があります。もちろん、そうであるべきです。疑問をもつこと、そして疑問に対する答えを探すという姿勢は学びにおける核心です。教師は一日に何十、何百もの質問を生徒にしています。そう考えれば、質問するという行為はもっとも使われている教育手法かもしれません。

活発で生徒にとって面白い授業は、教師と生徒からのよい質問で満ちあふれています。しかし、ただ質問するだけでは十分とは言えません。それに、すべての質問が学びを促進するとはかぎりません。教師は、なぜ質問をするのか、どのように質問をするのか、どのような種類（タイプ）の質問をするのかについてよく考える必要があります。そして、「質問」の仕方を生徒に伝授して、生徒が質問者として授業に参加できるようにします。

「なぜ」、「どのように」、「どのような種類」といった三つの質問に照らして、自分の質問パターンを考え直してください[16]。

なぜ質問をするのか？

質問には、「クローズド」の質問（はい／いいえ、または複数の選択肢から答えを選ぶもの）と「オープンエンド」の質問（個人の考え、結論、または視点を促すもの）があります。この二種類を駆使して、何の気兼ねもなく、しかも自信をもって生徒が貢献できるような教師の問いかけが行われた場合、それによってもたらされる具体的な効果や特徴は次のようになります。

・高次の思考力を含む、あらゆるレベルの考える力を刺激する。
・アイディアや情報についての考察を生徒に促す。
・生徒の理解と達成を促進する。
・生徒と教師、生徒同士における相互のやり取りを促進する。
・学習に生徒が積極的に参加するように促す。
・テーマや概念に対する生徒の好奇心を喚起する。
・以前の教材を復習し、要約する。
・すでに紹介されている概念を充実させ、深め、広げる。
・生徒が何を（どのように）学び、考え、理解しているのかを明らかにする。
・生徒と教師が学びの進歩を評価することをサポートする。

・生徒が質問できるように見本を示す。

質問の仕方

しかし、もしその質問が生徒を問い詰めたり、威嚇《いかく》したり、準備不足や優柔不断、緊張状態を人目にさらしたり、何らかの形で生徒に恥ずかしい思いをさせるものであれば、その価値はすべて失われます。さらに悪いことに、生徒の自信やあなたへの信頼感、授業内容に対する安心感、リスクをとるといった意欲まで損なわれてしまいます。そして、生徒の**居場所感覚**も損なわれてしまいます。

しかし反対に、教師がよく考えて、生徒一人ひとりを大切にし、生徒の可能性を信じた質問であれば逆の現象が起こります。生徒が質問と回答のやり取りに参加し、よい結果が得られれば、生徒の**居場所感覚**は強固なものになります。

授業でどのように質問をするのかについて考えるときには、次の提案を参考にしてください。

---

(16)　最初の二つの質問を考えたことがあっても、三番目の質問を考えたことはあまりないでしょう。「方法43」で質問に興味をもたれた方は、このテーマを扱っている『質問・発問をハックする』をぜひ読んでみてください。教師の質問に関するレパートリーを広げます（第６章「すぐに使える効果的な質問を準備しておく」では、このあとの本文で紹介されている二つの質問だけでなく、より具体的な質問の種類が紹介されています）。

事前に生徒が準備できるようにする――クラスのある生徒が苦労しているのであれば、その生徒の成功体験のための準備は、分かっていることを確認するよい機会となります。時間が許せば、始業前や放課後、昼休み、授業終了時などにその生徒と一緒に過ごし、翌日に提示する質問内容を事前に教えます。

生徒の質問に耳を傾けましょう。基礎的な内容に関して自信がもてたら、クラス全員にその内容を教える際、その生徒が質問できるようにサポートします。そして、当日の授業において、クラスみんなの前で質問をしてもらいます。

この方法は、困っている生徒に自信をつけさせるだけでなく、その生徒がさらに学ぶ時間を確保することになります。ある中学校の教師チームは、この方法をさらに発展させ、少人数の生徒を週に数回、始業前の三〇分間の「授業」に参加させて、当日の授業内容に備えさせました。これによって生徒は自信をもち、飛躍的に理解が深まりました。

「待ち時間」をとる――生徒に考える時間を与えます。待ち時間は、学びによい影響を与えます［参考文献31］。権威のある教師用のテキストでは、「クローズドの質問には三〜五秒、オープンエンドの質問には最大一五秒待つ」ことが推奨されています［参考文献44］。

生徒の反応に寄り添う――生徒の反応に熱意を示して、生徒とかかわりをもちましょう。より生徒の考えを引き出す質問をする、生徒の答えをあとで参考にする、またはほかの生徒に最初の回答についてさらに考えてもらい、回答するようにと促します。

同じ質問に対してほかの答えを求める場合や追加の質問をする場合には、「待ち時間」を設けます。直前の回答が重要ではなかったかのように、すぐに次の質問やほかの回答を求めないようにしてください。あなたの受け答えの仕方（口頭および非言語）が生徒の回答に重みと重要性を与えるほか、生徒を尊重するという絶好の機会となります。

生徒が失敗するような状況をつくらない——ある単元のテーマや概念で苦労している生徒に対して答えられないと分かっている質問をして、みんなの前でその生徒を追いこまないようにしましょう。いうまでもなく、学級経営と生徒の尊厳に悪影響を及ぼします。生徒に質問するときには、準備ができていることを確認して、答えられるようにしてください。(17)

すべての生徒に無作為で声をかける——同じ生徒を頻繁に（あるいはいつも）指名するといったことは避けて、静かな生徒、消極的な生徒、自信のない生徒、退屈している生徒を見過ごさないようにしましょう。

すべての生徒が学習に参加できるように、いつ、誰に、質問したかが記録できる方法を見いだしてください。生徒の名前が書かれたアイスの棒を籤のように引いたり、出席番号で指名したり、

(17)「見取り」の大切さがここでも明らかですが、そのための方法をあなたはもっていますか？

「ポップコーン質問」(18)などもできます。

しかし、この方法を使う場合は、生徒が失敗しないような質問をしなければなりません。もし、明らかに苦戦している生徒の名前が書かれたアイスの棒を引いた場合は、ほかの生徒を指名するようにします。そのあとでその生徒のところに戻って、答えられる質問をすればよいのです。

なお、「質問をしても挙手はしなくてよい」という指示をする場合は、誰に指名されるのかが分からないため、全員が答えられるように準備しておく必要があります。

質問する前に尋ねる生徒を指名する――質問をする前に生徒を指名すれば、その生徒の答えを気にしていることや、その生徒がよく聞いて、吟味してから答えることを望んでいると伝えられます。質問したあとに無作為な指名をしてしまうと恥をかくことになり、それが理由でその生徒が何らかの行動を起こせば、学級経営上の問題にまで発展する可能性があります。

タイプの違う質問を用意する――質問には、教師がつくるもの、生徒がつくるもの、教科書や指導書などに書かれているものがあります。さまざまな質問を使って生徒の興味を引き、より吟味して考えるように促します。なお、生徒がつくる質問には、内容を勉強しながらよい質問づくりが学べるという利点があります。

具体的なものから抽象的なものに移行する――生徒の抽象的な概念を理解する能力には大きな差があるため、具体的なものから抽象的なものへと移行できるような質問をつくりましょう。より具体的な答えのある質問からはじめれば、生徒が話し合いに参加していると感じられます。また、「自分は頭が悪い」と感じてやけを起こすといった問題行動も避けられます。

どのような種類の質問をすればよいのか

ある研究者は、授業での発問の実践について長年研究を続けてきました。その内容を著した代表的な著作において、興味深いことが述べられています〔参考文献147〕。彼は、授業中にされる教師からの発問は、事実情報を求めるものがもっとも多く、考えることを求めるような質問は二〇パーセント以下であることに気づきました。

上手に教えるためには、教師はいろいろな質問を使い分けなければなりません。「クローズド」の質問と「オープンエンド」の質問を使えば目的は達成できます。どの学年でも、情報や事実を素早く確認するための適切なタイミングがあります。しかし、教師は、生徒のより深いレベルの思考を促す質問や、生徒一人ひとりの考えが表現できるような質問をたくさん（そして幅広く）しなければなりません。

（18）ポップコーンが次々とはじけるように、質問した人が「ポップコーン。○○さん」と次の人を指名し、全員が質問するまで続ける活動です。

表6－2　クリティカルな思考力を育む質問

質問の目的	台詞の例
探る。	今、何が起きていますか？
生徒に深く考えることを促す。	どうしてこうなりましたか？ この解説・主張・説明に足りないものは何ですか？ ここで紹介されている以外に必要な情報はありますか？
生徒の好奇心や興味を喚起する。	次に何が起こると思いますか？ これを行う／解決するためには何が必要ですか？
生徒の創造力に火をつける。	○○を△△に変えたら、結果は違ってきますか？ これを見る／解決するための、別の方法はありますか？ この質問に対する答えを見つけるためには、どこに行ったらよいですか？
テーマと生徒の日常につながりをもたせる。	もし○○が本当なら、△△はどうですか？ 同じような状況／問題をいつ、どこで見ましたか？ この情報はいつ、どこで役立つのでしょうか？ または、状況などを悪くしてしまうのでしょうか？ この情報があなたにとって／世界にとって／ある特定のグループにとって異なる影響があるとするなら、それはどのようなものですか？
生徒の概念理解を深める。	なぜ、この人はこのような発言・主張をしているのでしょうか？
分析・評価の奨励	この情報は誰を対象としたものでしょうか？
さまざまな状況に概念を当てはめてみる。	これは、○○と比べるとどうですか？ ○○を△△に応用するにはどうしたらよいですか？

話し合いを促す。	この考えを信じているのは誰ですか？ 話し手／書き手／つくり手は何を信じていますか？　その人は、あなたに何を理解してほしいと思っていますか？
生徒により多くの疑問を抱かせる。	その人の動機は何だと思いますか？ この情報源について知りたい／知る必要があると思うことは何ですか？
生徒が自分や他者の反応について考えるよう促す。	なぜ、〇〇だと分かるのですか？ その証拠は何ですか？
解釈（意義や関係の把握）を求める。	一番伝えたいことは何ですか？ これは重要なことですか？　なぜ、そう思いますか？ もっとも影響力がある／重要／関連／危険だと考えるのはどれですか？

生徒に詳しい調査や探究を促すような質問は、客観的に見て、生徒の考える力を促進すると同時に、答えを出すために必要とされる理解力と考える力があると信じている、というメッセージを送ることになります。また、生徒の自立心と価値観を尊重し、話し合いを生徒に委ねます。

さらに、「オープンエンド」の質問に対する回答では、生徒が知っていること、経験してきたことを大切にするというメッセージが送れます。また、生徒の声を聞くことは、生徒の考えや意見がみんなにとって重要であると教師が信じている様子が伝えられます。このような生徒に対する敬意と信頼の表れは、生徒の**居場所感覚**を高める要因となり、ひいては学級経営における問題の減少につながります。

表6－2の質問の種類と台詞の例は、クリティ

カルな思考力（二三七ページを参照）を育む質問の種類を増やすことをふまえれば、教師だけでなく生徒にも役立つものとなっています。生徒の学年レベルに合ったテーマ、題材、話し合い、探究に応用してください。

なぜ、生徒は質問者になる必要があるのでしょうか？

ここまでは、教師自身の質問・発問を考え直すためのヒントを提供してきました。同じくらい重要なのは、生徒がする質問についてよく検討することです。それによって、あなた（教師）自身の質問パターンについてさらに見直す機会となるでしょう。

あなたの生徒は質問をしていますか？　どれくらいの頻度でしていますか？　生徒に質問をするように促していますか？　質問の仕方を教えていますか？　生徒のほうが教師よりも質問をしたら、どんなによいでしょうか？　生徒自身が質問を考え、実際に質問し、互いの質問を聞き、それに答えれば、私たち（ローリーとパティー）がこの前のセクションで説明した、教師が質問することによって起こる現象が現実のものとなるでしょう。

生徒が質問することによって生じる影響は、さらに大きなものかもしれません。ある研究者たちは、生徒が質問をすることに関する研究を分析した結果、学習中の内容や読んだものについて生徒が質問すると、学習に対する理解度が著しく向上することを示すだけの多くの事例がある、と明らかにしました［参考文献117］。

生徒が質問をつくるという活動——生徒はテーマについて考え、自分の知っていることや最近学んだ内容に結びつけて考えなければなりません。質問をつくるためには、これまでの知識を思い出し、それを理解する必要があります。

生徒が質問をするとき——生徒は、何について学びたい（知りたい）のかを明確にしなければなりません。さらに、質疑応答では、聞き手とのやり取りが生まれます。この活動は、学習者としての成長、自立、そして勇気を育みます。

質問をした生徒がほかの人の答えを聞くことで——生徒は新しい情報を分析し、自分の考えをまとめ直さなければなりません。その行為は、これまでの知識をさらに深めることになります。また、時には、自分の理解に何が欠けているのかを知るきっかけともなります。

生徒が質問をすると、ほかの生徒はそのテーマについてより深く学ぶことになり、自分の理解に影響を与える情報を集めるだけでなく、自己表現と人間関係まで学べます。さらに、質問の仕方や答え方、フィードバックの仕方や受け方についても学んでいます。

理科の授業における質問に関する初期の研究では、教師が授業中に平均約五〇の質問をするのに対して、生徒は一つも質問をしないと報告しています［参考文献14］。今でも、教師が生徒よりもはるかに多くの質問をしていると私たちは確信しています。

教師自身の質問スキルを磨くと同時に、生徒に対して質問に関する必要な理解や方法を教えましょう。そして、教師であるあなたや生徒同士でたくさんの質問ができるように見守ってください。そうすれば、生徒の自尊心とともにの認識能力が高まり、グループとしてのつながりが深まります。

方法44 違いをもたらすフィードバックをする

生徒自身が学業面と行動面において改善できるようになるためには、教師が厳しく判断したり評価したりするのではなく、生徒自身が自分の学びや行動を振り返り、どうすればより良くなるのかについて考えられるような、率直で具体的なフィードバックが必要です。

生徒をより良くしていこうとしてなされるフィードバックは、生徒の学業と個人的な成長を促すと同時に、前向きな教室環境を維持するために役立ちます。そのようなフィードバックが効果を発揮するためには、フィードバックの具体的な内容を生徒が聞き、そこから実践できる何かを学び、自分自身の学業面や行動面においてより良いものをつくるためにそれを活用する必要があります。

個別で

生徒の行動や学業に対する建設的なフィードバックは、個人的に行うというのがもっとも効果的です。作業時間中に生徒と静かに話したり、授業後に数分残ってもらったり、あるいはお互いにとって都合のよい時間を決めて面談をします。たとえフィードバックが肯定的なものであっても、個別に行います。

なお、ほかの生徒が見てる前で指摘されることを嫌うといった生徒がいることを忘れないでください。公の場でフィードバックをしてしまうと、あなたが推奨している行動が二度と見られなくなるという可能性もあります。

具体的に

「今日の授業ではよくできたね！」と言うだけではだめです。褒めたい行動や取り組みを具体的に説明します。授業中に座っていられたこと、答えを声に出さないでほかの生徒の邪魔をしなかったこと、ほかの生徒が話を聞こうとしているときに話しかけて気を散らさなかったことなどが「よくできた」ことでしょうか。「今日の授業ではよくできたね」の代わりに、次のような言葉が考えられます。

・生徒個人ではなく、行動に焦点を当てて、客観的にその行動を説明する。
「私が話している最中に質問されたり、コメントされたりすると、〇〇〇」
・行動がほかの人に与える影響を説明する。
「ほかの生徒の学びを妨げることになり、みんなの思考が停止してしまいます」
・生徒に行動の選択肢を一つか二つ提供する。
「何か質問や共有したいことがあるときは手を挙げて、私が指名するまで待ってください」
「質問やコメントの時間になったら言いたいことが思い出せるように、書き留めておいてください」

生徒へのフィードバックは、生徒が行動した直後、またはできるだけ行動に近い段階で行いましょう。行動直後のフィードバックと時間が経ってからのフィードバックに関する研究では、直後にフィードバックを受けた生徒のほうが、あとから受けた生徒よりも成績が向上する、と示されています［参考文献85］。

協力する

生徒を学びのプロセスに巻きこみます。「自分たちは一緒に取り組んでいる。生徒が授業をより理解できるようにサポートしている」と理解してもらいましょう。校長として私たちは、教師の授業や生徒とのかかわり方を観察したあとに面談する際、「オープンエンド」の質問が一番よい方法であることに気づきました。

この方法は、私たちが聞きたいと思うことを教師が先に話してしまう状態を避けるのに役立ちます。教師には「授業はどうでしたか？」と質問し、その後「なぜうまくいかなかったと思いますか？」、「改善したい点はありますか？」、「生徒はどのように感じたと思いますか？」、「どのようなことから、そのような結論に至ったのでしょうか？」といった追加の質問をしています。

これらの質問に答えてもらうことで、教師自身はもちろん、校長である私たちにも、管理職が「評価としての話」をする場合よりも多くの、教師力に関する情報と成長のためのアイディアが提供されます。生徒自身の行動を振り返り、違う行動をとったほうがよかったかもしれないと認め、将来、その問題を回避するための方法を自ら提案できるようになれば生徒はより成長するでしょう。

よく考える

教師が改善につながるよいフィードバックだと考えていても、逆効果となる場合が多々あります。

パティー（著者）は中学生のとき太っていて、あまり身体能力は高くありませんでした。よって、体育における体操の単元はうまくできませんでした。しかし、友達の助けを借りて、平均台の上から後方宙返りができるようになったのです。彼女はそれを誇りに思いましたが、しばらくして教師から「段違い平行棒で体を持ちあげることができない」と指摘され、「もっと頑張らないとダメだ」と言われました。

彼女はどうしたと思いますか？　パティーは、必修科目ではない体育の授業は二度と受けないと誓い、事実、本当に受けませんでした。

落ち着いて

問題行動を起こす生徒に対して、怒っていたり、あきれたり、うんざりしているといった言葉で教師が対応すると生徒とのコミュニケーションを断ち切りますし、まちがいなく生徒は、あなたの言うことに耳を貸さなくなります。そうではなく、客観的かつ感情的でない態度を保って、「サンドイッチ」作戦を試してみてください。次に示すように、ポジティブな行動を肯定する前と後の間に、好ましくない（ネガティブな）行動を入れこむのです。

・「あなたがクラスにいてとても嬉しいです。あなたはよく考える人であり、学んでいる内容にとても興味をもっていることを知っています」（ポジティブ）

・「でも今日は、授業中にしゃべる番ではないときに何度か発言をしていたので、私もほかの生徒も話し合いを中断しなければなりませんでした。あなたが手を挙げているのに私が声をかけないことに不満をもっているのは分かりますが、全員に話し合いに参加してもらいたいのです。そのことを理解してください」（好ましくない）

・「あなたが投げかける質問や意見・考えはとても貴重なものです。あなたが賢い生徒であることは明らかです。もし、私が授業中にあなたの発言機会を設けなかったら、活動の最中でもいいですし、授業前か授業後に来てください」（ポジティブ）

気をつける

生徒のことを知りましょう。個別に褒めるのがよいのか、ほかの生徒の前で褒めるのがよいのかについて知りましょう。また、フィードバックを受け取ったあと、それに反応する前に、考える時間が必要なのかどうかを知ることも大切です。生徒のバックグラウンドを考慮して、過去の学校での出来事やそのほかの経験から、あなたの言うことを生徒がどのように解釈するのかについて知る必要があると意識しましょう。

生徒がどのようにフィードバックを受け止め、どのように反応するのかについて教師が知っておけば、生徒にとって役に立つフィードバックの仕方が分かるようになります。

第7章

生徒同士が協力することで育まれる居場所感覚

生徒の居場所感覚を高めるために教師ができる最善の方法は、一緒に学べるようにグループをつくることだと思います。

（6年生）

この章では、協働的な取り組みを成功させるための方法と、そのやり方を生徒に伝えるための方法を紹介します。(1) そのなかには、より効果的な学級経営計画、生徒と一緒に行動する際の手順作成、協働作業におけるスキルの指導、グループ活動の振り返り、そして学習で新しく達成した内容と居場所感覚の向上を祝福する方法などが含まれます。

多くの教師は、収拾がつかなくなってしまう学習活動を恐れて、生徒がグループで活動する授業を避けています。グループ活動では、ある生徒の作業が多くなりすぎたり、少なすぎたり、あるいはまったく作業をしない生徒が出てしまうことを心配しているわけです。とくに、数人の生徒だけが一生懸命に取り組んでいるように見えてしまうグループ・プロジェクトを、どのように評価したらよいのかと困っています。また、生徒の行動が手のつけられない方向に進んでしまうことを想像したり、仲のよい生徒同士でグループをつくり、仲間外れにされる生徒が出るのではないかと心配しています。

残念なことに、協同学習を避けることによって、教師も生徒も、授業内で活用できるとても効果的な学習方法を経験せずに終わってしまいます。それだけでなく、研究結果によって証明されている生徒の居場所感覚を高める貴重な機会も逃してしまっているのです。

たしかに、生徒をグループに分けて活動させると、今述べたような懸念事項が起こるという可能性がありますし、実際に起こる場合もあります。しかし、グループ活動が生徒にとって意味があり、よく計画され、指導され、活動の流れが管理されていれば無秩序な状態にはなりません。ですから、グループ活動を授業に取り入れることから逃げないでください。グループ活動の上手なやり方を学べば、生徒同士がよく知りあい、受け入れ、学級経営も改善されるといった効果を実感するはずです。

　グループ活動、協同学習、協働学習という言葉は、しばしば同じ意味で使われます。協同学習も協働学習も、ペアまたは少人数の生徒が「お互いの学習を最大化するために協力する」［参考文献72］という学習方法です。お互いに助けあうというのは共通する重要な要素であり、生徒自身の学習とグループとしての学習において、お互いに依存しあっている状態を意味します。

　通常、協同学習では、課題の割り当て、グループの活動状況のモニタリング、評価へのかかわり方など、教師からの指示という要素が強く見られます。一方、協働学習は、協同学習の一つとして捉えられますが、グループで行う作業の割り振り、課題を達成するための活動決定、資料の収集、グループにおける進捗状況のモニタリング、プロジェクトの最終評価などにおいて、より大きな責任を生徒が担うという学習形態になっています。

（1）原書で「collaboration」と書かれているところは「協働」、「cooporation」および「work together」は「協同」と訳します。

本書では、教師が活動の中身と進め方において役割を果たすグループ活動の方法を「協同学習」と表現します。グループ活動と言うときは、協同的なグループ活動を意味します。一方、「協働学習」は、答えを出したり、何かをつくりだしたり、解決したり、または創造したりすることを目的として、他者と一緒に取り組むという意味で表記します。そのため、グループ活動を行うために「協働」を求める場合はこの用語を使用します。

協同学習は、競争的な学習や個別の学習形態に代わるものです。また、受動的な学びから、生徒が主体的に参加する学びへと学習形態を移行します。よい結果をつくりだすためには、一人ひとりの参加が欠かせません。ある研究者は、このような集団体験の重要な要素として、「相互に助けあう関係」という表現をしています。

これは、グループの仲間が目標を達成すれば、初めて個人の目標も達成されるという考え方です［参考文献111、112］。つまり、協同的なグループでは、一人ひとりが担当する役割を平等に担い、チームスポーツのようにグループの仲間をサポートし、励まし、個人だけでなくグループの結果に責任をもちます。

この教え方は、単に生徒をグループにするだけではありません。協同学習では、メンバー全員が主体的で、相互に貢献できる役割を果たせるような仕組みが具体的に提供されます。つまり、グループの全員が役に立ち、重要視され、評価され、肯定されるようにデザインされており、これらすべてが生徒の**居場所感覚**と教室での好ましい行動に寄与するのです。

協同学習でよい経験をした生徒は、学習スキルでも、感情と社会性（ＳＥＬ）のスキルでも大きな成長を遂げています。競争的な学習や個別の学習と比較すると協同学習は達成度を高めますし、生徒の意欲をかき立て、クリティカルな思考（二三七ページ参照）を促し、深い学びを可能にするほか、コミュニケーション能力を磨き、成功への期待を高め、個人の責任と自立も高められることが分かっています［参考文献59、61、70、71、73、99、122、126、130］。

協同学習は、生徒の人間関係にも大きな効果があります。グループでのコミュニケーション、問題解決、意思決定といった要素によって仲間から自分は受け入れられていると感じます。その結果、グループのメンバーはより積極的に他者とかかわり、助けあうようになります。

このような経験が多ければ多いほど、人と人とがそれぞれのやり方で貢献する「ケアリング」[2]の関係が育まれます［参考文献70］。ある研究者は、協同学習に関する初期の大規模な研究において、協同学習では生徒がお互いをケアし、社会性を身につけ、社会問題の解決能力を高め、他者のウェル・ビーイング[3]に貢献し、共通の利益のために決断するメンバー間において絆が生みだされる様子を発見しました［参考文献22］。

（2）ネル・ノディングス（Nel Noddings）のケアリング論を参照しました。

また、よく運営されたグループ学習は、クラスの調和と生徒の居場所感覚の大きな向上につながります。協同学習は、とくに多様な生徒がいる環境で、生徒の居場所感覚を高めるための方法として大いに推奨されています［参考文献22、84、101、108］。実際、仲間はずれについて研究している研究者は、相互に助けあう関係（協力的なグループにおける重要なプロセス）が多様な生徒やグループ間の偏りを解消するのに役立つ、と述べています［参考文献23］。この研究者は、相互に助けあうことが、「他者への偏見や固定概念を考え直そうと思えるようになる唯一の方法だ」としています。

一方、ほかの研究者も、グループ内やグループ間のやり取りの効果に関する研究を二〇〇八年に行いました。多数ある既存の研究を分析する形で行われたこの研究では、異なる特徴や生活環境・家庭環境をもつメンバーを目的別のグループに混ぜれば、以前なら避けたり、拒絶していた人に対する共感が高まり、周囲への不安感と偏見が減ったと結論づけています［参考文献112］。さらに、多様な特徴をもったメンバーで構成されたグループのほうがより良いアイディアを出し、より良い結果を得る、としています。［参考文献144］

このように個人レベル、人間関係、そして学習において大きな利益をもたらすことを考えれば、生徒に質の高い協同学習の機会を提供するという配慮は、勇気をもって行うに値するものだと言えます。

方法45　グループ活動を成功させるためのプランづくり

教室で協同学習を成功させるためには、活動をどのようにうまく展開していくのかが不可欠となります。活動計画なしにグループ活動をはじめないでください。グループ活動をうまく進められないと、あなた（教師）が望むものとは逆の結果をもたらします。それは、グループ活動だけでなく授業やカリキュラム全体にも影響を与え、生徒の居場所感覚が低下します。

目的が何であるか、目的を達成するためにどのような流れで活動を行うのかを計画すれば、教師と生徒は協同学習から多くの学びが得られます。とはいえ、協同学習は混沌としてしまうものである、ということだけは知っておいてください。

（3）　この言葉は、一九四六年の世界保健機関設立時の憲章のなかで初めて使われました。心身と社会的な健康を意味する言葉です。瞬間的な幸せとは異なり、「持続的な」幸せを意味します。二〇一一年にはポジティブ心理学を提唱したセリグマンが「嬉しい・面白い・楽しい・感動などの感情」や「時間を忘れて何かに積極的に取り組む（エンゲージメント）」、「援助を受けたり与えたりする人間関係」、「生きている意味や目的」、「何かを達成する」といった五つの柱からなる持続的な幸せの理論を構築しました。最近では、各国や州の教育庁やＯＥＣＤなどが、これをキーワードにした文書や方針をたくさん出しています。

図7－1　より良い協同学習の運営するためのアプローチ

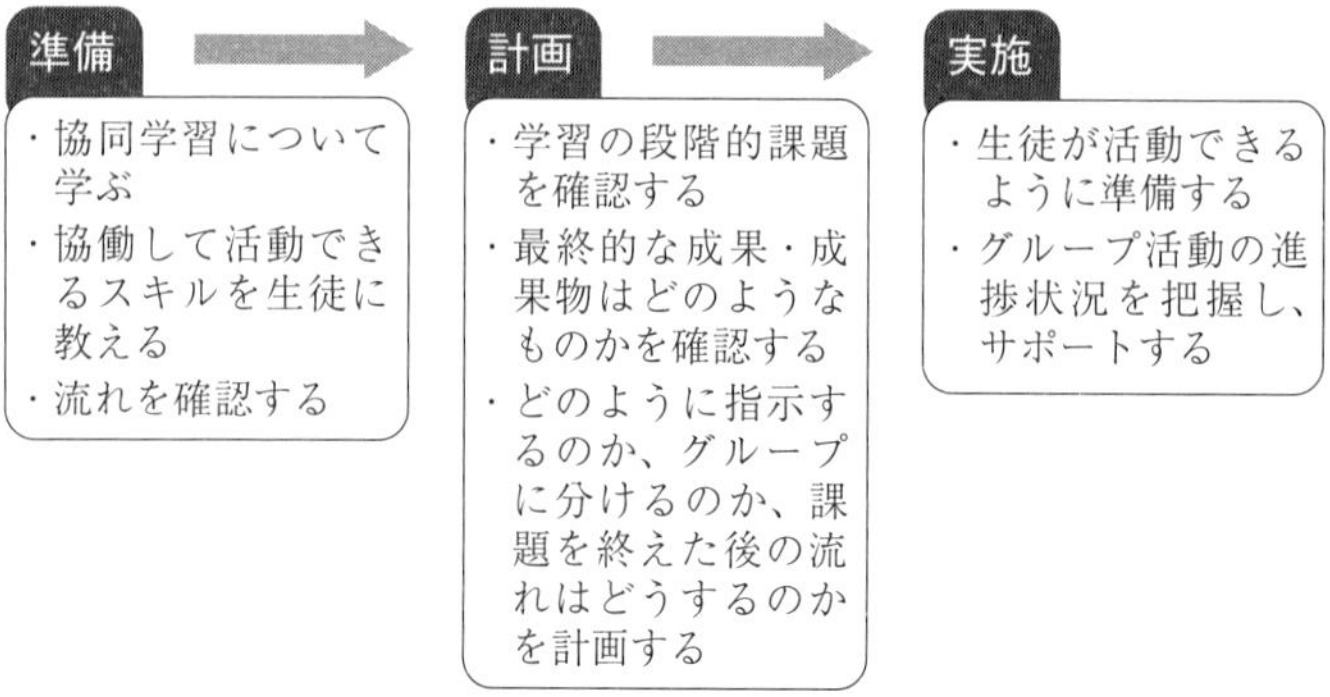
準備
・協同学習について学ぶ
・協働して活動できるスキルを生徒に教える
・流れを確認する
計画
・学習の段階的課題を確認する
・最終的な成果・成果物はどのようなものかを確認する
・どのように指示するのか、グループに分けるのか、課題を終えた後の流れはどうするのかを計画する
実施
・生徒が活動できるように準備する
・グループ活動の進捗状況を把握し、サポートする

生徒は、このプロセスに慣れていないかもしれません。すべての作業が少しずつ異なり、構成メンバーによっては思考や行動の違いが出てしまいます。さらに、協働することはうるさくもあり、動きを伴う場合もあります。とはいえ、協同学習の枠組みと一貫性の重要性を尊重すれば（第4章を参照）活動がスムーズになります。

私たちは、協同学習を管理運営するために三段階の計画を提唱しています。**図7－1**にあるように、「準備」、「計画」、そして「実施」という段階を踏みます。

第一段階　準備

もちろん、個々の教師によって必要な準備は異なりますが、私たちがおすすめするのは次のような項目です。

協同学習について学ぶ——グループ活動を取り入れた経験がない、過去のグループ活動でやりにくいと感じた、うまくいかなかった、または協同学習の最新動向や方法をつかんでいない人は、協同学習に関する情報を探したり、ほかの教師の経験談を読んだり、実際に経験談を聞いてみてください。パティー（著者）は、保健の教師が思春期における体調変化の学習において小説を使ったブッククラブを取り入れようとしたとき、かなりの時間をかけて、この協同学習の秘訣を英語（日本の国語）教師たちから学びました。

たとえ過去に協同学習での成功体験があったとしても、協同学習の研究〔参考文献70、71、72、73、75、99〕を見直したり、協同学習のブログをチェックしたり、同僚と話し合うことには価値があります。

グループ活動の目的は、シンプルなものから複雑なものまで数多くあります（例・新しい概念の探究、過去の学習内容の復習、やり方の練習、新しいテーマの学習、ある概念を表すブレインストーミング、概念の整理、調べもの学習の計画、自分・グループの考えを伝えるためのアイディア構成）。

活動のなかには、生徒が特定の情報を知っているかや、特定のプロセスを使用できるかを確認するといった正解が存在するものも含まれますが、さまざまな回答や解釈が可能なものもあります。協同学習では、両タイプの課題を扱います。

協働するスキルを生徒に教える――協力してグループ活動に取り組むために必要とされるスキル

を生徒に教えます。とくに、次の三つのスキルに焦点を当てた指導を、今授業で教えている、あるいはこれから教える教科内容のテーマに織りこみます。

コミュニケーション——相手に対して敬意をもって傾聴する、(4) 自分の考えを伝える、主張や意見を述べる（そして、それを証拠や理由で裏づける）、建設的なフィードバックをしあう、言い換えと要約、質問をするなど。

他者とのかかわり——自分以外の考えや視点を尊重して関心をもつ、全員が会話に参加する、柔軟である、一緒にやろうという根気をもつ、自分たちの言動に責任をもつ、仲間を励まして成功できるように助ける、合意を得る、グループとしての意思決定と問題解決に取り組む、仲間内における不一致や対立を調整する。

時間・情報などの管理——締め切りを守る、自分の役割に責任をもつ、ブレインストーミングの仕方（例・マインドマップなど）。

生徒がペアやグループで活動しはじめるたびに、これらのスキルのなかから一つを選んで簡単なミニ・レッスンを行い、それを（学習成果とともに）協同活動の目標にします。特定のスキルを教えるには、そのスキルを使うとどのように見えるのか、どのように行動するのかを具体的に説明・実演し、生徒に対しても、同じく説明ができて実演できるように求めます。
　その後、練習に移ります。たとえば、「相手に対して敬意をもって傾聴する」場合には、話す人を見て、その人の考えがどのように表現されているのか、ほかの人がどのような反応をしているのかに気づくこと、そして邪魔をせずに話を聴くことや聴いた考えを言い換えられることなどが含まれます（このスキルを教える具体的な方法については「方法32」を参照してください）。
　これらは、すぐにできるものではありません。学校生活を通して、生徒は協働する力を身につけていきます。時間をかけて教え、身につけられるようにしましょう。これらのスキルが生徒の習慣として身につくまで練習を繰り返し、磨いていきましょう。

どのような流れで行うのかを考える——協働作業を成功させるには、手順（誰が、いつ、どのように行うか。「方法46」を参照してください）から、協働作業で必要な材料、スペースと時間、健康と安全に関するものまで、多くのことについて考えなければなりません。生徒からのフィードバックをどのようにもらうのか？　活動開始と終了時間の指示をどのようにするのか？　いかなる活動でも同じですが、活動開始前に考えるべきすべての項目をきちんと吟味しておくとよい結果が得られます。

（４）　二〇〇ページの「方法32」を参照してください。

まず、協働作業グループと活動内容に必要とされるスペースと時間を検討します。生徒がペアやグループになった場合、どこで活動を行うのでしょうか？　これは、活動内容（ポスター作成か？　実演のリハーサルか？）、活動時間の長さ、グループの大きさによって変わります。ペアで読みあった内容の質疑をしたり、四人一組で模型をつくったり、グループが交代でほかのグループにインタビューしたりといったシナリオを想定してみましょう。ペアやグループの空間における物理的な配置、生徒が移動するのに必要とされる広さ、各グループがいつどのように移動するのかについて考えておきます。

当然ながら、必要な時間は活動内容によって異なります。教師が指示を出したり、生徒の質問に答える時間、グループ内で話す時間、グループへのフィードバック、振り返り、生徒たちの活動に対する評価、また新たな目標を設定するための時間を考慮する必要があります。さらに、活動によっては、各グループがクラス全体に報告する場合もあります。

これらの要素すべてを常に考えるわけではありませんが、できるだけ意識するようにすれば、それぞれの活動内容にニーズがあると分かります。

二〇二〇年の新型コロナウイルスの大流行によって、感染状況について多くの人が注目するようになりました。学校で起きてしまうクラスター感染は以前からありましたが、今回の経験から、多くの教師の健康や安全に対する意識が高まりました。新型コロナ禍のグループ活動や非常に近い距離で行う活動を計画するときには、生徒の健康・安全を考える必要があります。

現在の感染防止対策の手順に適合した行動を生徒に教えてください。そのことを念頭に置いて、適切な方法を選び、計画を立て、定期的に手を洗うようにと指示してください。

生徒の話し合いについてひと言付け加えておきます。

グループ活動ではうるさくなる場合があります。生徒がお互いに話すことを許可し、奨励する準備をしておいてください。生徒の交流を望んでいるわけですから、生徒同士の話し合いに耳を傾けてください。生産的であり、課題に沿ったものであればそのまま続けさせ、単なるおしゃべりであったり、課題から外れたものやうるさすぎる場合はその時点で介入してください。

一つ留意しておいたほうがよいと思うのは、グループ活動では会話が必要となるわけですが、各自がすべきことに集中するためには、静かに作業する時間も必要になることです。つまり、常に話をしなければならないということではありません。各自の意見や考えをまとめたり、それぞれがやるべきことに取り組むためには、個人で活動する時間も必要なのです。

第二段階　計画

協同学習をよく考えて計画すれば、やりがいのある、秩序ある、魅力的な活動が実現できます。以下で、私たちが推奨する方法を紹介していきます。

学習の段階的課題を明確にする――教師のなかには、長い期間にわたる大きなプロジェクトをグループ活動としてはじめれば多くの学びと成果が得られ、素晴らしいものになると考えている人がいます。しかし、このようなプロジェクトをうまくやり遂げ、生徒から、そして生徒のためによい結果を得るには、教師の側にも時間と練習が必要となります。生徒に協働的な活動を教えるためには、多くの「成功のための足場」（二四三ページを参照）が必要なのです。

私たちからのアドバイスは、最初は小さくはじめる、ということです。ペアで行う短い活動からはじめ、その過程において協働で取り組むためのスキルを教え、それぞれの生徒が練習していきます。協働活動を通して成功体験を積めるような状況をつくりましょう。その過程で生徒は自信をつけ、メンバー同士で協力しながらやり取りをするといった活動に慣れていくようにします。

徐々に、より複雑な活動に取り組んでいきましょう。小さな範囲で探究し、再検討し、深められるといった内容はたくさんあります。そして、協働で活動するスキルを生徒が身につけてきたら、より難しい学習機会を提供します（二七三ページの「方法42」を参照）。

次に、細かく計画します。最初から最後まで、すべての部分について考え、詳細な計画を立てます。生徒たちが協同学習をすることによって、目標がどのように促進されているのかを確認してください。グループ活動だけを考えて、無理やりグループ形式にするというのはやめましょう。自分自身と生徒の立場から、グループ活動の目的を明確にするのです。

生徒は、何をするかだけではなく、「なぜ、それをするのか」について知る必要があります。次に紹介するのは、協働作業を成功させるための特徴です。

・グループのメンバーそれぞれが「同じ仕事量」となるように課題が分解できる。仕事量が同じでない場合は、誰がどの部分を分担するのかについて考えて割り振る。各メンバーに役目があるかどうかを確認する。
・課題は、生徒にとって興味深く、夢中で取り組め、意味が感じられるものである。
・課題には、相互に依存しあう部分と個別に活動するという両面がある。つまり、それぞれの生徒が個別に活動する必要があるが、部分的には一緒に行い、お互いの成功のために活動することも必要である。
・課題として取り組む活動は意味のある内容となっており、生徒が学んでいること、すでに知っていること、あるいは学ぶ必要のあることに直結している。
・生徒が考え、それが応用できるような課題にする。生徒の理解促進を目指す。
・課題として取り組む活動は、生徒にとって行う価値があり、重要な成果をもたらす。グループ活動では、一人で行えるものより少し難しいものにする。
・課題として取り組む活動には適切な目標と期待があり、適切とされる時間で終了する。

この時点で、期待する成果や成果物を明確にしましょう。生徒への指示は具体的なものでなければなりません。たとえば、「この問題について話し合ってください」と言う代わりに次のように伝えます。

「この問題を、一人で二回読んでください。まず、個人でこの問題をどのように解決するのかについて考えましょう。次に自分の考えをパートナーと共有し、問題を解決するための方法について話し合い、そのなかから合意できたものを二つ選んでください。どのように解決するのかについて口頭で話すだけではなく、異なる二つの方法によって解決策までどのように到達するのかについて紙に書いてください」

このステップは、活動のために生徒が必要とする材料について考える（そして集める）点で必要となります。また、とくに長期間行う活動の場合は、終了するまで待つのではなく、途中で進捗状況の確認が必要かどうかを検討する必要もあります。次のステップに進む前に簡単な確認を教師が行いますが、その確認作業が生徒にとって役立つということを忘れないでください。

グループ分けと作業終了後の計画をする――活動計画でこれまでに決定したことを考慮し、生徒に活動内容を紹介するときにどのように説明するのか、また各活動段階（作業、振り返り、評価、共有など）で話す内容を決めます。

話す予定となっている内容を書き留めておきましょう。課題が段階的であったり、指示が覚えづらい場合は文章にして、生徒が確認できるようにしておきます。短い活動（質問に答える、アイディアを考える、テーマに対して意見を集める）であれば、板書したり、プロジェクターで映しだせばよいでしょう。

また、グループの人数を決めておく必要があります。少人数のグループは互いに助けあう活動に適しています。二人から四人のグループであれば、仲間とのかかわり、活動への参加、活動に対する責任感が高まり、より良い学習成果が得られます［参考文献　75、92、148］。また、少し大きめのグループにするとメンバーの多様性が確保できるため、時には四人か五人のグループにするというのもよいでしょう［参考文献148］。

グループ分けの方法は、無作為（例・数字を数える、缶の中から色のついたビー玉を取るなど）に分けるのか、教師がグループのメンバーを決めるのか、いずれにしても意識して使い分けることをおすすめします。後者の方法では、課題の必要性に応じて生徒の混在が可能となります。要するに、仲のよい友達同士のグループにならず、自分とは異なる能力や考え方、背景をもつ生徒同士が学びあい、ともに活動するといった機会の提供ができます。

また、活動終了後の手順を計画することも重要です。生徒はどのように成果を共有するのでしょうか？　また、それをどのように評価するのでしょうか？　成果物やグループ活動のプロセスを評価する基準を明確にして、グループ内でお互いに振り返り、フィードバックしあう方法を計画して、グループ間で成果を共有したり、ほかのグループから学んだりする方法を選択する必要があります。

最後に、もう一度計画を見直します。生徒からの質問があるかもしれないことや、複雑な問題が起こるかもしれないと予測して、対処できるように準備しておきます。

第三段階　実施

いよいよ本番です。計画の三つ目の検討事項は、協同学習がスムーズに進むように、実施当日の環境や人間関係に気を配るといった配慮に関するものです。私たちは、次のような行動をすすめています。

生徒が課題に取り組む準備をする――生徒全員が、基本的なルール、全体の枠組み、活動の手順、そして成果として何を期待されているのかについて理解していれば、グループ活動の環境はより快適なものとなり、どの生徒も排除されることはありません。

❶必要なものをすべて用意する。活動で使用する資料や道具をあらかじめ用意して、いつでも手に入る状態にしておく。

❷協働作業のためにクラスで決めた手順を確認する（「方法46」を参照してください）。
❸課題に取り組む際、生徒一人ひとりが一つ以上の役割を担うと同時に、決めた約束・ルールを常に守る必要があると説明する。
❹どうしてこの課題に取り組むのか、その理由を説明する。
❺グループを決める。
❻生徒の活動場所を示し、移動してもらう。初めて顔を合わせたり、グループ活動を行うのが初めての場合は、数分間、自己紹介や簡単なウォームアップの時間を設定する。
❼グループ内で打ち解けたら、課題の指示を明確に出す（活動終了時には成果が期待されていること、そのための活動方法を説明する。もし、これを紙などに書きだしている場合は、それを見ながら生徒と一緒に確認する）。
❽生徒に活動する時間を伝える。
❾静かに一人で作業する時間やグループのメンバーと相談する時間があるのか、また活動によっては声の大きさに気をつけてほしい場合にはその説明をする。
❿生徒が課題を理解しているかどうかを確認する。ランダムに生徒を指名して、教師が出した指示を復唱してもらったり、要約してもらったりする。さらに、生徒に対して質問する機会を与える。

これらの準備ができたら、はじめましょう！

グループ活動中は生徒の活動をモニターし、サポートする――生徒が課題に取り組んでいる間、教師は積極的に関与しつつも、生徒の主体性を阻害しないように気をつけます。つまり、生徒が困ったときには教師に頼れるという環境をつくって、移動しながらグループごとに活動を見守ります。

こうすれば、特定のグループに留まらず、各グループがどのような活動を行っているのかなど、グループ内のやり取りと個人レベルの取り組みが確認できます。その際、いくつかの注意点があります。

・生徒の質問には答える（ただし、質問された場合のみ）。
・必要とされないかぎり介入しない。生徒たちが課題に取り組み、疑問や困難なことがあっても解決できると信じているかのように振る舞う。
・協働作業の仕方や居場所感覚をもてないと悩んでいる生徒がいる場合は、「助けになれる」と判断できれば介入する。

グループが課題を終えたら、次のステップを指示します。たとえば、活動を振り返る質問に答える、隣のペアと活動成果を共有する、壁に記録となる掲示物を貼る、などです。振り返りとその共有、基準を使っての評価、フィードバック、クラス全体での共有など、あなたが計画した各段階に対して必ず個別の指示を出してください。ただし、それらの指示を出す際には、生徒が行動に移す前に「考えられる時間」を設けてください。

各グループのメンバーが自分の席（または、教師が指定する場所）に戻る前に、グループ内でお互いの活動をたたえあう言葉をかけて、ポジティブな協働作業のよさを確認するようにしてください。また、何がうまくいって、何がうまくいかなかったのかについて数分間振り返ることもおすすめします。これは、グループ活動としてのプロセスを振り返るという意味です。

このときあなた（教師）は、グループ活動で見たことや生徒のフィードバックから学んだことをメモにとって記録してください。そうすれば、自分の実践と生徒の学習を継続して改善できるようになります。

方法46　生徒が困らないように協働作業の手順をつくる

私たち二人（パティーとローリー）は、グループ活動の取り組み方を知っていて当然と思いこんでいる管理職のもとで働いた経験があります。しかし、実際にグループ活動をすると、全員が異なる考えをもっていることに気づきました。一方、自分の考えをアピールすることに夢中になりすぎて、グループ活動のプロセスについて考えもしないという教師もいました。

グループワークのプロトコル（手順）がないと、チームとして機能させるためにどのようにすればよいのかが分からず、空回りする時間が多くなり、本来なら課題を達成するために必要とされる大切な時間が無駄になってしまいます。

たしかに生徒は、学習やそのほかの学級生活において、さまざまな目的のためにほかの生徒と行ったありとあらゆる協働体験がありますが、学校の管理職がグループ活動のやり方について教師が知っていると思いこんでいる場合と同じように、多くの教師は生徒（とくに年長学年の生徒）はすでに知っていると思いこんでいます。

すべての生徒がグループ活動の取り組み方を知っているはずだ、と思わないでください。そのような思いこみは、学級経営に大きなマイナス影響を与え、グループ活動における長所をすべて帳消しにしてしまいます。

グループ活動の開始と導入方法に関する計画（「方法45」を参照）が効果的であるためには、協働作業を行うたびに用いる教師からの指示が必要です。もちろん、これらの手順は、生徒と一緒につくっていく必要があります。過去のグループ活動の経験について話し、うまくいった点、うまくいかなかった点を生徒から聞きだしましょう。

クラスの生徒一人ひとりが、グループ活動や協働作業をどのように理解して取り組んでいますか？　効果的なグループ活動のための約束・ルールを作成するために、生徒が話し合い、追加し、そして継続的な改善作業ができるように生徒を巻きこみましょう。

プロトコルとは「手順」という意味で、一般には特定の状況下で求められる一連の行動を表す際に使われています。これらの手順にどのようなラベルを付けるのかについては、生徒自身が決めます（例・「協働作業の手順」、「私たちの協働作業の規範」、「取り組む際の規則」、「グループ活動の基本ルール」、「グループ活動の手順」）。どのような名称にしようと、手順を設定し、文書化し、生徒に配付します（教室の壁にも貼り付けます）。そして、みんなで決めた項目をどのように実践していくのかについて生徒に教えていきます。

みんなで決めた手順を守る

次ページの**表７－１**は、協同的なグループで作業するための約束事となる例です。クラスで決めた手順を理解し、承認したあと、手順を守るために署名してもらうことをおすすめします。これによって将来、生徒が参加するペアやグループにおいて自分自身の役割と責任を自覚します。

手順を教える際のヒント

用語を定義し、その意味について生徒と話し合う――「協同」と「協働」の定義については、一

表７－１　協働作業のための手順（例）

ほかの生徒と一緒に課題に取り組むとき、私は以下のことに同意します。

・必要な資料はすべて準備し、グループに参加する。
・話している人の顔を見て、注意深く話を聴く。
・みんなの考えを尊重し、他者の視点を理解しようと心がける。
・よく考え、相手に対して尊敬の念をもったアイディアや質問を提示して、みんなが平等に参加できるようにする。
・順番に話をする（ほかの人の話を遮らない）。
・みんなが平等にアイディアを出したり、質問したりする時間が確保できるように最善を尽くす。
・自分が出した答え、提案、議論について、その理由や根拠を説明する。
・督促されることなく、与えられた役割が時間どおり終わるように責任を果たす。
・ほかのグループメンバーが取り組んでいる課題が達成できるように、サポート役としての責任を果たす。
・自己管理して、自分の責任を果たす。
・ほかのグループのメンバーに、有意義で役立つフィードバックをする。
・問題や対立の解決が図れるように努力する。
・グループのほかのメンバーを助けて、励ます。
・作業時間中はグループのメンバーと一緒にいる。
・これらの手順がどの程度守られているのか、頻繁に自己評価する。

署名＿＿＿＿＿＿＿＿＿＿＿＿＿＿＿＿＿＿＿＿　日付＿＿＿＿＿＿＿

般的には類似しているか、あるいは同じとなっています。両方とも、同じ目標（何かものをつくりあげる）に向けて協力する行動やプロセスを意味します。

協同学習は、単に何かをつくるためではなく、学ぶために理解し、答え、解決し、つくる、あるいは創造する目的でほかの誰かと一緒に取り組むという学習形態です。その価値は、誰かと肩を並べて何かを成し遂げるという作業をはるかに超えています。協同的なグループは、お互いを助けあうという考えに基づいています。つまり、何かをするためには、一人ひとりの成功がすべての生徒の成功に依存しているということです。

協働の基礎について生徒と話し合う――協働作業は、次に挙げる「協働」そのものの理解や信念に基づいています。

・メンバーの一人ひとりは、グループ内では平等で価値のある存在である。
・力を合わせてこそ成功する。一人ひとりが、グループの成功と各メンバーの成功に責任を果たす必要がある。
・各自が手を抜かず、与えられた課題をやり遂げるためにコミットしている。
・各自が学習に対して責任をもっている。
・各メンバーが自分らしく活動できることに責任をもっている。各メンバーが本当の意味で仲間であり、お互いが尊重され、サポートされ、居心地がよいと感じられるように努力する。

・コミュニケーションのスキル、問題や対立解決のスキルをフルに使いこなす。
・一緒に活動し、互いに学びあうプロセスは、最終的な答えや成果物と同じくらい重要である。

生徒が理解できるように教師も手順を守る――「方法45」において、生徒がグループ活動を行う前に協働するためのスキルを教える、と推奨しました。その際、グループ活動のなかにおいて、これらのスキル（思慮深く聴く、質問する、役立つフィードバックをする、平等に参加する）が生徒にどのように見えているのか、またどのように捉えられているのかについて知る必要があります。

・生徒と一緒に作成した手順に則って、教師が行動する姿を生徒に見せる。生徒とのかかわりや、同僚やほかのグループとのかかわりにおいて、あなたが手順を守っている状態を生徒に示す。
・年度を通じて、生徒が手順を使える機会を多く提供する。教師は、一度スキルや方法を教えたらそれらが「定着」したと思う傾向がある。新しいメンバーで活動するたびに、手順や実際に行動に移す方法を生徒と一緒に確認し、生徒自身ができているのかどうかを振り返り、習慣化するための時間をとる。
・よい行動を見たらそれを認め、伝える。一緒につくった手順に則って行動している生徒を見たり、協働を実践していたり、協同的なスキルを生徒が使っている場面を見たら、それを本人に伝え、ほかの生徒にも「できる」と励ます。そして、課題にうまく取り組めたときは、「グループとしての誇りをもつように」と伝える。

方法47　絡みあった問題を生徒と一緒に解決する

新学期の早い段階で、生徒が協働作業に慣れてくると同時に楽しくて活動的な課題に取り組めておれば、協働についての「会話」を生徒とはじめることができます。このような活動は、異なる教科のさまざまな問題をクラスメイトや教師と一緒に「解き明かす」きっかけとなるほか、本格的な活動の準備となり、協働のプロセスに関する学習の準備が整うことになります。

絡みあったものを解く

「ゴルディアスの結び目」とは、古代ギリシャのア

ゴルディアスの結び目ゲーム

レキサンダー大王の物語にまで遡《さかのぼ》る、誰にも解けないような難問のことです。一般的に市販されている「ゴルディアスの結び目ゲーム」は、解答までの手順が多く、難しい「分解パズル」となっています。

一方、私たち（パティーとローリー）が紹介するゲームは、六～八人の生徒が実際に結び目をつくり、各グループが協力して、ほかのグループがつくった結び目を解いていくというものです。この活動では、創造性、メンバー相互のやり取り、そして問題解決とともに多少の混乱が予想されます。必要とするのは九〇～一二〇センチメートルのロープ（たとえば、物干しロープをグループの二人に一本ずつ）だけですので、とても経済的な活動です。

ステップ1　グループをつくる――グループの数は偶数にします。それが不可能な場合は、何人かの生徒に観察者になってもらい、二巡目のときに交代して参加します。各グループが立ったまま円になり、各グループに適切な数のロープをわたします（人数の半分）。

ステップ2　各グループの生徒は輪をつくり、結び目をつくる――真正面に立つ生徒同士で一本の紐の両端を持ち、すべての紐が真ん中の同じ点で交差するようにします。合図とともに、生徒たちは歩いたり、ねじったり、動き回ったりして、中央に複雑な「結び目」をつくります。

結び目が大きくなるにつれて、ロープの持てる長さは短くなります。残り約四五センチになったところで活動を止めます。自転車のタイヤの中心にある針金（スポーク）の状態になるように、「慎重に結び目を床に置くように」と指示します。

ステップ３　グループで結び目を回転させながらほぐす——すべてのグループを右回りか左回りで移動させて、ほかのグループがつくった結び目の場所に移ります（最初のステップに参加できなかった生徒がいる場合は、参加した生徒と交代し、交代した生徒は観察者となります）。各グループの生徒が新しい結び目を手に取って、解きはじめます。

ステップ４　体験したことを話し合う——すべてのグループが終了したら、少し休憩して気持ちを落ち着かせ、再び集まって体験したことについて話し合います。話し合いのための質問をプリントとして配ってもよいですし、一つずつ質問して、それぞれの質問に対して「一つか二つの答えにまとめるように」と伝えてもよいでしょう。

・一番難しかったことは何でしたか？
・何がうまくいきましたか？
・結び目をつくったり解いたりする場合、どちらが簡単でしたか？
・次回、同じ活動を行うとしたら、何か変更したいことはありますか？
・この課題にグループで取り組んで学んだことのなかに、グループで行う次の問題解決や課題に応用できるものはありますか？

各グループに、回答のいくつかを順番に発表してもらいます。別の方法として、このステップをクラス全体で行ってもよいでしょう（観察者がいた場合、観察していて気づいたことを先に話してもらうか、すべてのグループが話したあとで発表してもらいます）。今後のグループ活動のために、生徒が出した提案を記録しておき、次回の協働作業として計画に取り入れましょう。

このゲームのバリエーションとして、「ヒューマンノット（人間知恵の輪）」（二人の異なる生徒と手をつなぎ、手を離さずに一つの大きな輪になるようにする）や、それを何もしゃべらずに行うという方法もあります。やり方の違いによって生じる難しさ、達成できること、そして特有の問題などについて話し合ってください。

「頭だけ使う」――結び目を解くほかのやり方

先の活動で必要とされる身体的な親密さに抵抗をもっている生徒への配慮として、また多様性をもたせるために、「閉じ込められた『生き残り』パズル」という活動を考えてみましょう。

生徒を五人～八人のグループに分け、次のようなシナリオを提示します。

――金曜日の午後、あなたは教室に閉じこめられてしまいました。あなたは、月曜日の朝までドアの鍵が開けられませんし、ドアを壊すことも、窓を割って脱出することもできません。あなたは、週末の間、ずっとそこに閉じこめられるのです。
　生き延びるために必要な一〇個のアイテムを、三〇分以内にグループの仲間で選ぶ必要があります。一〇個のアイテムについてみんなの合意が得られたら、大切と思われる順に番号をつけてください。目標は、次の三〇分以内に、グループ全員が一〇個のアイテムに付けた順位に合意することです。

この活動が終わったら、生徒の学年に合わせて次のような質問をしながら、クラスで振り返りの話し合いをしてください。

・どのようにして、必要なアイテムの合意に至りましたか？
・選んだアイテムの順番の合意は簡単でしたか？
・どのような問題に直面しましたか？
・合意するためのプロセスをより簡単にするために、何ができたと思いますか？
・今後、グループで何かを決めるという作業をよりやりやすくするための方法として、どのようなことを学びましたか？

方法48 活発な方法で協働作業を活性化させる

学級経営計画と生徒との手順が決まったら、生徒はどのような協働作業をしますか？ 作業は有意義でやりがいがあり、達成できるものでなければなりません。また、生徒のやる気を引き出し、グループ活動をやりたいと思えるようなものにする必要があります。

「方法48」は生徒の居場所感覚を高め、学級経営を改善するものです。すべての教科領域や学年で有効です。また、複雑さのレベルが異なる課題にも適用できますので、年間を通して何度も使用できます。さらに、協働作業の機会を提供するたびに、生徒にとっては自己管理能力を鍛える練習機会ともなります。

個別－ペア－クラス

生徒が定義する、回答する、立場をとる、または決定するために、テーマ、質問、主張、考えを提供します。質問または主張をクラス全体で読むか、二人組で読むように指示します。読み終わったら時間を設け、少なくとも一分間は考えられる時間をとって、答えとなる定義、意見、そのほかの考えを各生徒が書き留められるようにします。

次に、ペアになって、生徒Aが自分の考えや答えを簡潔に説明します。生徒Bは、聞いたことを自分の言葉に置き換えて、生徒Aの考えや答えをどのように理解したのかを説明します。役割を交代したあと、各ペアが自分たちの考えや答えをクラス全体で共有します(5)。

「**個別ｰペアｰ四人組**」と「**ペアｰ四人組ｰ八人組**」は、「個別ｰペアｰクラス」のバリエーションとなるものです。個別ｰペアｰ四人組では、二人の生徒がある考えについて話し合ったあと、ほかのペアと一緒になって四人組になります。四人組で考えを共有し、話し合い、答えや決定について合意します。

一方、「ペアｰ四人組ｰ八人組」では、まずペアで単語の定義をするように指示します。二つのペアを四人組にして、四人で合意できる定義を改めて作成します。さらに、二つの四人組を八人組にして、八人で合意できる定義を一緒につくります。そして、八人組の各グループから一人ずつ選び、自分のグループの定義をクラスで発表するようにと伝えます。

すべてのグループの定義が発表されたら、クラス全員で、それぞれの定義の共通点と相違点について話し合います。協働作業の内容によっては、クラスで使用する定義を一つ決めるとよいでしょう。

---

(5)　この方法とバリエーションが『私にも言いたいことがあります』の九八～一〇二ページで紹介されています。

立ちあがって移動

この方法では、一つのテーマについて複数の異なる意見や見解が聞けます。クラスの生徒全員で、一つの大きな輪になって座ってもらいます。右側または左側に座っている人とペアになり、あるテーマについて話し合ったり、質問に答えてもらいます。

次に、誕生日が三月（あるいは、犬を飼っている、テニスシューズを履いている、そのほかの共通点）の生徒全員に立ってもらい、「移動」の準備をしてもらいます。立っている生徒同士が空いている席に移動します。

この方法は、話し合いの間に何度も使えますし、異なる基準において毎回生徒が移動しますので、生徒は多くのクラスメイトとコミュニケーションをとることになります。

それぞれの生徒がいくつかの意見や視点を聞いたところで、三人組または四人組のグループにします。各グループは、自分たちが聞いた答えを共有し、もっとも説得力のある一つか二つの答えにまとめていきます。グループでまとめた答えを、クラス全体で共有します。

ギャラリーウォーク

この方法は肯定的なフィードバックを促し、他者の貢献を認めあうよい方法と言えます。ここでは、「アカウンタビリティー」(6)という価値観を生徒が定義するという例を取り上げますが、この活動はいかなる内容の質問やテーマにも使えます。

四人一組のグループをつくります。各グループに白紙の模造紙二枚とマーカー（グループごとに違う色）をわたし、一枚の模造紙の上に「**はい**」、もう一枚の模造紙の上に「**いいえ**」と書いてもらいます。

そして、グループ内で、アカウンタビリティーとはどのようなもので、実際にどのようなものではないかをブレインストーミングします（たとえば、アカウンタビリティーをもって行動している人をどのように見分けられるのか？　また、アカウンタビリティーを果たしていない人をどのように見分けられるのか？）。生徒は、その例を模造紙に書きこみます。二枚の模造紙の間を空けて、壁に貼りつけます。

順番に各グループが自分たちの模造紙のところに立ち、グループで考えた例を説明します。すべてのグループの説明が終わったら、同じような例を除外し、一人または二人の生徒で模造紙に残った例をまとめます。

(6)　日本では「説明責任」と訳されますが、それが実際に占める割合は三分の一から四分の一で、「結果に対する責任」が多くを占めています。この言葉に興味のある方は、『だから、みんなが羽ばたいて（仮題）』（近刊）の「学び手を大切にする教師」の章を参照してください。

教師の合図で、各グループが「ギャラリー」をぐるっと移動します。まとめられた模造紙を見ながら、もっとも重要、または適切だと思う例に星印を付けたり、きちんと理解できない例に対してには質問をします。各グループの代表一人が、星印が付けられた例を共有し、質問されたことに答えたうえでクラス全体に伝えます。(7)

雪合戦

紙に何かを書いて、それを「雪玉」にしてクラスのメンバーに投げるというものですが、みんなが楽しみながらできる活動です。たしかによい方法ですが、無秩序にならないようにするための計画が必要になります。

基本的なルールに全員が同意しなければなりません。雪合戦をはじめる前に、「走ったり、大声を出してはいけない」と生徒に伝えます（ただし、故意ではなく、ただ興奮しているだけであれば、多少大目に見てください）。そして、紙の雪玉を空中に投げて、自然に落ちるままとして、雪玉の落ちるスピードをみんなで体感します。

生徒全員に、今まで学習したことについての質問を書いてもらいます。事前に用意した質問のリストから選んでもらってもよいですし、生徒が質問を考えてもかまいません。

教師が合図をしたら、質問を書いた紙を丸めてグループで雪合戦をします。教師が「やめ」と合図したら、一番近い雪玉を拾いあげて、質問に対する答えや考えを書きます。もし、まだできると思えれば、もう一度短い雪合戦を行って、全員が紙を取れるようにしましょう。

四人または五人組に分けて、拾った質問と答えを共有してもらいます。グループで共有する時間の最後に、各グループで学んだ重要な考えや、まだ解決していない疑問についてまとめます。

一分間メモ

授業やそのほかの活動で学んだあとに、その内容について答えるための質問を生徒にします。具体的な答えのある質問でもよいですし（例・「イモムシの成長にはどのような段階がありますか？」、「今読んだ物語の中心的な問題は何ですか？」、「光合成の仕組みを説明してください」）、あるいは「オープンエンド」の質問でもよいです（例・「インターネットでもっとも有益なことは何ですか？」、「今見たビデオで学んだ情報をどこで使いますか？」）。

さらには、授業内容について、学んだこと、理解したこと（あるいは理解できなかったこと）を振り返るような質問もよいでしょう（例・「この授業で学んだもっとも重要なことは何ですか？」、「よく理解できなかったことは何ですか？」）。

（7）『静かな子どもも大切にする』一三〇ページでも紹介されています。

生徒には、質問の答えを考える時間として一分間、そしてそれを書きだすための時間としてさらに一分間与えます。

生徒が書き終わったら、ペアか三人組にします。生徒がお互いの回答を共有する時間を設けます。質問に明確な答えがある場合は、グループで明確な答えを導きだすように伝えます。「オープンエンド」の質問であれば、重要な考えをまとめたり、回答をまとめたりするように求めることもできます。

ジグソー

ジグソーでは、小グループの各メンバーが、特定のテーマや問題に関する専門家になります。テーマに関連する内容を学習のまとまりに分割します。各グループ（通常三～五人組）から一名ずつが異なる「専門家」グループに出向き、学習内容の一部分を探究します。「専門家」グループでは、生徒が協力して、その内容についてほかの人に教えられるようにしっかり学習します。自分のグループ（「ホームグループ」ないし「ジグソーパズルグループ」と言います）に戻ったとき、仲間に対して自信をもって教えられるように学びます。「専門家」になったグループのメンバーは、自分と同じくテーマのほかの側面を担当したメンバーがいるホームグループに戻ります。各「専門家」グループの生徒は、自分のグループのメンバーに担当した部分を教えるという責任があります。自分のホームグループが学習内容の「パズル」全体を組み立てられるまで、責任をもって仲間に教えていきます。

この活動で、生徒は二つのグループを体験します。まず、多くの人と一緒に協力して新しいことを学び、それが教えられるようになるという体験です。次に、自分が知っていることを仲間に教え、「ジグソーパズル」グループの仲間が教えてくれる内容に耳を傾けるという体験です。

このような体験を通して、学ぶことと教えることを達成するために、お互いに依存しあいながら考え、伝え、統合するといった体験をしますので、生徒のなかに多くの「気づき」と「学び」が生まれます。

方法49　グループ活動の振り返りを習慣にする

振り返りについて練習することは、自分（学業や行動）の長所や短所（ニーズ）を分析し、改善するための新たな目標設定に役立つため、学習における重要なプロセスとして位置づけられています。同様に、グループ活動の振り返りは、グループとして行ったことと、グループにおける自分の貢献度（自らの行動がグループ活動をどのように促進または阻害したかなど）がより理解できるという形で役立ちます。

この方法は、形成的評価という観点において価値のある経験を生徒に提供するだけでなく、生徒と教師にとって極めて有益なものとなります。(8)

振り返りや評価はグループ活動を円滑にするためのヒント

どの段階でもそうですが、グループ活動での振り返りや評価においては教師の指示が必要です。ほかの部分と同じく、生徒に指示がきちんと行きわたっていなければ、グループ活動の振り返りや評価は成功しないでしょう。

生徒が上手にできるようになるまで、振り返りや評価の仕方を教える必要があります。さらに、生徒が学んだあとでも、積極的にそれらをどのように行っているのかモニターしなければなりません。自己評価とグループ評価については、「グループ活動での自分の役割を評価しなさい」とか「グループ活動の経験がどのように展開されたのかについてグループで話しなさい」と指示をすればよいというものではありません。協同学習のグループ活動では、次のような計画が必要だと言われています。

・課題に対する明確な目標を設定する（「方法45」を参照してください）。期待されていることを生徒が明確に理解できるようにする。課題で何が期待されているのかが分からなければ、最後に振り返ることができない。

・振り返りのための適切なツールや活動、つまり振り返りのための基準やガイドラインを含むものを選び、その使い方を生徒に教える。協働作業の体験を振り返るためのツールは、学年、協働作業の経験レベル、そして具体的に取り組む課題に適したものでなければならない。採点表、チェックリスト、そのほかの形式は、年度初めの段階ではかなり単純なものだが、年度の後半になればより複雑な方法が採用できる。
・振り返りの方法を生徒と共有し、生徒自身が練習できるようにする。
・生徒に振り返りの内容を共有してもらい、話し合ってもらう。次の協働作業をする前に振り返る必要がある。ほかの生徒やあなたに知ってもらいたい内容で、一緒に喜ぶことや、次のグループ活動のために変更または改善できることを生徒自身が指摘できるように促す。
・自分が学んだ内容はメモをとる。振り返りは、教師にとっても生徒にとっても有益である。

振り返りのプロセスは、生徒の居場所感覚に大きな影響を与えます。振り返りのなかで自らの成果を書きだし、その成果は何であるのかを理解し、声に出して話すというのは、生徒からすれ

（8）　振り返ることで、生徒は自分の学びを修正・改善ができ、教師は自分の教え方を修正・改善できるからです。また、そこまでしないと、振り返りの価値は半減以下になってしまいます。

ば勇気のいる行為となります。とはいえ、そうすれば生徒は、成功したことも、そうでないことも ほかの生徒と共有します。また、自分が何を必要としているのかについてもさらけだすことになります。

グループ活動のプロセスを評価することで生徒はグループの仲間を肯定し、さらに絆を深めるといった機会が得られます。しかし、うまくいかなかったことについては、勇気をもって自分の考えを明らかにしなければなりません。このような振り返りの経験こそが、グループ活動においてもっともお互いについて知りあえる部分なのです。

これは、生徒の成長を促し、人間関係を構築するプロセスです。指示が行きわたった安全な環境で行われる平等な振り返りの共有は、生徒同士の心理面における距離を縮め、居場所感覚を高めることにつながります。私たち教師が、グループでの経験について生徒が話す内容に注意を払いさえすれば、勇気をもってフィードバックすることは重要である、と示せます。生徒の振り返りに耳を傾け、さらにフォローアップの質問をしましょう。その情報をもとにすれば、グループ活動でうまくいっていることや、さらに指導を必要としているスキルが分かります。

振り返りのプロセスを示す

表7－2と**表7－3**に示すのは、振り返りのプロセスを促せるワークシートです。これらのワ

ークシートは、グループ活動で行った課題を再検討したり、評価したりする際にガイドとなるものです。

生徒には、個人としてグループ活動への参加を振り返ってもらい、グループとしての活動プロセスと成果を一緒に振り返ってもらいます。振り返りシートでは、どのようなグループ活動を行ったのかを評価するための基準を生徒に示す必要があります。

すべての活動ステップにおいて何をすべきかを生徒が知っており、あなたが生徒の作業をモニターしていれば、振り返りのプロセスはよりスムーズに進む可能性が高くなります。グループの振り返りは、それ自体が協働作業であり、個々のメンバーがグループを評価するわけではないという点に留意してください。

生徒が協働作業を頻繁にしているのであれば（そうであるべきだと思います）、毎回、時間のかかる振り返りを求める必要はありません。短い協働作業の場合は、一緒に活動している仲間と振り返りを共有したり、「自分へのメモ」（考えたことを一つ、うまくいったことを一つ、そして次回の目標など）を書き留めるだけで十分です。

また、生徒が振り返りを書く場合は、将来書いた内容が見返せるように保存しておくことをおすすめします。継続的に振り返りを行えば、生徒は協働作業におけるスキルの進歩について確認することができます。

表7－2　グループ活動に関する個人の振り返りシート

氏名＿＿＿＿＿＿＿＿＿＿＿＿＿＿＿＿　日付＿＿＿＿＿＿＿＿

グループの課題＿＿＿＿＿＿＿＿＿＿＿＿＿＿＿＿＿＿＿＿＿＿＿

	とてもそう思う	そう思う	少しそう思う	そう思わない
自分が担当する課題は責任をもって、期限内に終わらせた。				
グループに、積極的かつ役立つように貢献した。				
自分のベストを尽くした。				
グループの仲間とうまく協力した。				
よく話しを聞き、自分の思うようにグループをコントロールしようとはしなかった。				
グループの仲間のアイディアや貢献に敬意をもつとともに有用なフィードバックを行った。				
問題が発生したときには、グループの仲間と問題解決にあたった。				
必要であれば柔軟に対応し、修正もした。				
グループ活動でやるべきことはきちんと果たした。				
グループの仲間は、私のことをよい仲間だと認めてくれると思う。				

私が、とくによくできたことは、

私が改善しなければならないことは、

グループの仲間から学んだ一番大切なことは、

表７－３　グループ活動の関するグループとしての振り返りシート

グループメンバー＿＿＿＿＿＿＿＿＿＿＿＿＿＿＿＿＿＿＿＿

グループの課題作業＿＿＿＿＿＿＿＿＿＿＿＿＿＿日付＿＿＿＿＿

	いつも	時々	めったに	まったく
課題を期限内に終わらせた。				
全員がプロジェクトに貢献した。				
自分たちは最善を尽くした。				
グループの仲間と協力した。				
必要なときは仲間同士で助けあった。				
グループの仲間でアイディアを共有し、話し合い、合意するようにした。				
誰もグループをコントロールしようとはしなかった。				
必要であればグループ全員が柔軟に対応し、修正もした。				
みんな、グループ活動でやるべきことはきちんと果たした。				
グループの仲間は大切なチームだと思っている。				

一緒に活動をしていて一番よかったことは、

グループとして改善できることは、

私たちが学んだことで、全員が大切だと思うことは、

個人の振り返り（**表7－2**）は、グループ内または個人で教師と会話するきっかけともなります。また、グループの仲間では、グループの振り返り（**表7－3**）を話し合いのきっかけとして使えますし、グループの振り返りとしてまとめることもできます。年少学年や経験の浅い生徒を対象にした振り返りでは、それぞれの生徒が発言できる時間を設けるなどして、（少なくとも最初は）教師が話し合いを導くとよいでしょう。

方法50 グループでの居場所感覚を祝いましょう

協同するグループは、お互いに助けあう必要があります。グループの仲間全員が、お互いの成功、そしてグループ全体の成功に責任をもっているわけですが、それこそが**居場所感覚**そのものと言えます！

グループの目的達成に役立ち、自分自身が不可欠な存在として認識されることほど存在意義を実感する方法はありません。よい協同学習の実践は、教師にも生徒にも、グループの誰もが「大切な人」であることを思い出させてくれます。教師も含めて全員が「大切な人」と感じられるクラスは、「自分はここにいてはいけない」と感じる人がいるクラスよりもはるかに運営しやすいものです。

ある協同学習の著名な研究者が、「協同して学ぶ人はお互いを好きになる」という研究結果を一九九一年に発表しました［参考文献129］。この研究が発表されて以来、多くの研究によって、これが協同学習の最大の長所であると確認されています。異なる学習ニーズ、人間関係や行動上の課題、さまざまな生活・家庭環境をもつ生徒も考慮したうえで、協同学習は生徒同士の関係構築を促進するのです［参考文献60］。

居場所感覚を祝うために、協働作業を通して生徒に一体感を経験してもらう方法を紹介して本書を閉じたいと思います。ぜひ、グループ活動のなかで居場所感覚を祝う催しを定期的に行ってください。

個々のグループでは、成し遂げたこと、作業している間によくできたこと、新しい気づきやスキル、仲間関係、そして課題を達成した満足感を祝う必要があります。また、クラス全体においても、大きなプロジェクトを終えたあとだけでなく、小さいけれど多くの作業の積み重ねで行ったグループ活動の成長過程を認める必要があります。

自分たちの成長、課題へのコミットメント、うまくできた協同、お互いへの気遣い、そして、素晴らしくて新しい概念をお互いに助けあって学べたという事実を祝いましょう。以下において、いくつかの祝い方を提案致します。

居場所パズル

このパズルをつくることによって次のような効果があります。
・居場所に関する課題にグループで取り組めば、それぞれの居場所感覚が高まる。
・異なる視点を集めるために、お互いの視点、経験、アイディアを聞く。
・グループの仲間の声を大切にする。
・互いの価値について考えるなど、有意義な課題に協働して取り組む。
・個人の居場所感覚に対する考え方や経験をまとめた最終的な共同作品を作成する。
・グループ活動のプロセスを一緒に振り返る。

ステップ1――まずは、四～五人のグループからスタートします。理想的には、以前に一緒に活動した経験のあるグループで、最近少し複雑なプロジェクトをやり遂げたグループがいいでしょう。各グループに一枚の模造紙（できれば、グループごとに違う色）をわたします。そして、ハサミ、鉛筆、ペン、カラーマーカーを用意します。

ステップ2――生徒には、模造紙（向きは問わない）に「居場所」というタイトルをつけるように伝え、「好きなようにデザインして、装飾するように」と言います。絵やイメージ、色を使ったデザインは描いてもよいですが、タイトル以外の文字は使えないと伝えます。グループでは、居場所をどのように模造紙に表現するのか、またメンバーがどのように平等に貢献するのかについて自分たちで決めていきます。

ステップ3――模造紙に自分たちが表現したいものを描き終わったら、「できあがったものをジグソーパズルにするように」と生徒に伝えます。模造紙の裏面に鉛筆で薄く線を引いて、パズルのピースを描くというのも一つの方法です。ピースの数は、メンバー数の二倍でなければなりません。どんな形であっても、同じ大きさのピースにするように伝えます。

ピースの上に字を書くので、ピースが小さすぎたり、細すぎたりしないように注意しましょう。どのように切り分けるのかを考えて、描き終わったら実際に模造紙を切ってピースにします。

ステップ4――今度は、ピースにラベルを貼ります。半分のピースには質問を貼ります。その質問は教師が用意します。あらかじめ質問を印刷して切っておき、生徒に貼るように指示をしてもかまいません。もちろん、生徒が直接ピースに書いてもかまいません。

グループ全員がすべての質問に答えを書きます。生徒がきちんと理解しているかどうかを確認してください。答えのスペースを確保するために、質問は読める大きさで書きます（文字が大きくならないように注意してください）。以下に挙げたのは質問の例です。

・グループでの活動は、居場所感覚をもつうえにおいてどのように役立ちますか？

・グループのメンバーが居場所を感じるためにしてくれた、もっともよいことは何ですか？
・グループで居場所を感じるために行ったなかで、一番だったものは何ですか？
・もし、全員がグループに居場所を感じられなかった場合、グループやグループ活動はどうなると思いますか？
・居場所感覚は、グループや個人が妨害や問題行動なしに作業できる教室環境をつくるために、どのように役立つと思いますか？

ステップ5――グループの各メンバーが、一つの質問に対する答えを書きます。回答は完全な文章である必要はありませんが、何を伝えたいのかが分かるレベルにしなければなりません。一つのピースに、すべてのメンバーが質問に対する答えを書きます。質問が貼ってある（書いてある）ピースにメンバー全員が答えを書き終えたら、いったん横に置いてください。

ステップ6――何も書かれていない残りのピースをメンバーに配ります。そして、次の文章を完成させるようにと生徒に伝えます。

「このグループ活動から得た貴重なスキル、教訓、改善は○○○です」

ほかのグループのメンバーもピースに書くので、字の大きさに気をつけるようにと伝えます。

ステップ7――生徒に、次のように伝えます。

「グループの仲間を一人ずつ見てください。その人がグループにどのような貢献をしてくれたのかについて考えてください。その人の特別なスキル、態度、他者とのかかわり方など、ほかのメンバーが成功したり、グループ内で快適に過ごすために役立ったと思われることについて考えてみてください」

生徒に「自分の名前を書くように」と伝え、ピースを右側にわたしてもらいます。受け取ったピースに書かれている名前の人について、前の質問について書くために二～三分ほど考える時間をとります。自分の名前をコメントに加えるかどうかは、選択できるようにします。グループ全員がほかのメンバーについてのコメントを書くまで、このプロセスを繰り返します。

ステップ8――すべてのピースをグループで混ぜます。教師の合図に基づいて、グループでパズルを組み合わせます。自分のグループで組み合わせたパズルとほかのグループのパズルが見れる時間を設けて、自然に会話が生まれるようにします。

会話がなかなかはじまらない場合は、「この作業で一番興味深かったことは何ですか?」や「驚いたことは何ですか?」、「クラスメイトについて学んだことは何ですか?」といった質問をしたり、板書して会話を弾ませるといった方法もあります。

ステップ9――活動の最後、グループ活動によって居場所感覚が高まった現状をクラス全体で祝います。アイスクリーム・パーティー、友達との交流時間の延長、面白いビデオの鑑賞、そのほかの予想もしなかったであろうご褒美で生徒を驚かせます。

生徒が互いの成果や行動を認めあうことは、生徒の居場所感覚を高めるために非常に有効な手段となります。互いに認めあうことで、大人からの褒め言葉では決して得られないものが体感できます。このような生徒同士のつながりやお互いを肯定しあう行為を、お互いに提供したり、受け取ったりするようにと促してください。

ペンの力

この活動ですが、さまざまな方法で実施されている様子を目にします。ある教師は、白紙の一番上に生徒の名前を書いてもらっています。その紙を全員に回し、名前が書いてある生徒を褒める言葉を書きます。また、白紙を生徒の背中に貼り、クラス全員で黙々と部屋中を歩き回り、それぞれの生徒の紙に褒め言葉を書いてもらうという教師もいます。

長い冬休みの直前、ローリー（著者）の娘（エマ）が通う高校のスペイン語の先生は、Googleフォームを使って、クラスの生徒全員に対して「肯定的な文章を書くように」と指示しました。先生は、すべての文を匿名でまとめ、休みの前にそれぞれの生徒にわたしました。エマだけでなく、彼女の両親もコメントを読むのが大好きでした。

冬休みに入る前の、何と前向きで素晴らしい方法でしょう！　冬休みが明け、生徒たちが学校に戻ったとき、どれほど高揚した気持ちになっていたのか想像もつきません。

おわりに――「居場所」への旅

私たちが「居場所」というテーマをひらめいたのは二〇一六年の初頭です。ローリーの故郷であるモンタナ州ホワイトフィッシュにあるお気に入りのカフェで、一月の雪がホワイトフィッシュ湖畔に舞うなか、私たちはカプチーノのカップで手を温めながら座っていました。パティーがオレゴン州から週末を利用してやって来て、ローリーとともに新しい本のアイディアを考えていたときです。

数週間前から、私たちが管理職として勤めている学校や支援した学校の根底にあるものは何なのか、と自問自答していました。私たち二人は、生徒が一人の人間として成長できるような、すぐれた学力と社会的支援を備えた校風を築くべく何年も努力してきたのです。

学校改善と成功のカギとなる要素を、眠っている間でも私たちは暗唱できます。しかし、生徒のニーズと学校全体のコミュニティーにとって、効果的なプログラムや実践を結びつける「糸」とはいったい何だったのでしょうか？　生徒が学校に来たいと思い、学校に来てからベストを尽くし、お互いに仲良くし、学べると信じ、自らの行動と学習に責任をもつようになるには、いったい何が必要だったのでしょうか？　また、私たち（教師や管理職）をそのように奮いたたせるものは何だったのでしょうか？

私たちはリストをつくり、文章を書き、電話やメールなどを使って多くの議論を交わしました。しかし、あの雪の日、会話のなかで何度も「居場所」という言葉が出てきたことに衝撃を受けてしまいました。私たちが子どもたちに望んでいるものは、子どもたち自身が居場所を感じているときにのみ実現できる、と気づいたのです。

このときから私たちは、「居場所」と「成功する学校」の要素はすべて関連していることに目を向けはじめました。この気づきをきっかけにして、私たちは居場所をテーマにした本（本書ではなく前著）を書き、セミナーやウェブキャスト、研修においてその本を紹介することにしました。

私たちと同じように「居場所」に興奮し、それを実現する方法についてもっと知りたいと願っている教師のみなさんに出会いました。それらの教師は、「生徒一人ひとりの居場所感覚を高めるために、どのような教室をつくればよいのか？」といった質問をたくさん投げかけてきました。

このような要望から、私たちは「居場所」と「学級経営」の間には自然な（そして強い）関係があることを実感し、それを検証して本を著すことにしたわけです。学校コミュニティーの一員として、生徒の居場所感覚を高めること、一貫性のある前向きな（そして効果的な）学級経営をすること、この二つはすべての教育者にとって必要不可欠となります。一方を改善するだけで、もう一方も向上するのです。

私たちは、「居場所感覚」を高めるという冒険が続けられるという現状をうれしく感じています。居場所は最終目的地ではなく、「継続的な旅路である」と理解していただきたいです。また、私たちは、すべての生徒と教職員がそれぞれの「居場所感覚」を高め、自分自身を大切にし、恐怖心を抱かず、快適な状態で教室に入ってよく学び、学校に来ることを好きになってほしいと願っています。

とはいえ、居場所は、前述したように終着駅ではなく、旅をするための乗り物のようなものですから、燃料を入れ、磨き、スムーズに走らせ、時には修理する必要があります。より良い学級経営についても同じことが言えます。この場合も、継続的な警戒とケア、そして定期的な修理が必要なのです。

私たちは、みなさんが「居場所」の旅を続けている様子を想像しながら励みにしたいと思っています。みなさんが生徒の「居場所づくり」と「学級経営」に取り組む過程はすでに行っていることに融合させられますし、また、そうすべきです。

居場所というのは新しい領域ではありません。それは、あなたが教えるどの内容にも含まれるものですし、教室でのあらゆる瞬間に存在しているものです。ただ、居場所を、「問題」から生徒が感じ、学び、より良く行動するための「贈り物」に変えるためには新しい理解と方法が必要となります。学級経営もすでに行われていますし、ほとんどの教師が定期的に取り組んでいます。本書では、「居場所」というレンズを通して「学級経営」を見るという、ちょっと変わった工夫をしただけです。

本書の冒頭で、生徒の居場所と学級経営について、またあなた自身の居場所について、そしてあなたが現在行っている「居場所づくり」の実践について考えていただきました。居場所を中心とした学級経営に取り組むために、それらの振り返りを行ってください。

私たち（パティーとローリー）は、生徒とともに授業をつくることと学級経営が困難なもので、気が遠くなるような作業であることを知っています。私たちにもそんな経験があります。しかし、授業と学級経営は教師としての使命であり、重要なことなのです。

生徒がよい方向に変化していくこと、数年後、生徒があなたのおかげで「人生が変わった」とお礼を言いに来ること、机にそっと置いてあった生徒からのお礼状を開けること、保護者から子どもの人生に与えた大きな影響について電話を受けること、これらほど教師としての達成感につながるものはありません。居場所感覚を高めれば生徒の人生においていかに大きな変化をもたらすことになるのか、決して過小評価をしてはいけません。

生徒が居場所を感じられるように周囲の人たちが努力すれば、あなたの居場所を育む力ともなります。あなたの生徒がクラスで居場所を感じれば感じるほど、学級経営もスムーズになります。学級経営がスムーズであれば、生徒はさらに居場所を確信します。コミュニティーの誕生と成長という美しい循環です。

勇気と労力に見合うだけの価値があると、私たちは約束します。あなた自身、生徒、そして同僚が経験する、居場所があるという気持ちの高まりを祝ってください。そして、まとまりのある、居場所を大切にした教室の居心地のよさと安心感についても祝ってください。

ローリーの娘の友人が中学生のとき、「なぜ、学校で居場所の感覚をもつことが重要なのですか？」と質問してきました。そのときの答えを紹介して、本書の結びとしたいと思います。

居場所の感覚がなければ、あなたは空っぽだと感じます。居場所は、幸福感、自尊心、精神的な健康のために絶対に必要なものです。居場所はすべてに影響します！　もちろん、何かをしようとする意欲にも。

・レヴィスティック、リンダ・Sほか『歴史をする』松澤剛ほか訳、新評論、2021年
・ロススタイン、ダンほか『たった一つを変えるだけ』吉田新一郎訳、新評論、2015年
・ロマノ・アラビト、クリスィー『静かな子どもも大切にする』古賀洋一ほか訳、新評論、2021年

・野坂祐子『トラウマ・インフォームドケア：「問題行動」を捉えなおす援助の視点』日本評論社、2019年
・ハーパー、アンバー『教師の生き方、今こそチェック』飯村寧史ほか訳、新評論、2022年
・ハミルトン、コニー『質問・発問をハックする』山﨑亜矢ほか訳、新評論、2021年
・ピアス、チャールズ『だれもが科学者になれる！』門倉正美ほか訳、新評論、2020年
・フィッシャー、ダグラス『「学びの責任」は誰にあるのか』吉田新一郎訳、新評論、2017年
・ブース、デイヴィット『私にも言いたいことがあります！』飯村寧史ほか訳、新評論、2021年
・フレイ、ナンシーほか『すべての学びはSEL（仮題）』山田洋平ほか訳、新評論、2022年近刊
・ブレイディみかこ『他者の靴を履く――アナーキック・エンパシーのすすめ』文藝春秋、2021年
・プロジェクト・ワークショップ編『社会科ワークショップ』新評論、2021年
・プロジェクト・ワークショップ編『改訂版　読書家の時間』新評論、2022年
・ボス、スージーほか『プロジェクト学習とは』池田匡史ほか訳、新評論、2021年
・マーシャル、ジェフ・C・『あなたの授業力はどのくらい？――デキる教師の七つの指標』池田匡史ほか訳、教育開発研究所、2022年
・メイナード、ネイサンほか『生徒指導をハックする――育ちあうコミュニティーをつくる「関係修復のアプローチ」』高見佐知ほか訳、新評論、2020年。
・吉田新一郎ほか『シンプルな方法で学校は変わる――自分たちに合ったやり方を見つけて学校に変化を起こそう』みくに出版、2019年
・吉田新一郎ほか『改訂増補版　読書がさらに楽しくなるブッククラブ』新評論、2019年
・ラッシュ、マーサ『退屈な授業をぶっ飛ばせ！』長﨑政浩ほか訳、新評論、2020年
・リトキー、デニス『一人ひとりを大切にする学校――生徒・教師・保護者・地域がつくる学びの場』杉本智昭ほか訳、築地書館、2022年

・グリンカー、リチャード『誰も正常ではない——スティグマは作られ、作り変えられる』高橋洋訳、みすず書房、2022年
・小林朋子ほか『しなやかな子どもを育てるレジリエンス・ワークブック』東山書房、2019年
・サックシュタイン、スター『ピア・フィードバック』田中理紗ほか訳、新評論、2021年
・サックシュタイン、スター『成績だけが評価じゃない——感情と社会性（SEL）を育む評価（仮題）』中井悠加ほか訳、新評論、2022年近刊
・サックシュタイン、スターほか『一斉授業をハックする（仮題）』古賀洋一ほか訳、新評論、2022年近刊
・ジョンストン、ピーターほか『国語の未来は「本づくり」』マーク・クリスチャンソンほか訳、新評論、2021年
・ジョンソン、D・Wほか『学習の輪——学び合いの協同教育入門』石田裕久ほか訳、二瓶社、2010年改訂新版
・ズィヤーズ、ジェフ『学習会話を育む』北川雅浩ほか訳、新評論、2021年
・スティール、クロード『ステレオタイプの科学——「社会の刷り込み」は成果にどう影響し、わたしたちは何ができるのか』北村英哉ほか訳、英治出版、2020年
・スプレンガー、マリリー『感情と社会性を育む学び（SEL）——子どもの、今と将来が変わる』大内朋子ほか訳、新評論、2022年
・スペンサー、ジョンほか『あなたの授業が子どもと世界を変える』吉田新一郎訳、新評論、2020年
・チェインバーリン、アダムほか『挫折ポイント』福田スティーブ利久ほか訳、新評論、2021年
・デューク、マイロン『聞くことから始めよう！　やる気を引き出し、意欲を高める評価（仮題）』吉川岳彦ほか訳、さくら社、2023年近刊
・トープ、リンダほか『PBL～学びの可能性をひらく授業づくり』伊藤通子ほか訳、北大路書房、2017年
・トムリンソン、キャロル『ようこそ、一人ひとりをいかす教室へ』山崎敬人ほか訳、北大路書房、2018年
・トムリンソン、キャロル『だから、みんなが羽ばたいて——生徒中心の教室の「原則」と「実践」（仮題）』谷田美尾ほか訳、新評論、2022年近刊

本書の訳注で紹介した本の一覧

・アトウェル、ナンシー『イン・ザ・ミドル』小坂敦子ほか訳、三省堂、2018年
・有田佳代子ほか『多文化社会で多様性を考えるワークブック』研究社、2018年
・ウィーヴァー、ローラほか『エンゲージ・ティーチング――SEL を成功に導くための５つの要素（仮題）』高見佐知ほか訳、新評論、2022年近刊
・ウィギンズ、アレキシス『最高の授業』吉田新一郎訳、新評論、2018年
・ウィギンズ、グランドほか『理解をもたらすカリキュラム設計』西岡加名恵訳、日本標準、2012年
・ウィルソン、ジェニほか『増補版「考える力」はこうしてつける』吉田新一郎訳、新評論、2018年
・上島博『イラスト版 子どものレジリエンス：元気、しなやか、へこたれない心を育てる56のワーク』合同出版、2016年
・エンダーソン、マイク『教育のプロがすすめる選択する学び』吉田新一郎訳、新評論、2019年
・旺文社編集『学校では教えてくれない大切なこと 14 自信の育て方』旺文社、2017年
・オストロフ、ウェンディ・L『「おさるのジョージ」を教室で実現』池田匡史ほか訳、新評論、2020年
・亀岡智美『子ども虐待とトラウマケア――再トラウマ化を防ぐトラウマインフォームドケア』金剛出版、2020年
・カリック、ベナほか『学びの中心はやっぱり生徒だ！――個に応じた学びと思考の習慣（仮題）』中井悠加ほか訳、新評論、2022年近刊
・カルキンズ、ルーシー『リーディング・ワークショップ』吉田新一郎訳、新評論、2010年
・川野雅資『トラウマ・インフォームドケア実践ガｓイド』精神看護出版、2022年
・キーン、エリン『理解するってどういうこと？』山元隆春ほか訳、新曜社、2014年

⑬⑤ Strudwicke, L. (2000). *Sense of belonging and self-esteem: What are the implications for educational outcomes of secondary school students? A literature review* (Bachelor's thesis, Edith Cowan University). Retrieved from https://ro.ecu.edu.au/theses_hons/867/

⑬⑥ Tangney, J., Baumeister, R., & Boone, A. (2004). High self-control predicts good adjustment, less pathology, better grades, and interpersonal success. *Journal of Personality, 72*, 271–324. doi:10.1111/j.0022-3506.2004.00263.x

⑬⑦ Teasley, M. L. (2014). Shifting from zero tolerance to restorative justice in schools. *Children & Schools, 36*(3), 131–133. doi:10.1093/cs/cdu016

⑬⑧ Twenge, J. M., Baumeister, R. F., DeWall, C. N., Ciarocco, N. J., & Bartels, J. M. (2007). Social exclusion decreases prosocial behavior. *Journal of Personality and Social Psychology, 92*(1), 56–66. doi:10.1037/0022-3514.92.1.56

⑬⑨ U.S. Centers for Disease Control and Prevention. (2009). *School connectedness: Strategies for increasing protective factors among youth.* Atlanta: U.S. Department of Health and Human Services.

⑭⓪ U.S. Department of Health and Human Services. (2020, August). Facts about bullying. Retrieved from https://www.stopbullying.gov/resources/facts

⑭① Walton, G. (2005). Bullying widespread: A critical analysis of research and public discourse on bullying. *Journal of School Violence, 4*(1), 91–118. doi:10.1300/J202v04n01_06

⑭② Wang, M., & Holcombe, R. (2010). Adolescents' perceptions of school environment, engagement, and academic achievement in middle school. *American Educational Research Journal, 47*(3), 633–662. doi:10.3102/0002831209361209

⑭③ Wachtel, T., & McCold, P. (2004, August 5). *From restorative justice to restorative practices: Expanding the paradigm.* IIRP News. Retrieved from https://www.iirp.edu/news/from-restorative-justice-to-restorative-practices-expanding-the-paradigm

⑭④ Wells, A. S., Fox, L., & Cordova-Cobo, D. (2016, February 9). *How racially diverse schools and classrooms can benefit all students: Report from the Century Foundation.* Retrieved from https://tcf.org/content/report/how-racially-diverse-schools-and-classrooms-can-benefit-all-students/?agreed=1

⑭⑤ Wentzel, K. R., & Caldwell, K. (1997). Friendships, peer acceptance, and group membership: Relations to academic achievement in middle school. *Child Development, 68*(6), 1198–1209. doi:10.2307/1132301

⑭⑥ White, S. (2012, January 9). *Time to think: Using restorative questions.* IIRP News. Retrieved from https://www.iirp.edu/news/time-to-think-using-restorative-questions

⑭⑦ Wilen, W. W. (1991). *Questioning skills for teachers: What research says to the teacher* (3rd ed.). Washington, DC: National Education Association.

⑭⑧ Wilkinson, I. A., & Fung, I. Y. (2002). Small-group composition and peer effects. *International Journal of Educational Research, 37*(5), 425–447. doi:10.1016/S0883-0355(03)00014-4

⑭⑨ Winfrey, O. (2017, October 10). FAILURE is just an experience! [Video file.] Retrieved from https://www.youtube.com/watch?v=Xxf4CHDNBQ4

⑮⓪ Wingspread. (2004). Wingspread declaration on school connections. *Journal of School Health, 74*(7), 233–234. doi:10.1111/j.1746-1561.2004.tb08279.x

⑮① Wormeli, R. (2011, November). Redos and retakes done right. *Educational Leadership, 69*(3), 22–26.

⑮② Wormeli, R. (2013, August). *Looking at executive function.* Association for Middle Level Education. Retrieved from https://www.amle.org/BrowsebyTopic/WhatsNew/WNDet/TabId/270/ArtMID/888/ArticleID/298/Looking-at-Executive-Function.aspx

❶❺❸ Zimmerman, B. J., & Schunk, D. H. (2011). *Handbook of self-regulation of learning and performance.* New York: Routledge.

❹❼『マインドセット――「やればできる!」の研究』キャロル・S・ドゥエック／今西康子訳、草思社 2016年

❾❻『完全なる人間――魂のめざすもの』アブラハム・H・マスロー／上田吉一訳、誠信書房、1998年

❶❺❸『自己調整学習ハンドブック』バリー・J・ジマーマン、ディル・H・シャンク編、北大路書房、2014年

⑬ Pianta, R. C. (1999). *Enhancing relationships between children and teachers*. Washington, DC: American Psychological Association. doi:10.1037/10314-000

⑭ Puckett, D. (2005). *Mr. DeVore's do-over: A little story for teachers*. Columbus, OH: Association for Middle Level Education.

⑮ Resnick, M. D., Bearman, P. S., Blum, R. W., Bauman, K., Harris, K. M., Jones, J., . . . Udry, J. R. (1997). Protecting adolescents from harm. Findings from the National Longitudinal Study on Adolescent Health. *Journal of the American Medical Association, 278*(10), 823–832. doi:10.1001/jama.1997.03550100049038

⑯ Robers, S., Zhang, J., Truman, J., & Snyder, T. D. (2012). *Indicators of school crime and safety: 2011*. Washington, DC: U.S. Department of Education, U.S. Department of Justice, Office of Justice Programs. Retrieved from https://nces.ed.gov/pubs2012/2012002.pdf

⑰ Roeser, R. W., Midgley, C., & Urdan, T. C. (1996). Perceptions of the school psychological environment and early adolescents' psychological and behavioral functioning in school: The mediating role of goals and belonging. *Journal of Educational Psychology, 88*, 408–422. doi:10.1037/0022-0663.88.3.408

⑱ Roffey, S. (2012). Pupil wellbeing—teacher wellbeing: Two sides of the same coin? *Educational and Child Psychology, 29*(4), 8–17.

⑲ Rohrbeck, C. A., & Gray, L. S. (2014). Peer relationships: Promoting positive peer relationships during childhood. In T. Gullotta & M. Bloom (Eds.), *Encyclopedia of preventive and community psychology* (2nd ed., pp. 828–836). Berlin/Heidelberg: Springer SBM.

⑳ Rolheiser, C., & Ross, J. A. (2001). Student self-evaluation: What research says and what practice shows. In R. D. Small & A. Thomas (Eds.), *Plain talk about kids* (pp. 43–57). Covington, LA: Center for Development and Learning.

㉑ Rosenshine, B., Meister, C., & Chapman, S. (1996). Teaching students to generate questions: A review of the intervention studies. *Review of Educational Research, 66*, 181–221. doi:10.3102/00346543066002181

㉒ Roseth, C. J., Johnson, D. W., & Johnson, R. T. (2008). Promoting early adolescents' achievement and peer relationships: The effects of cooperative, competitive, and individualistic goal structures. *Psychological Bulletin, 134*(2), 223–246. doi:10.1037/0033-2909.134.2.223

㉓ Rotary International. (2020). *Guiding principles*. Retrieved from https://my.rotary.org/en/guiding-principles

㉔ Ryan, A. M., & Patrick, H. (2001). The classroom social environment and changes in adolescents' motivation and engagement during middle school. *American Educational Research Journal, 38*, 437–460. doi:10.3102/00028312038002437

㉕ Sadker, D., Sadker, M., & Zittleman, K. R. (2009). *Still failing at fairness: How gender bias cheats girls and boys in school and what we can do about it*. New York: Scribner.

㉖ Sapon-Shevin, M. (1994). Cooperative learning and middle schools: What would it take to really do it right? *Theory into Practice, 33*(3), 183. doi:10.1080/00405849409543637

㉗ Shochet, I. M., Dadds, M. R., Ham, D., & Montague, R. (2006). School connectedness is an underemphasized parameter in adolescent mental health: Results of a community prediction study. *Journal of Clinical Child & Adolescent Psychology, 35*(2), 170–179. doi:10.1207/s15374424jccp3502_1

㉘ Silver, R. B., Measelle, J. R., Armstrong, J. M, & Essex, M. J. (2005). Trajectories of classroom externalizing behavior: Contributions of child characteristics, family characteristics, and the teacher–child relationship during the school transition. *Journal of School Psychology, 43*(1), 39–60. doi:10.1016/j.jsp.2004.11.003

㉙ Slavin, R. E. (1991). *Student team learning: A practical guide to cooperative learning* (3rd ed.). Washington, DC: National Education Association. Retrieved from https://files.eric.ed.gov/fulltext/ED339518.pdf

㉚ Slavin, R. E. (1996). Research on cooperative learning and achievement: What we know, what we need to know. *Contemporary Educational Psychology, 21*(1), 43–69. doi:10.1006/ceps.1996.0004

㉛ Souers, K., & Hall, P. (2016). *Fostering resilient learners: Strategies for creating a trauma-sensitive classroom*. Alexandria, VA: ASCD.

㉜ Souers, K., & Hall, P. (2018). *Relationship, responsibility, and regulation: Trauma-invested practices for fostering resilient learners*. Alexandria, VA: ASCD.

㉝ Starecheski, L. (2015, March 2). *Take the ACE quiz—And learn what it does and doesn't mean*. National Public Radio. http://www.npr.org/sections/health-shots/2015/03/02/387007941/take-the-ace-quiz-and-learn-what-it-does-and-doesnt-mean

㉞ Steinberg, L., & Monahan, C. (2007). Age differences in resistance to peer influence. *Developmental Psychology, 43*(6), 1531–1543. doi:10.1037/0012-1649.43.6.1531

(89) Li, Y., Lynch, A. D., Kalvin, C., Liu, J., & Lerner, J. (2011). Peer relationships as a context for the development of school engagement during early adolescence. *International Journal of Behavioral Development, 35,* 329–342. doi:10.1177/0165025411402578

(90) Libbey, H. P. (2004). Measuring student relationships to school: Attachment, bonding, connectedness, and engagement. *Journal of School Health, 74*(7), 275–283. doi:10.1111/j.1746-1561.2004.tb08284.x

(91) Libbey, H. P. (2007). *School connectedness: Influence above and beyond family connectedness.* Ann Arbor: University of Michigan ProQuest Information and Learning Company.

(92) Lou, Y., Abrami, P. C., Spence, J. C., Poulsen, C., Chambers, B., & d'Apollonia, S. (1996). Within-class grouping: A meta-analysis. *Review of Educational Research, 66*(4), 423–458. doi:10.3102/00346543066004423

(93) Loukas, A., Roalson, L. A., & Herrera, D. E. (2010). School connectedness buffers the effects of negative family relations and poor effortful control on early adolescent conduct problems. *Journal of Research on Adolescence, 20*(1), 13–22. doi:10.1111/j.1532-7795.2009.00632.x

(94) Maddox, S., & Prinz, R. J. (2003). School bonding in children and adolescents: Conceptualization, assessment, and associated variables. *Clinical Child and Family Psychology Review, 6*(1), 31–49. doi:10.1023/A:1022214022478

(95) Marzano, R. J., Marzano, J. S., & Pickering, D. J. (2003). *Classroom management that works.* Alexandria, VA: ASCD.

(96) Maslow, A. (1968). *Toward a psychology of being* (2nd ed.). New York: Van Nostrand Reinhold.

(97) Mayfield, V. (2020). *Cultural competence now: 56 exercises to help educators understand and challenge bias, racism, and privilege.* Alexandria, VA: ASCD.

(98) McCoy, V. (2020, July 14). *How formative assessment boosts metacognition—and learning.* Northwest Evaluation Association. Retrieved from https://www.nwea.org/blog/2020/how-formative-assessment-boosts-metacognition-and-learning/

(99) McCracken, P. (2005). Cooperative learning as a classroom management strategy. *Momentum, 36,* 10–12.

(100) McMillan, J. H., & Hearn, J. (2008). Student self-assessment: The key to stronger student motivation and higher achievement. *Educational Horizons, 87*(1), 40–49.

(101) McNamara, K. (1996). Bonding to school and the development of responsibility. *Journal of Emotional and Behavioral Problems, 4*(4), 33–35.

(102) McNeely, C., Nonnemaker, J. M., & Blum, R. (2002). Promoting school connectedness: Evidence from the National Longitudinal Study of Adolescent Health. *Journal of School Health, 72*(4), 138–146. doi:10.1111/j.1746-1561.2002.tb06533.x

(103) Murray, C., & Malmgren, K. (2005). Implementing a teacher–student relationship program in a high-poverty urban school: Effects on social, emotional, and academic adjustment and lessons learned. *Journal of School Psychology, 43*(2), 137–152. doi:10.1016/j.jsp.2005.01.003

(104) Nike. (2012, December 8). Michael Jordan "failure" commercial [Video file]. Retrieved from https://www.youtube.com/watch?v=JA7G7AV-LT8

(105) O'Connor, E., Dearing, E., & Collins, B. A. (2011). Teacher–child relationship and behavior problem trajectories in elementary school. *American Educational Research Journal, 48,* 120–162. doi:10.3102/0002831210365008

(106) O'Neel, C. G., & Fuligni, A. (2013). A longitudinal study of school belonging and academic motivation across high school. *Child Development, 84*(2), 678–692. doi:10.1111/j.1467-8624.2012.01862.x

(107) Operation Respect. (n.d.). Don't laugh at me [Video file]. Retrieved from https://operationrespect.org/get-inspired/videos/

(108) Osterman, K. F. (2000). Students' need for belonging in the school community. *Review of Educational Research, 70*(3), 323–367. doi:10.3102/00346543070003323

(109) Osterman, K. F. (2010). Teacher practice and students' sense of belonging. In T. Lovat, N. Clement, & R. Toomey (Eds.), *International research handbook on values education and student wellbeing* (pp. 239–260). New York: Springer.

(110) Pate, A. (2020). *The innocent classroom: Dismantling racial bias to support students of color.* Alexandria, VA: ASCD.

(111) Pettigrew, T. F. (1998). Intergroup contact theory. *Annual Review of Psychology, 49*(1), 65–85. doi:10.1146/annurev.psych.49.1.65

(112) Pettigrew, T. F., & Tropp, L. R. (2008). How does intergroup contact reduce prejudice? Meta-analytic tests of three mediators. *European Journal of Social Psychology, 38*(6), 922–934. doi:10.1002/ejsp.504

⑥⑤ Hamre, B. K., & Pianta, R. C. (2001). Early teacher–child relationships and the trajectory of children's school outcomes through eighth grade. *Child Development, 72*(2), 625–638. doi:10.1111/1467-8624.00301

⑥⑥ Hawker, D. S., & Boulton, M. J. (2000). Twenty years' research on peer victimization and psychosocial maladjustment: A meta-analytic review of cross-sectional studies. *Journal of Child Psychology and Psychiatry, 41*(4), 441–455. doi:10.1111/1469-7610.00629

⑥⑦ Hu, M. (2008). Promoting positive peer relationships. In M. Hu & W. Li (Eds.), *Classroom management: Creating a positive learning environment*. Hong Kong: Hong Kong University Press.

⑥⑧ Huang, F. L., Lewis, C., Cohen, D. R., Prewett, S., & Herman, K. (2018) Bullying involvement, teacher–student relationships, and psychosocial outcomes. *School Psychology Quarterly, 33*(2), 223–234. doi:10.1037/spq0000249

⑥⑨ International Institute for Restorative Practices. (2020). *What is restorative practices?* Retrieved from https://www.iirp.edu/restorative-practices/what-is-restorative-practices.

⑦⓪ Johnson, D., & Johnson, R. (1990). Cooperative learning and achievement. In S. Sharan (Ed.), *Cooperative learning: Theory and research* (pp. 23–37). New York: Praeger.

⑦① Johnson, D., & Johnson, R. (2009). An educational psychology success story: Social interdependence theory and cooperative learning. *Educational Researcher, 38*(5), 365–379.

⑦② Johnson, D., & Johnson, R. (2020). *An overview of cooperative learning*. Retrieved from http://www.co-operation.org/what-is-cooperative-learning

⑦③ Johnson, D. W., Johnson, R. T., & Holubec, E. J. (2008). *Cooperation in the classroom* (8th ed.). Edina, MN: Interaction.

⑦④ Juvonen, L. (2006). Sense of belonging, social bonds, and school functioning. In P. A. Alexander & P. H. Winne (Eds.), *Handbook of educational psychology* (2nd ed., pp. 255–674). Mahwah, NJ: Lawrence Erlbaum.

⑦⑤ Kagan, S. (1988). *Cooperative learning: Resources for teachers*. Riverside: University of California.

⑦⑥ Katz, I., & Assor, A. (2007). When choice motivates and when it does not. *Educational Psychology Review, 19*(4), 429–442. doi:10.1007/s10648-006-9027-y

⑦⑦ Kemple, K. M., & Hartle, L. C. (1997). Getting along: How teachers can support children's peer relationships. *Early Childhood Education Journal, 24*(3), 139–146. doi:10.1007/BF02353270

⑦⑧ Kim, W. C., & Mauborgne, R. (2003). Fair process: Managing in the knowledge economy. *Harvard Business Review*, 75(4), 65–75.

⑦⑨ Kinney, P. (2012). *Fostering student accountability through student-led conferences*. Columbus, OH: Association for Middle Level Education.

⑧⓪ Klem, A. M., & Connell, J. P. (2004). Relationships matter: Linking teacher support to student engagement and achievement. *Journal of School Health, 74*(7), 262–273.

⑧① Knost, L. R. (2017, February 8). *Peaceful parenting resources*. [Facebook post]. Retrieved from https://www.facebook.com/littleheartsbooks/posts/taking-care-of-yourself-doesnt-mean-me-first-it-means-me-too-you-matter-your-hap/1368060613224539/

⑧② Konishi, C., Hymal, S., Zumbo, B. D., & Zhen, L. (2010). Do school bullying and student–teacher relationships matter for academic achievement? A multilevel analysis. *Canadian Journal of School Psychology, 25*(1), 19–39. doi:10.1177/0829573509357550

⑧③ Konishi, C., & Wong, T. (2018). Relationships and school success: From a social-emotional learning perspective. In B. Bernal-Morales (Ed.), *Health and academic achievement* (pp. 103–122). Rijeka, Croatia: InTech.

⑧④ Korinek, L., Walther-Thomas, C., McLaughlin, V., & Williams, B. (1999). Creating classroom communities and networks for student support. *Intervention in School and Clinic, 35*, 3–8. doi:10.1177/105345129903500101

⑧⑤ Kulik, J. A., & Kulik, C. C. (1988). Timing of feedback and verbal learning. *Review of Educational Research, 58*(1), 79–97. doi:10.3102/00346543058001079

⑧⑥ Ladd, B., & Wardrop, J. L. (2001). Chronicity and instability of children's peer victimization experience as predictors of loneliness and school satisfaction trajectories. *Child Development, 72*(1), 134–151. doi:10.1111/1467-8624.00270

⑧⑦ Lee, R. M., & Robbins, S. B. (1998). The relationship between social connectedness and anxiety, self-esteem, and social identity. *Journal of Counseling Psychology, 45*(3), 338–345.

⑧⑧ Leets, L., & Wolf, S. (2005). Adolescent rules for social exclusion: When is it fair to exclude someone else? *Journal of Moral Education, 34*(3), 343–362. doi:10.1080/03057240500211618

42 Derosier, M. E., & Newcity, J. (2005). Students' perceptions of the school climate: Implications for school safety. *Journal of School Violence, 4*(3), 3–20. doi:10.1300/J202v04n03_02

43 DeWall, N., Deckman, T., Pond, R. S., & Bonser, I. (2011). Belongingness as a core personality trait: How social exclusion influences functioning and personality expression. *Journal of Personality, 79*(6), 1281–1314. doi:10.1111/j.1467-6494.2010.00695.x

44 Doherty, J. (2017). Skilful questioning: The beating heart of good pedagogy. *Impact*. Retrieved from https://impact.chartered.college/article/doherty-skilful-questioning-beating-heart-pedagogy/

45 Durlak, J. A., Weissberg, R. P., Dymnicki, A. B., Taylor, R. D., & Schellinger, K. B. (2011). The impact of enhancing students' social and emotional learning: A meta-analysis of school-based universal interventions. *Child Development, 82*(1), 405–432. doi:10.1111/j.1467-8624.2010.01564.x

46 Dusenbury, L., & Weissberg, R. P. (2017). *Social emotional learning in elementary school*. University Park: Pennsylvania State University.

47 Dweck, C. S. (2007). *Mindset: The new psychology of success*. New York: Random House.

48 Eccles, J. S., & Wigfield, A. (1995). In the mind of the actor: The structure of adolescents' achievement task values and expectancy-related beliefs. *Personality and Social Psychology Bulletin, 21*, 215–225. doi:10.1177/0146167295213003

49 Elledge, L. C., Elledge, A. R., Newgent, R. A., & Cavell, T. A. (2016). Social risk and peer victimization in elementary school children: The protective role of teacher-student relationships. *Journal of Abnormal Child Psychology, 44*(4), 691–703. doi:10.1007/s10802-015-0074-z

50 Erie, T. M., & Topolinski, S. (2017), The grounded nature of psychological perspective-taking. *Journal of Personality and Social Psychology, 112*(5), 683–695. doi:10.1037/pspa0000081

51 Felitti, V. J., Anda, R. F., Nordenberg, D., Williamson, D. F., Spitz, A. M., Edwards, V., . . . Marks, J. S. (1998). Relationship of childhood abuse and household dysfunction to many of the leading causes of death in adults. The adverse childhood experiences (ACE) study. *American Journal of Preventive Medicine, 14*(4), 245–258. doi:10.1016/S0749-3797(98)00017-8

52 Fielding, M. (2004). Transformative approaches to student voice: Theoretical underpinnings, recalcitrant realities. *British Educational Research Journal, 30*(2), 295–311. doi:10.1080/0141192042000195236

53 Flutter, J. (2007). Teacher development and pupil voice. *Curriculum Journal, 18*(3), 343–354. doi:10.1080/09585170701589983

54 Flutter, J., & Ruddick, J. (2004). *Consulting pupils: What's in it for schools?* New York: Routledge Falmer.

55 Furrer, C., & Skinner, E. (2003). Sense of relatedness as a factor in children's academic engagement and performance. *Journal of Educational Psychology, 95*(1), 148–162. doi:10.1037/0022-0663.95.1.148

56 Galinsky, A. D., & Moskowitz, G. B. (2000). Perspective-taking: Decreasing stereotype expression, stereotype accessibility, and in-group favoritism. *Journal of Personality and Social Psychology, 78*(4), 708–724. doi:10.1037/0022-3514.78.4.708

57 Gehlbach, H. (2017). Learning to walk in another's shoes. *Phi Delta Kappan, 98*(6), 8–12. doi:10.1177/0031721717696471

58 Gehlbach, H., Marietta, G., King, A., Karutz, C., Bailenson, J. N., & Dede, C. (2015). Many ways to walk a mile in another's moccasins: Type of social perspective taking and its effect on negotiation outcomes. *Computers in Human Behavior, 52*, 523–532. doi:10.1016/j.chb.2014.12.035

59 Gillies, R. M. (2008). The effects of cooperative learning on junior high school students' behaviours, discourse and learning during a science-based learning activity. *School Psychology International, 29*, 328–347. doi:10.1177/0143034308093673

60 Gillies, R. M. (2014). Cooperative learning: Developments in research. *International Journal of Educational Psychology, 3*(2), 125–140.

61 Gillies, R. M., & Haynes, M. (2011). Increasing explanatory behavior, problem-solving, and reasoning within classes using cooperative group work. *Instructional Science, 39*(3), 349–366. doi:10.1007/s11251-010-9130-9

62 Goodenow, C. (1993a). Classroom belonging among early adolescent students: Relationships to motivation and achievement. *Journal of Early Adolescence, 13*(1), 21–43. doi:10.1177/0272431693013001002

63 Goodenow, C. (1993b). The psychological sense of school membership among adolescents: Scale development and educational correlates. *Psychology in the Schools, 30*(1), 79–90. doi:10.1002/1520-6807(199301)30:1<79::AID-PITS2310300113>3.0.CO;2-X

64 Goodenow, C., & Grady, K. (1993). The relationship of school belonging and friends' values to academic motivation among urban adolescent students. *Journal of Experimental Education, 62*(1), 60–71. doi:10.1080/00220973.1993.9943831

⑰ Battistich, V., & Horn, A. (1997). The relationship between students' sense of their school as a community and their involvement in problem behaviors. *American Journal of Public Health, 87*(12), 1997–2001. doi:10.2105/AJPH.87.12.1997

⑱ Baumeister, R. F., DeWall, N., Ciarocco, N. J., & Twenge, J. M. (2005). Social exclusion impairs self-regulation. *Journal of Personality and Social Psychology, 88*(4), 589–604. doi:10.1037/0022-3514.88.4.589

⑲ Baumeister, R. F., & Leary, M. (1995). The need to belong: Desire for interpersonal attachments as a fundamental human motivation. *Psychological Bulletin, 117*(3), 497–529. doi:10.1037/0033-2909.117.3.497

⑳ Baumeister, R. F., Twenge, J. M., & Nuss, C. K. (2002). Effects of social exclusion on cognitive processes: Anticipated aloneness reduces intelligent thought. *Journal of Personality and Social Psychology, 83*(4), 817–827. doi:10.1037/0022-3514.83.4.817

㉑ Berckemeyer, J. (2017). *Managing the madness: A practical guide to middle grades classrooms.* Columbus, OH: Association for Middle Level Education.

㉒ Berman, S. (1997). *Children's social consciousness and the development of social responsibility. SUNY series: Democracy and education.* Albany: State University of New York Press.

㉓ Bierman, K. L. (2004). *Peer rejection: Developmental processes and intervention strategies.* New York: Guilford.

㉔ Birch, S. H., & Ladd, G. W. (1998). Children's interpersonal behaviors and the teacher–child relationship. *Developmental Psychology, 34*(5), 934–946. doi:10.1037/0012-1649.34.5.934

㉕ Blackhart, G. C., Nelson, B. C., Winter, A., & Rockney, A. (2011). Self-control in relation to feelings of belonging and acceptance. *Self and Identity, 10,* 152–165. doi:10.1080/15298861003696410

㉖ Blad, E. (2017, June 20). Students' sense of belonging at school is important. It starts with teachers. *EdWeek.* Retrieved from https://www.edweek.org/ew/articles/2017/06/21/belonging-at-school-starts-with-teachers.html

㉗ Blankstein, A. M. (2009). *Failure is not an option: 6 principles that advance student achievement in highly effective school* (3rd ed.). Thousand Oaks, CA: Corwin.

㉘ Blum, R., & Libbey, H. P. (2004). School connectedness: Strengthening health and education outcomes for teens. *Journal of School Health, 74*(7), 229–299.

㉙ Blum, R. W., McNeely, C. A., & Rinehart, P. M. (2002). *Improving the odds: The untapped power of schools to improve the health of teens.* Minneapolis: Center for Adolescent Health and Development, University of Minnesota. Retrieved from http://www.sfu.ca/cfrj/fulltext/blum.pdf

㉚ Breiseth, L. (2016, February). Getting to know ELLs' families. *Educational Leadership, 73*(5), 46–50. Retrieved from http://www.ascd.org/publications/educational-leadership/feb16/vol73/num05/Getting-to-Know-ELLs'-Families.aspx

㉛ Brooks, J. G., & Brooks, M. G. (1999). *In search of understanding: The case for constructivist classrooms* (Revised ed.). Alexandria, VA: ASCD.

㉜ Bryk, A. S., & Schneider, B. (2002). *Trust in schools: A core resource for improvement.* New York: Russell Sage Foundation.

㉝ Burkhardt, R. (2003). *Writing for real: Strategies for engaging adolescent writers.* Portsmouth, NH: Stenhouse.

㉞ Card, N. A., & Hodges, E. V. (2008). Peer victimization among schoolchildren: Correlations, causes, consequences, and considerations in assessment and intervention. *School Psychology Quarterly, 23*(4), 451–461. doi:10.1037/a0012769

㉟ CASEL. (2020a). *Core SEL competencies.* Retrieved from https://casel.org/core-competencies/

㊱ CASEL. (2020b). *Overview of SEL.* Retrieved from https://casel.org/overview-sel/

㊲ Cook-Sather, A. (2006). Sound, presence, and power: "Student voice" in educational research and reform. *Curriculum Inquiry, 36,* 359–390. doi:10.1111/j.1467-873X.2006.00363.x

㊳ Deci, E. L., & Ryan, R. M. (1987). The support of autonomy and the control of behavior. *Journal of Personality and Social Psychology, 53*(6), 1024–1037. doi:10.1037/0022-3514.53.6.1024

㊴ Decker, D. M., Dona, D. P., & Christenson, S. L. (2007). Behaviorally at-risk African American students: The importance of student–teacher relationships for student outcomes. *Journal of School Psychology, 45,* 83–109. doi:10.1016/j.jsp.2006.09.004

㊵ DeGeneres, E. (2011). *Seriously . . . I'm kidding.* New York: Hatchette Book Group.

㊶ de Ridder, D., Lensvelt-Mulders, G., Finkenauer, C., Stok, F., & Baumeister, R. (2012). Taking stock of self-control: A meta-analysis of how trait self-control relates to a wide range of behaviors. *Personality and Social Psychology Review, 16*(1), 76–99. doi:10.1177/1088868311418749

参考文献一覧

（白抜きの番号は、邦訳書があることを示しております。末尾に掲載）

① Akey, T. M. (2006, January). *School context, student attitudes and behavior, and academic achievement: An exploratory analysis.* MDRC. Retrieved from https://www.mdrc.org/sites/default/files/full_519.pdf

② Alexander, K., Entwisle, D., & Horsey, C. (1997). From first grade forward: Early foundations of high school dropout. *Sociology of Education, 70,* 87–107. doi:10.2307/2673158

③ Allen, K. A., & Bowles, T. (2012). Belonging as a guiding principle in the education of adolescents. *Australian Journal of Educational & Developmental Psychology, 12,* 108–119.

④ Allen, K. A., Kern, M. L., Vella-Brodrick, D., Hattie, J., & Waters, L. (2016). What schools need to know about fostering school belonging: A meta-analysis. *Educational Psychology Review, 30*(1), 1–34. doi:10.1007/s10648-016-9389-8

⑤ Ames, C. (1992). Classrooms: Goals, structures, and student motivation. *Journal of Educational Psychology, 84,* 261–271. doi:10.1037/0022-0663.84.3.261

⑥ Anderman, E. M. (2002). School effects on psychological outcomes during adolescence. *Journal of Educational Psychology, 94*(4), 795–809. doi:10.1037/0022-0663.94.4.795

⑦ Anderman, L. H. (2003). Academic and social perceptions as predictors of change in middle school students' sense of school belonging. *Journal of Experimental Education, 72,* 5–22. doi:10.1080/00220970309600877

⑧ Anderman, L. H., & Freeman, T. M. (2004). Students' sense of belonging in school. In P. R. Pintrich & M. L. Maehr (Eds.), *Advances in motivation and achievement: Vol. 13. Motivating students, improving schools* (pp. 27–63). Greenwich, CT: JAI Press.

⑨ Andrade, H. L. (2019, August). *A critical review of research on student self-assessment.* Frontiers in Education. Retrieved from https://www.frontiersin.org/articles/10.3389/feduc.2019.00087/full

⑩ Arky, B. (n.d.). *How to help kids learn to fail.* Child Mind Institute. Retrieved from https://childmind.org/article/how-to-help-kids-learn-to-fail/#

⑪ Assor, A., Kaplan, H., & Roth, G. (2002). Choice is good, but relevance is excellent: Autonomy-enhancing and suppressing teacher behaviours predicting students' engagement in schoolwork. *British Journal of Educational Psychology, 72*(2), 261–278. doi:10.1348/000709902158883

⑫ Baker, J. A., Grant, S., & Morlock, L. (2008). The teacher-student relationship as a developmental context for children with internalizing or externalizing behavior problems. *School Psychology Quarterly, 23*(1), 3–15. doi:10.1037/1045-3830.23.1.3

⑬ Bandura, A. (1997). *Self-efficacy: The exercise of control.* New York: W. H. Freeman.

⑭ Barnette, J. (1994, July). *Evaluation of teacher classroom questioning behaviors.* Paper presented at the third Annual National Evaluation Institute, Gatlinburg, TN. Retrieved from https://files.eric.ed.gov/fulltext/ED377188.pdf

⑮ Barrington, K. (2020, November 5). How does bullying affect a student's academic performance [Blog post]. Retrieved from https://www.publicschoolreview.com/blog/how-does-bullying-affect-a-students-academic-performance

⑯ Barron, L., & Kinney, P. (2018). *Middle school: A place to belong and become.* Columbus, OH: Association for Middle Level Education.

訳者紹介

山﨑めぐみ（やまさき・めぐみ）

創価大学教職大学院で、異文化（海外だけではありません）教育や人権教育を教えています。生徒がいくら力をもっていても、居場所がないと感じると学ぶ機会も失ってしまいます。みんなに居場所がある学校をつくることは、みんなに居場所がある社会を実現する第一歩だと信じています。

吉田新一郎（よしだ・しんいちろう）

これまで読んだクラスづくり／学級経営関連の本には、物足りなさを感じていました。この本で、それらがかなり解消できたので、一人でも多くの方に読んでもらいたいと訳しました。実践報告や書評（「PLC便り」に掲載します）と問い合わせは、pro.workshop@gmail.comにお願いします。

「居場所」のある学級・学校づくり
——生徒が「安心」できる教育環境——

2022年11月15日　初版第1刷発行

訳　者　山　﨑　め　ぐ　み
　　　　吉　田　新　一　郎

発行者　武　市　一　幸

発行所　株式会社　新　評　論

〒169-0051
東京都新宿区西早稲田3-16-28
http://www.shinhyoron.co.jp

電話　03(3202)7391
FAX　03(3202)5832
振替・00160-1-113487

落丁・乱丁はお取り替えします。
定価はカバーに表示してあります。

印刷　フォレスト
装丁　山田英春
製本　中永製本所

Printed in Japan
ISBN978-4-7948-1224-7